PRÉPAS SCIENTIFIQUES

Programme 2022 2023

Nicolas Cremona

W0406213

Le travail TOUT-EN-FICHES

Virgile *Géorgiques*

Simone Weil *La Condition ouvrière*

Michel Vinaver *Par-dessus bord*

DUNOD

Maquette intérieure : Raphaël Lefeuvre

Mise en page : Belle Page

Le pictogramme qui figure ci-contre mérite une explication. Son objet est d'alerter le lecteur sur la menace que représente pour l'avenir de l'écrit, particulièrement dans le domaine de l'édition technique et universitaire, le développement massif du photocopillage.
Le Code de la propriété intellectuelle du 1er juillet 1992 interdit en effet expressément la photocopie à usage collectif sans autorisation des ayants droit. Or, cette pratique s'est généralisée dans les établissements d'enseignement supérieur, provoquant une baisse brutale des achats de livres et de revues, au point que la possibilité même pour les auteurs de créer des œuvres nouvelles et de les faire éditer correctement est aujourd'hui menacée.
Nous rappelons donc que toute reproduction, partielle ou totale, de la présente publication est interdite sans autorisation de l'auteur, de son éditeur ou du Centre français d'exploitation du droit de copie (CFC, 20, rue des Grands-Augustins, 75006 Paris).

DANGER
LE PHOTOCOPILLAGE TUE LE LIVRE

© Dunod 2022
11 rue Paul Bert, 92240 Malakoff
www.dunod.com

ISBN 978-2-10-083754-0

Le Code de la propriété intellectuelle n'autorisant, aux termes de l'article L. 122-5, 2° et 3° a), d'une part, que les « copies ou reproductions strictement réservées à l'usage privé du copiste et non destinées à une utilisation collective » et, d'autre part, que les analyses et les courtes citations dans un but d'exemple et d'illustration, « toute représentation ou reproduction intégrale ou partielle faite sans le consentement de l'auteur ou de ses ayants droit ou ayants cause est illicite » (art. L. 122-4).
Cette représentation ou reproduction, par quelque procédé que ce soit, constituerait donc une contrefaçon sanctionnée par les articles L. 335-2 et suivants du Code de la propriété intellectuelle.

Sommaire

Avant-propos

Travailleurs, travailleuses, camarades préparationnaires, si vous voulez lutter contre la pression des concours, cet ouvrage est fait pour vous.

Il est conçu pour vous aider à vous familiariser avec les trois œuvres et le thème au programme à travers une vingtaine de fiches synthétiques. Il se présente en trois grandes parties.

La première (des fiches 1 à 6) comprend des éléments de présentation des œuvres et vous permettra d'avoir les informations essentielles pour bien lire et comprendre chaque livre : une fiche est consacrée au contexte socio-historique et culturel et à la biographie de chaque auteur, une autre résume les œuvres de manière détaillée. À la fin de ce premier ensemble, vous aurez ainsi une vision panoramique des trois œuvres, une première approche que vous pourrez compléter ultérieurement.

La deuxième (des fiches 7 à 15) propose un examen de neuf thèmes communs aux trois œuvres : vous pourrez ainsi les comparer et voir les points majeurs de convergence ou de divergence entre les trois textes. Cette partie est capitale pour préparer les exercices de dissertation qui reposent toujours sur une mise en parallèle des œuvres.

Enfin, la dernière partie (fiches 16 à 20) expose des conseils méthodologiques pour les deux exercices que vous rencontrerez aux concours : le résumé et la dissertation. Vous trouverez également des exercices traités (un sujet de résumé et deux sujets de dissertation) : à partir de l'analyse du sujet et des plans détaillés proposés, vous pourrez voir comment traiter ces exercices en comparant les œuvres, sans gommer leurs divergences.

Ces fiches peuvent se lire de manière indépendante et se recoupent entre elles, ne vous étonnez donc pas d'éventuelles répétitions. Nous avons choisi d'intégrer les principales citations en rapport avec le thème, pour vous familiariser le plus possible avec les œuvres.

Une fiche récapitule aussi les citations les plus importantes tirées des œuvres, ce qui peut être très utile pour balayer rapidement les trois livres avant des devoirs ou les épreuves écrites des concours.

Bien sûr, cet ouvrage ne prétend absolument pas se substituer à la lecture des textes. Le but est de vous faciliter le travail, non de l'éliminer. Aussi il serait fructueux pour vous de faire des parallélismes entre les fiches et de revenir régulièrement aux œuvres, crayon en main, pour compléter votre lecture et enrichir votre réflexion.

Bonne lecture et surtout… au travail !

Partie 1

Les œuvres au programme

Sous-partie 1

Virgile
Géorgiques

Fiche 1

L'auteur et le contexte : Virgile (70-19 av. J.-C.)

Poète latin majeur, Publius Vergilius Maro, dit Virgile en français, est considéré aujourd'hui comme le grand auteur national de l'empire romain et du siècle d'Auguste, premier empereur de Rome (Ier siècle avant et après Jésus-Christ). Très admiré et imité au cours de siècles qui ont suivi, notamment par les poètes de la Pléiade au XVIe siècle et les classiques au XVIIe siècle, il a été très tôt enseigné dans les écoles, et pris pour modèle par des générations d'étudiants et de poètes, jusqu'à la fin du dix-neuvième siècle.

1. Un propriétaire terrien devenu poète

Né en 70 avant Jésus-Christ, Virgile a connu une enfance campagnarde car il est originaire d'Andes près de Mantoue, ville du nord de l'Italie. Son père était possesseur d'un vaste domaine agricole comme beaucoup de nobles romains de l'époque. Virgile semble avoir gardé un goût vif pour la vie rustique de son enfance près de la rivière Mincio, mais il est difficile d'avoir des informations absolument certaines sur l'enfance de l'auteur car les « Vies » (biographies d'écrivains ou de grands personnages rédigées par d'autres auteurs) qui ont été écrites sur lui après sa mort ont tendance à construire une statue et à redorer son image. Ce ne sont pas des documents historiques objectifs et rigoureux et elles s'inspirent d'éléments biographiques disséminés dans ses œuvres mais pas toujours forcément garanties par des documents extérieurs.

Adolescent, Virgile poursuit, comme beaucoup de jeunes hommes de son rang, des études classiques de rhétorique, de philosophie et de poésie en Italie du nord, à Crémone, à Milan puis à Rome même. Grand admirateur des poètes grecs considérés comme des modèles de raffinement et d'élégance à l'époque, Virgile fréquente des penseurs, des écrivains et entre dans les cercles culturels et mondains au cours de son séjour romain, lors des dernières années de la République.

2. Un jeune poète au milieu des guerres civiles

Quand il devient adulte, les guerres civiles font rage dans l'empire romain. Ces conflits durent déjà depuis près d'un siècle et opposent souvent des généraux ambitieux représentant des intérêts divergents. En effet, le consul Pompée soutenu par le Sénat et représentant les intérêts des patriciens, c'est-à-dire les nobles, (les *optimates*) a été en conflit avec le général Jules César, qui affiche une proximité avec le peuple (il est soutenu par les *populares*), même s'il est lui-même d'une grande famille. Après ses victoires notamment en Gaule, l'ambitieux général déclenche la guerre civile en traversant le Rubicon avec ses soldats en armes, ce qui est formellement interdit par les lois de Rome.

Après bien des affrontements et la défaite puis la mort de son grand rival Pompée, César triomphe et devient le maître de Rome : il se fait nommer par le sénat dictateur à vie, ce qui est exceptionnel car le titre de dictateur n'était accordé par le sénat romain que pour un laps de temps bien déterminé en cas de crise majeure. Mais ses ambitions politiques grandissantes lui aliènent une partie des sénateurs qui craignent qu'il ne rétablisse une forme de monarchie à son profit. En 44, aux ides de mars, des sénateurs soucieux de préserver la république (dont son fils adoptif Brutus) se liguent contre lui et l'assassinent.

S'ensuit une période troublée et on assiste à une reprise des guerres civiles opposant Marc-Antoine, fidèle lieutenant de César, et Octave, fils adoptif du dictateur assassiné, qui finira par triompher par sa ruse et sa capacité à nouer des alliances avec de puissants personnages et deviendra le premier empereur de Rome sous le nom d'Auguste. Officiellement, la république n'est pas abolie et Auguste tient son pouvoir du sénat, mais en réalité, c'est bien un régime autoritaire qui se met en place et que l'on désigne sous le nom de principat (Auguste est le *princeps*, le prince ou premier personnage de l'État mais il n'est pas roi car son pouvoir vient du sénat) qui évoluera ensuite vers l'empire. Auguste aura d'ailleurs un des plus longs règnes parmi les empereurs romains (près de quarante ans), ce qui est un record quand on sait comment ont fini la plupart des empereurs (renversés par des coups de force militaires, des révolutions ou assassinés par des rivaux ou des proches ambitieux). Au cours de son règne, Auguste souhaite restaurer l'ordre et la grandeur de Rome après des années de guerres civiles : très habile communicant, expert dans l'art de manipuler ses interlocuteurs et extrêmement rusé, il s'appuie sur les poètes de l'époque qu'il va combler de bienfaits pour chanter la gloire romaine et pour favoriser sa propagande politique reposant sur une forme de retour à l'ordre moral (il n'hésite pas à bannir sa propre fille trop débauchée qui présentait un mauvais exemple pour les Romains) et aux valeurs fondamentales de Rome, comme le montre sa devise politique « *Res publica restituta* » (la république restituée). En réalité, il ne restitue pas du tout la république d'avant les guerres civiles mais exerce un pouvoir autocratique.

Pendant les guerres civiles, Virgile se retire chez lui à la campagne et, profitant de sa retraite rustique et de ce qu'on appelle l'*otium* en latin (temps du loisir lettré), il commence à rédiger *Les Bucoliques*, ensemble de dix poèmes campagnards, sur les conseils du gouverneur Asinius Pollion.

Au cours de ces guerres civiles, Virgile est spolié de ses terres par Octave qui les distribue à ses soldats vétérans en récompense de leurs bons et loyaux services en 40, comme cela se faisait beaucoup à l'époque pour s'assurer de la fidélité des troupes.

Virgile va chercher à les récupérer et rencontre pour cela l'empereur et son ministre et conseiller Mécène qui lui offrent des compensations pour ses pertes. Il gardera de bonnes relations avec eux (Mécène devient son grand ami) et cultive une certaine proximité avec le pouvoir politique, allant même jusqu'à relayer parfois la propagande impériale.

3. Le chantre de la campagne

En 37 il achève *Les Bucoliques*, sa première grande réalisation. Cette œuvre qui se compose de dix chants relève de la poésie pastorale et elle est inspirée des *Idylles* de Théocrite, poète grec du IIIᵉ siècle avant Jésus-Christ.

Il met en scène des paysans, des bergers qui dialoguent entre eux mais ce type de poésie n'est absolument pas réaliste. Elle repose au contraire sur la construction de paysages idéalisés (on parle alors en rhétorique de « *locus amoenus* », lieu agréable qui sert de cadre conventionnel à ce type d'écrits et qui n'est pas pris pour la vérité par le lecteur) et de situations pacifiées, comme l'indique le terme « idyllique ».

Parallèlement, Virgile se rapproche de penseurs et poètes marqués par l'épicurisme, doctrine philosophique venant de Grèce et prônant une vie simple et heureuse à la campagne, loin des excès et des soucis, et bien loin d'une recherche effrénée des plaisirs comme on trouve dans certains stéréotypes. Il se lie d'amitié avec le poète Horace, le philosophe Philodème et d'autres auteurs comme L. Varius Rufus qui sera son exécuteur testamentaire.

Entre 37 et 30, fort du succès des *Bucoliques*, il rédige un poème didactique en quatre chants sur les travaux agricoles, *Les Géorgiques*, sur les conseils de Mécène, son ami et protecteur. Le titre est directement formé à partir d'un mot grec, *georgos*, signifiant « paysan », ce qui montre la fidélité de Virgile au modèle culturel grec, synonyme de raffinement et de prestige. Mécène lui avait demandé d'écrire un poème utile pour les Romains, exaltant le travail des champs et les joies d'une vie simple, à la campagne, au moment où les guerres civiles s'achèvent et que l'empire de Rome doit retrouver un certain équilibre.

Alors que *Les Bucoliques* présentaient une vision harmonieuse d'une campagne non exploitée par l'homme, *Les Géorgiques* montrent des hommes au travail, transformant et exploitant leur cadre naturel, tout en gardant une forme de proximité et d'équilibre par rapport à la nature. Virgile valorise le travail humain et on sent derrière le texte des valeurs nationalistes et conservatrices qui sont celles que l'empereur de Rome veut promouvoir dans la société, cherchant à rétablir une forme d'ordre moral. D'où une certaine valorisation du travail, du sentiment national, dans l'œuvre. Les difficultés du travail, les conditions sociales du travail de l'époque sont passées sous silence. N'oublions pas pour comprendre cela que pendant très longtemps, les écrivains n'ont pas eu d'autonomie par rapport à la sphère politique et devaient chercher la protection (et l'appui financier souvent) de grands personnages et de … mécènes. Comme l'a montré le sociologue Pierre Bourdieu dans *Les Règles de l'art*, c'est au XIXe siècle que l'écrivain commence à prendre son autonomie, grâce à l'invention des droits d'auteur par le dramaturge Beaumarchais à la veille de la Révolution et à la libéralisation de la société.

Dans sa création littéraire, le poète romain s'inspire d'auteurs anciens comme le poète grec Hésiode (IXe-VIIIe siècle avant Jésus-Christ), fameux auteur du poème didactique et mythologique *Les Travaux et les jours*, mais aussi de penseurs qui décrivent les travaux des champs comme le philosophe grec Aristote mais aussi Varron, son contemporain. Il aurait aussi intégré des éléments personnels et des souvenirs dans son œuvre, car il a lui-même beaucoup vécu à la campagne, notamment dans sa villa de Campanie.

4. Le prince des poètes romains

Encensé par Mécène et très apprécié par l'empereur Auguste, Virgile entame sa grande œuvre, l'*Enéide*, vaste poème épique retraçant les origines mythiques de Rome. Le héros, Enée, courageux, généreux, fort et respectueux (il fuit la ville de Troie en flammes avec son père Anchise sur le dos), est un prince troyen échappé de la prise de la cité et qui a erré pendant longtemps sur les mers avant d'aborder en Italie et de fonder la ville de Rome, après bien des épreuves et des combats. Virgile s'inspire ainsi du grand poète épique grec Homère (IXe-VIIIe siècle avant Jésus-Christ) modèle incontournable à son époque, en reprenant d'abord l'errance sur les mers d'Ulysse (*Odyssée*) puis les combats sur terre (*Iliade*). En effet, Enée commence par voyager dans tout le pourtour méditerranéen comme le Grec Ulysse puis se met à guerroyer pour obtenir un territoire en Italie : on aurait une combinaison inversée des deux grands textes homériques. Le texte aurait été commandé par l'empereur lui-même pour restaurer la fierté nationale après les déchirements des guerres civiles. Enée est censé être le lointain ancêtre de la *gens Julia*, famille de Jules César et donc d'Auguste, fils adoptif de César. Cela renforcerait la légitimité du pouvoir d'Auguste et son aura personnelle, ainsi que sa divinité (Auguste a été le premier empereur romain à se faire diviniser, même s'il a refusé que cela soit fait de son vivant).

En 19 avant Jésus-Christ, après des années de travail acharné sur son œuvre, le poète romain veut voyager en Grèce mais sur le chemin, il tombe malade et meurt le 21 septembre à Brindes, après plusieurs jours de fièvre, suite à une forte insolation. Cette disparition a d'ailleurs inspiré un roman célèbre, *La Mort de Virgile*, à Hermann Broch, illustre écrivain autrichien du vingtième siècle.

Sur son lit de mort, le poète aurait demandé à ses proches de brûler le manuscrit inachevé de l'*Enéide* mais Auguste choisit de le publier quand même après la mort de son « ami » poète. D'après les historiens, Virgile, ayant compris qu'il avait été manipulé par l'empereur qui voulait qu'il serve ses intérêts en chantant la gloire de Rome, aurait pris ses distances par rapport à Auguste et aurait refusé que son œuvre serve à sa propagande. D'autres considèrent que Virgile aurait refusé de laisser une œuvre inachevée et imparfaite. Enfin, certains remettent en question la possibilité que le poète ait souhaité détruire l'*Enéide* inachevée.

Souci de perfection ou refus d'embrigadement idéologique ? La question reste ouverte.

Fiche 2

Résumé de l'œuvre : *Les Géorgiques*

Il s'agit d'un poème didactique, c'est-à-dire d'une œuvre qui a pour finalité d'apprendre quelque chose au lecteur, d'être instructive. Contrairement à l'épopée qui raconte les hauts faits de héros, elle ne repose pas sur un schéma narratif, ce qui la rend plus difficile à résumer.

En outre, elle ne comporte pas de personnages, si ce n'est le destinataire direct, Mécène. L'ombre d'Auguste plane également sur l'œuvre et il est régulièrement encensé par Virgile, de manière plus ou moins directe. Les paysans qui traversent le poème sont eux tous anonymes.

1. Livre I : Le labourage

Le premier livre des *Géorgiques* s'ouvre, comme le veut la tradition poétique antique, sur une invocation, c'est-à-dire un appel du poète aux dieux capables de l'inspirer. Très classiquement, Virgile annonce dans les premiers vers son sujet : les travaux des champs. Suit un éloge progressif des différents dieux et hauts personnages qui pourraient aider et inspirer l'auteur : Cérès, déesse des moissons, Liber, des créatures mythologiques associées aux bois comme les faunes (créatures mi-boucs mi hommes), les dryades (fées des bois), Silvain. Puis viennent des dieux plus majeurs comme Neptune, dieu de la mer, Minerve, déesse de la sagesse et d'autres.

Virgile loue également ses protecteurs humains : le poète s'adresse d'abord à Mécène, ministre de l'empereur et ami personnel de Virgile, puis à l'empereur Auguste lui-même, appelé par son titre « César ».

Ces éloges, qui nous pourraient paraître relever de la plus basse flatterie d'après nos critères actuels, sont en réalité attendus par le lecteur romain et font partie des étapes obligées d'un poème antique : il s'agit d'amadouer le lecteur, de le convaincre déjà et de le mettre de son côté (surtout s'il est puissant) : c'est ce qu'on appelle en rhétorique la *captatio benevolentiae* (recherche de la bienveillance, en latin).

Virgile entre ensuite dans le vif du sujet après cet exorde (début de discours) traditionnel. Il donne des conseils au paysan : il faut commencer par observer la terre que l'on entend cultiver et on doit s'adapter au sol et suivre les saisons. Pour Virgile, l'agriculture se fait en accord avec la nature et non contre elle. On ne travaille pas une terre argileuse comme une autre.

Quand les premières moissons sont faites, il est judicieux de laisser la terre se reposer : c'est la technique de la jachère, pratiquée pendant des siècles, avant l'apparition de l'agriculture intensive et des engrais chimiques. On peut aussi brûler certains champs pour les fertiliser ensuite et labourer, briser les mottes pour remuer la terre et l'aérer, en quelque sorte. Il est nécessaire ensuite d'arroser abondamment les terres afin d'éviter toute sécheresse et de vivifier le sol.

Mais rien n'est jamais acquis pour le paysan car tout dépend de la bonne volonté des dieux, d'après Virgile. Le poète rappelle que Jupiter lui-même a voulu que le travail de la terre soit pénible et incertain et le paysan doit prier les dieux pour avoir leur faveur et espérer faire une bonne récolte.

Le poète latin décrit rapidement la terre aux origines, avant qu'elle ne soit exploitée par le paysan soumis au travail : il réactive un mythe ancien, présent chez son modèle grec Hésiode, le mythe de l'âge d'or, période idéale des débuts du monde où la terre produisait toute seule des fruits pour nourrir les hommes qui n'avaient pas à travailler.

Mais après cet âge enchanté, vint l'âge du travail et l'homme a dû exploiter le sol pour assurer sa subsistance. Virgile raconte comment le paysan a été guidé par les dieux et les déesses comme Cérès, pour triompher de la nature. Il rappelle les techniques ancestrales de la culture : il vaut mieux désherber régulièrement, se débarrasser des mauvaises plantes qui épuisent le sol. Le poète désigne également les « armes » des paysans, c'est-à-dire les outils agricoles, allant jusqu'à préconiser l'utilisation de tel ou tel bois pour confectionner des instruments solides et efficaces.

Virgile recommande également au paysan de suivre l'ordre des saisons, de ne pas agir à contre-courant de l'ordre naturel. Il faut se repérer par rapport au soleil, à la lune, aux solstices pour agir en harmonie avec la nature. Le poète recommande aussi de travailler les champs pendant la nuit pour éviter les grosses chaleurs en journée (les canicules ne sont pas rares en Italie…).

Quant aux tempêtes et autres catastrophes climatiques, elles ponctuent le quotidien du paysan et on ne peut guère y échapper : Virgile, dans un morceau de bravoure célèbre, raconte une tempête violente qu'il dit avoir observée (l'auteur se met en avant comme témoin, qu'il ait vraiment assisté ou pas à la tempête, de manière à mieux marquer et convaincre son lecteur).

Respectueux de l'ordre établi et de la religion, le poète recommande aussi aux travailleurs d'honorer les dieux et de leur offrir régulièrement des sacrifices, afin d'attirer leur bienveillance et de garantir leurs récoltes.

Virgile décrit la course du soleil et se lance, après une digression bucolique, dans un morceau de bravoure épique décrivant les bouleversements de l'ordre du monde à la suite de la mort de César. Le désordre de l'histoire ponctuée par les guerres civiles est reflété par la désorganisation cosmique.

Le livre I s'achève sur un éloge appuyé adressé à l'empereur, décrit en jeune héros restaurateur de la grandeur romaine, conformément à la propagande encensant Octave, futur Auguste.

2. Livre II – Les arbres et la vigne

Virgile commence, comme dans le premier chant, par annoncer son sujet : le travail des arbres et de la vigne. Fidèle à la tradition de l'invocation, il place cette partie de son poème sous le signe de Bacchus, dieu du vin et de la vigne, en lui demandant de l'inspirer.

Le poète latin distingue ensuite les différents types d'arbres : certains poussent naturellement, sans l'action de l'homme, d'autres naissent suite à une action humaine. Il présente certains arbres comme en demande de protection humaine, donnant ainsi une vision anthropocentrée de la nature.

Il encourage les paysans à travailler, à cultiver sans relâche, après avoir bien distingué les arbres pour lesquels ils devaient intervenir. Il détaille les différentes espèces d'arbres cultivés et les soins que l'on doit leur apporter, se concentrant plus particulièrement sur les oliviers, un des fleurons de l'agriculture romaine.

Virgile se lance ensuite dans une description des diverses zones du monde plus ou moins favorables à l'agriculture, compare les mérites des sols, et aboutit à un éloge marqué de l'Italie, terre idéale selon lui pour de nombreuses cultures. S'ensuit un morceau de bravoure patriotique dépeignant l'Italie comme un paradis terrestre, un lieu harmonieux et tempéré propice aux travaux rustiques.

Le poète romain détaille les différents types de sol et leur attribue à chacun un type de culture à privilégier. Pragmatique quoique poète, il explique au paysan comment reconnaître les terrains et s'adapter au sol, que l'on doit préparer et préserver avant de commencer la culture. Il faut aussi tenir compte des saisons pour obtenir de belles récoltes, après avoir bien observé la nature, les vents, l'ensoleillement des terrains.

Le vigneron doit enrichir la terre avec du fumier puis protéger les jeunes plants, agissant presque comme un père vis-à-vis de sa terre. Il convient également de briser les mottes, de bien retourner la terre pour l'aérer, et Virgile exhorte le paysan à une certaine modération et à la modestie : il faut préférer un petit domaine bien géré à un vaste ensemble mal conduit.

Si la vigne nécessite un soin constant et un dur labeur, les oliviers et les arbres fruitiers poussent plus facilement sans notre concours et ne nécessitent pas d'arrosage trop fréquent.

Virgile termine le chant sur un éloge des cultivateurs bienheureux, modestes et pacifiques, loin des soucis militaires et politiques. Il remercie sa muse de son aide et l'exhorte à poursuivre son soutien.

Enfin, il s'accorde un *finale* patriotique en retraçant la Rome des origines, à une époque bénie et idéale, évoquant les vieux Sabins et les fondateurs mythiques de la ville, Rémus et son frère Romulus. Cette douceur primitive prépare selon lui la grandeur future de l'empire et l'harmonie retrouvée sous le commandement de son cher empereur Auguste.

3. Livre III – Les troupeaux

Dans l'exorde de ce livre, Virgile se propose de chanter l'Italie et notamment sa terre natale de Mantoue, arrosée par le Mincius. Il veut amener la Muse dans ses terres, propose un chant plus familier. Il annonce également son sujet, l'élevage du bétail, en s'adressant directement à son cher ami Mécène, qui le pousse à écrire.

Évoquant les troupeaux, il recommande de bien choisir les mères afin de favoriser les bonnes lignées. Il propose même un portrait de la vache idéale. Il s'intéresse également aux chevaux et décrit le poulain parfait. Quand le cheval est arrivé en fin de vie, il préconise un traitement assez doux de la part de l'éleveur.

Le poète donne également des conseils sur la reproduction des chevaux et sur ce que doit faire l'éleveur pour la faciliter. Il faut s'occuper d'abord des mâles, puis des femelles, puis des petits en fonction de la saison.

Le poète décrit la saison des amours qui affecte tous les animaux en accumulant les références, en montrant le dynamisme de la nature qui se renouvelle sans cesse. Il évoque ensuite les plus petits troupeaux et les autres animaux d'élevage comme les brebis qu'il faut soigner et laisser brouter à leur guise. Il faut également s'occuper des chiens, nettoyer les étables.

Virgile en vient ensuite à évoquer les maladies qui peuvent frapper le troupeau et préconise une grande attention envers les bêtes malades : il faut les isoler assez vite pour éviter qu'elles ne contaminent leurs congénères.

Le livre III s'achève sur un tableau pathétique et terrible des maladies accablant les bêtes.

4. Livre IV – les abeilles.

Virgile annonce dans l'exorde à Mécène qu'il va traiter des abeilles, véritable défi poétique selon lui car si le sujet est mince, le mérite de bien le traiter n'en sera que plus éclatant.

L'apiculteur doit commencer par bien choisir l'endroit où placer ses abeilles pour que les ruches soient parfaitement à l'abri des animaux et des intempéries. Le poète décrit le travail des abeilles qui façonnent et calfeutrent leur propre habitat avec grand soin. Les abeilles sont décrites comme des travailleuses hors pair mais également comme de véritables artistes qui fabriquent un miel incomparable.

Les essaims d'abeilles sont dépeints comme des bataillons se livrant des combats sans merci. L'apiculteur doit essayer de réguler un peu les abeilles en évitant les combats entre mâles.

Virgile en vient ensuite à décrire les mœurs des abeilles, qui leur ont été données par Jupiter, selon lui. Les abeilles ont un mode de vie communautaire, entièrement guidé par le bien collectif et la discipline. Le travail est de rigueur, elles sont dévouées à leur reine, amassent leur trésor, après avoir bien butiné les fleurs. Ces abeilles quasi spartiates semblent dessiner un idéal de vie marquée par le labeur et le refus de l'individualisme et entièrement consacrée au travail et à l'obéissance. Elles sont vues comme d'excellents soldats prêts au sacrifice, résistants et infatigables.

L'apiculteur doit cependant veiller sur elles et faire des fumigations l'hiver autour des ruches pour les préserver des prédateurs ou des maladies.

Le poète latin va ensuite raconter le mythe du berger Aristée qui se plaint auprès de sa mère Cyrène de la maladie de ses abeilles. Sa mère, une nymphe, le prenant en pitié, le fait venir auprès d'elle au fond d'une rivière et lui explique qu'il doit capturer Protée pour obtenir des explications sur la maladie qui ravage ses abeilles. Or, Protée est une créature mythologique insaisissable, capable de se métamorphoser en créatures diverses pour échapper à ses adversaires (d'où l'adjectif français « protéiforme »). Parvenu devant l'antre de Protée grâce à Cyrène, Aristée réussit à emprisonner Protée qui lui révèle qu'il a été maudit par le poète Orphée. Protée raconte l'histoire d'Orphée parti aux Enfers pour retrouver sa femme Eurydice morte accidentellement d'une morsure de serpent. Orphée réussit à obtenir du dieu infernal la possibilité de ramener sa femme à la surface de la terre à condition de ne plus jamais la regarder. Malheureusement, il la revoit et elle s'évanouit à jamais. Inconsolable, Orphée erre comme une âme en peine et est mis à mort par des bacchantes qui le démembrent et abandonnent sa tête dans un fleuve.

Cyrène recommande à son fils de faire des sacrifices en l'honneur d'Eurydice et d'Orphée pour obtenir leur pardon et pour qu'ils lèvent leur malédiction. Aristée s'exécute et ses abeilles retrouvent la santé.

À la fin du chant IV, Virgile évoque sa propre situation lorsqu'il écrivait *Les Bucoliques*, à Naples, en 30 avant Jésus-Christ, lorsqu'Octave remportait lui-même d'importantes victoires militaires contre les Parthes (on le voit, Virgile n'oublie pas de louer l'empereur dans la conclusion de l'œuvre, tout comme à la fin des chants précédents). Le dernier vers des *Géorgiques* reprend donc les premiers vers des *Bucoliques*, évoquant le berger Tityre. La boucle est bouclée.

Sous-Partie 2

Simone Weil
La Condition ouvrière

Fiche 3

L'auteur et le contexte : Simone Weil (1909-1943)

1. Une intellectuelle d'extrême-gauche

Disons-le d'emblée : Simone Weil n'a rien à voir avec sa quasi homonyme, Mme Simone Veil, ministre de Valéry Giscard d'Estaing qui a légalisé l'interruption volontaire de grossesse en 1975 et qui repose actuellement au Panthéon. Il faudra donc soigner l'orthographe du nom de la philosophe pour éviter les foudres de vos professeurs et surtout des correcteurs aux concours.

Simone Weil est née en 1909 à Paris, dans une famille bourgeoise et lettrée d'origine alsacienne et de culture et de tradition juives, même si ses parents étaient plutôt agnostiques. Son père est médecin, sa mère est originaire d'une famille de Russie de tendance progressiste, et son frère André sera un mathématicien célèbre qui participera à la création du mathématicien Nicolas Bourbaki, personne imaginaire servant de prête-nom à un rassemblement de jeunes mathématiciens novateurs au début du vingtième siècle. Simone Weil assistera d'ailleurs à des réunions du groupe Bourbaki.

De santé assez fragile dès son enfance (elle souffrira de violentes migraines pendant toute sa vie d'adulte), la jeune Simone s'intéresse très tôt aux lettres, à la culture et à la pensée en général et fait des études brillantes à Paris, d'abord aux lycées Fénelon et Victor Duruy pour le secondaire. Cela ne l'empêche pas de participer aux travaux des champs pendant l'été 1917 car elle a une vraie curiosité pour le travail manuel. Elle passe son baccalauréat (à 16 ans !) à une époque où peu de femmes vont jusqu'à ce niveau et entre ensuite en hypokhâgne puis en khâgne au lycée Henri IV, où elle reçoit l'enseignement d'Emile Chartier, très charismatique professeur de philosophie qui a influencé des générations d'étudiants avant la seconde guerre mondiale. Parallèlement à ses activités pédagogiques, Emile Chartier, normalien et agrégé, a bâti aussi une œuvre de philosophe sous le pseudonyme d'Alain, sous la forme d'ouvrages complets mais aussi de recueils de propos sur divers sujets, parus dans les journaux et ensuite regroupés en volumes. Pacifiste, républicain modéré, radical-socialiste, partisan de la laïcité, Alain a eu une grande influence sur la jeune Simone dans ses premières années. C'est aussi au lycée Henri IV qu'elle rencontre Simone Pétrement, future philosophe chrétienne qui deviendra aussi sa biographe et avec qui elle aura une relation très forte pendant des années.

En 1928, elle rentre à l'École Normale Supérieure de la rue d'Ulm (une salle porte aujourd'hui son nom), ce qui est assez rare à l'époque. Elle commence des études de philosophie, tout comme sa contemporaine Simone de Beauvoir, née en 1908, qui prépare l'agrégation à la Sorbonne et qui côtoie les milieux normaliens de l'époque dont un certain Jean-Paul Sartre qui fera parler de lui… Simone Weil continue à suivre les cours d'Alain à Henri IV (jusqu'à ce que la direction du lycée le lui interdise !) mais elle se rapproche de plus en plus de la pensée marxiste et de l'extrême-gauche de manière plus générale. Le directeur de l'École Normale Supérieure de l'époque, le sociologue Célestin Bouglé, dira d'elle qu'elle était « un mélange d'anarchiste et de calotine », ce qui illustre bien sa double postulation intellectuelle et spirituelle. Il la surnommera également « la vierge rouge », reprenant ainsi le surnom de Louise Michel, institutrice féministe et socialiste qui s'était illustrée dans la Commune de Paris en 1871. Simone Weil a pendant toute sa vie manifesté une certaine indépendance d'esprit et un refus du rôle attribué aux femmes de son époque : elle était connue pour son accoutrement négligé (Simone de Beauvoir, célèbre philosophe féministe, raconte avoir été surprise par son apparence spéciale, ses vêtements élimés, quand elle l'a croisée dans les couloirs de la Sorbonne), son refus de toute élégance, et sa mère, qui souhaitait avoir un garçon, a rappelé qu'elle signait souvent certaines lettres du nom de Simon. N'oublions pas non plus qu'elle signera certains de ses textes majeurs du pseudonyme masculin d'Emile Novis (quasi-anagramme de Simone Weil).

En 1931, elle est reçue (septième !) au concours de l'agrégation de philosophie et se destine à l'enseignement en lycée, ce qui est assez rare pour une femme à l'époque. En poste au Puy, à Auxerre puis à Roanne, elle se rapproche peu à peu d'intellectuels anarchistes, communistes ou libertaires comme Daniel Guérin et Albertine Thévenon. Elle rencontrera plus tard Boris Souvarine, membre fondateur du Parti communiste français qui en a été exclu pour non-respect de la ligne.

Son engagement politique devient de plus en plus concret : en effet, humaniste, elle adhère à la Ligue des droits de l'homme, puis à la CGT, syndicat révolutionnaire lié au Parti communiste, et publie différents articles engagés dans des revues d'extrême-gauche. En revanche, elle s'éloigne de plus en plus des positions officielles du Parti communiste de l'époque, dominé par les staliniens qui veulent un alignement parfait avec Moscou.

À Paris, elle reçoit chez ses parents rue Auguste-Comte, en face du jardin du Luxembourg, le dirigeant communiste Léon Trotski, qui a été chassé d'URSS par Staline (qui finira par le faire assassiner à Mexico en 1940). Ceci montre une distance de plus en plus grande avec la mise en place du communisme en Union soviétique et avec la dictature stalinienne qui fait rage à l'époque (organisation de famine en Ukraine, terreur généralisée, purges…).

Au bout de quelques années d'enseignement, où elle essaie de mettre en place des innovations pédagogiques proposées par l'instituteur Célestin Freinet, elle demande un congé et souhaite prendre un nouveau départ. Elle écrit également des ouvrages philosophiques et engagés comme *Réflexions sur les causes de la liberté et de l'oppression sociale.*

Comme d'autres intellectuels pacifistes et germanophiles, elle a également effectué un séjour en Allemagne juste avant la prise de pouvoir des nazis, elle a observé l'état dégradé de la société allemande dans les derniers moments de la république de Weimar et en a tiré des analyses pour son ouvrage *Réflexions sur l'hitlérisme.*

2. Une agrégée de philosophie « en vadrouille dans la classe ouvrière »

En 1934, la jeune femme décide de changer de vie radicalement. En congé de l'éducation nationale, elle choisit de devenir ouvrière chez

Alsthom en décembre, de manière à comprendre de l'intérieur la situation des opprimés dont elle parle dans ses ouvrages. Ce choix est tout à fait original, alors qu'elle vient d'un milieu bourgeois et intellectuel et encore aujourd'hui, on peut considérer qu'elle est une des rares philosophes à avoir travaillé de ses mains dans une usine.

Cette expérience, déterminante pour elle, l'occupe jusqu'en août et l'épuise littéralement. Toujours engagée, elle se rend en Espagne en 1936, alors que la guerre civile entre républicains et nationalistes dirigés par le général Franco (et soutenus par l'Italie de Mussolini et l'Allemagne d'Hitler) a éclaté. Elle intègre un bataillon anarchiste dirigé par Durruti et découvre ainsi la réalité du combat, après son immersion déjà difficile dans le milieu ouvrier.

Après cette courte expérience guerrière, Simone Weil retrouve la France et l'enseignement. Nommée à Saint-Quentin, elle continue ses cours de philosophie ainsi que son combat politique en faveur des opprimés mais commence à amorcer une nouvelle évolution dans son existence.

3. Une philosophe chrétienne et une résistante

À partir de 1936, Simone Weil s'intéresse de plus en plus au catholicisme, alors qu'elle était née dans une famille juive. Elle retrouve dans le christianisme une religion des opprimés et des humbles, comme elle l'était à ses origines sous l'empire romain. C'est une rupture majeure par rapport à son milieu d'origine mais aussi par rapport à son orientation idéologique : en effet, Karl Marx dit pis que pendre de la religion qu'il considère comme « l'opium du peuple », dans le sens où elle l'endort et le berce d'illusions, tout en préservant au maximum l'ordre social inégalitaire en promettant le paradis à ceux qui souffrent ici bas, et les théoriciens anarchistes ne sont guère plus tendres avec les croyances en général (souvenons-nous de la devise anarchiste, qui est déjà tout un programme, « Ni Dieu ni maître »).

Ainsi, la jeune femme devient chrétienne. Elle connaît des expériences mystiques en Italie mais aussi près de l'abbaye de Solesmes, célèbre lieu de retraite religieuse. Ouverte sur la spiritualité en général, elle s'intéresse aussi aux textes mystiques orientaux. Elle doute beaucoup, s'interroge sur une éventuelle entrée dans les ordres, mais bien que profondément croyante, elle ne pourra pas être baptisée.

Mais la nouvelle Simone Weil tentée par le mysticisme chrétien n'est pas sourde pour autant aux tumultes de l'histoire : en 1939, alertée par la montée des tensions internationales provoquées par l'Allemagne hitlérienne, elle renonce à la cause pacifiste qu'elle avait reprise de son professeur et mentor de jeunesse, Alain. Elle veut notamment aider les réfugiés allemands qui ont fui le nazisme.

En 1940, la famille Weil, inquiète de l'avancée des troupes allemandes, quitte Paris pour Marseille. La jeune femme se retrouve sans emploi car elle est frappée par les lois antisémites du régime de Vichy qui empêchent les personnes de confession juive d'enseigner ; mais elle participe à la vie intellectuelle locale en écrivant des articles dans les Cahiers du Sud, mais ne cesse de s'interroger sur le catholicisme. Elle espère gagner Alger pour continuer le combat contre l'Allemagne après la signature de l'armistice par le maréchal Pétain, nouveau président du conseil (Premier ministre) qui vient de recevoir les pleins pouvoirs de l'Assemblée nationale à une écrasante majorité (seuls quatre-vingts députés dont Léon Blum votent contre).

À Marseille, elle rencontre Simone Deitz, une jeune femme juive convertie au christianisme, comme elle, qui souhaite entrer dans la Résistance. Simone Deitz l'accompagnera plus tard à Londres et l'assistera dans les dernières années de sa vie.

La jeune femme discute avec des intellectuels catholiques comme le philosophe Gustave Thibon et le penseur thomiste Jacques Maritain, qu'elle rencontre lors d'un voyage à New York, maître à penser de toute une génération de penseurs chrétiens de l'entre-deux-guerres, mais elle parle aussi avec des prêtres comme le père Perrin, rencontré dans le sud de la France. Elle écrit beaucoup sur sa foi et sur le christianisme, multiplie les enquêtes (comme elle l'avait fait lors de son immersion ouvrière, Simone Weil ne perd pas le contact avec le terrain).

Soucieuse de donner une orientation plus concrète à sa révolte, la philosophe devient résistante à Londres en 1942, grâce à l'aide de Maurice Schumann, son ancien condisciple d'Henri IV et futur ministre du général de Gaulle (à ne pas confondre avec Robert Schuman, ministre démocrate-chrétien de la quatrième république). Elle continue à écrire mais combat également pour la liberté, s'éloignant des mouvements d'extrême-gauche fréquentés dans sa jeunesse.

Mais sa santé se dégrade considérablement en 1943. Elle est atteinte de tuberculose et après de violents échanges avec Maurice Schumann, Simone Weil démissionne de ses fonctions dans la résistance, car elle est en désaccord avec le poids du gaullisme dans le mouvement et avec certaines de ses orientations. En effet, bon nombre de résistants issus de la gauche s'inquiètent à l'époque de ce militaire ambitieux et qui veut faire de la politique. Elle entame une grève de la faim, qui la conduit à une hospitalisation pendant l'été. C'est à l'âge de 34 ans qu'elle meurt le 24 août 1943 d'une défaillance cardiaque due en partie à sa faiblesse généralisée.

Après sa disparition prématurée, ses amis et sa famille se chargeront de rassembler ses écrits et de les publier. Elle est aujourd'hui considérée comme une des plus grandes penseuses françaises du vingtième siècle, tant dans le domaine religieux (*La Pesanteur et la grâce*) que dans le domaine politique (*Réflexions sur les causes de la liberté et de l'oppression sociale*, *La Condition ouvrière…*) et existentiel (*L'Enracinement*).

Fiche 4

Résumé de l'œuvre : *La Condition ouvrière*

Le recueil *La Condition ouvrière* qui a été mis au programme cette année n'a pas été conçu par Simone Weil elle-même mais regroupe divers écrits de la philosophe sur le thème du travail en usine.

En effet, il faut rappeler que Simone Weil a peu publié d'ouvrages complets de son vivant et l'essentiel de sa production a été édité dans des revues et des journaux. C'est après sa disparition prématurée qu'on reconstituera son œuvre, en rassemblant ses essais et ses pensées.

La diversité des formats (lettres personnelles adressées à des amis et amies, lettres à des patrons, essais philosophiques) rend le résumé de « l'œuvre » complexe mais nous mettrons en avant les points centraux, quitte à passer plus vite sur certains textes plus mineurs ou répétant des éléments déjà évoqués.

Il n'y a pas vraiment de structure pensée par Simone Weil mais on constate une progression dans la constitution du recueil qui suit l'ordre chronologique : la philosophe commence par une immersion dans la réalité ouvrière puis en vient ensuite à prendre du recul par rapport à cette expérience et théorise le travail dans l'article « La condition ouvrière ». Enfin, le dernier texte figurant au programme, « Condition première d'un travail non servile », nous montre une Simone Weil catholique qui a dépassé l'analyse marxiste et propose un dépassement spirituel pour les ouvriers, ouvrant la voie à une pensée plus contemplative et mystique.

1. « L'usine, le travail, les machines » (pages 49 à 76 et 205 à 351)

1. Lettres de Simone Weil à ses amis (p. 49-76)

1) *Trois lettres à Albertine Thévenon*

Simone Weil écrit régulièrement en 1935 à son amie, la militante d'extrême-gauche Albertine Thévenon, pour raconter son expérience d'immersion en usine.

La philosophe souhaite dire la vérité sur son travail en usine, même si les mots sont difficiles à trouver pour exprimer cela.

Pour elle, ce travail est proprement inhumain, aliénant, et a tendance à épuiser l'attention des ouvriers et à les abrutir. Elle insiste beaucoup sur la fatigue physique mais aussi morale qui frappe les travailleurs, qui ne parviennent pas vraiment à s'épauler les uns les autres, chacun étant isolé dans sa servitude.

Mais si elle exprime sa difficulté à « tenir le coup » physiquement et moralement, Simone Weil ne regrette absolument pas son immersion dans ce milieu.

Après avoir échangé des nouvelles avec son amie, la philosophe lui raconte son travail devant un immense four, dans sa première usine. Elle insiste sur les risques et l'épuisement physiques liés à cette tâche. Pour Simone Weil, le pire dans ce type de travail, c'est le sentiment de perte de sa propre dignité : elle se sent devenir l'esclave de la machine et des tâches répétitives qu'on lui ordonne d'exécuter.

Pour elle, ce labeur ressemble à de l'esclavage car il repose sur la vitesse et les ordres : il faut aller toujours plus vite pour augmenter les cadences et donc la productivité, et l'ouvrier se révèle soumis aux ordres dès son arrivée à l'usine. Il se doit d'obéir aveuglément aux directives de ses chefs et contremaîtres qui peuvent paraître froids voire inhumains.

Enfin, Simone Weil rappelle que ces souffrances accablent surtout les ouvriers non qualifiés, et notamment les femmes qui sont encore plus exploitées que les autres.

2) *Lettre à Nicolas Lazarévitch*

Simone Weil fait part à Nicolas Lazarévitch, qu'elle a rencontré au cours de réunions d'extrême-gauche, de son expérience en usine et de la faiblesse de l'engagement politique des ouvriers. Elle constate qu'ils se plaignent des conditions de travail difficiles mais ne vont pas jusqu'à se syndiquer et revendiquer. Cela montre leur docilité et renforce leur solitude et donc leur servitude.

3) *Lettre à Simone Gibert*

En mars 1935, Simone Weil écrit à une de ses anciennes élèves, Simone Gibert, pour lui raconter son immersion en usine. Le travail est machinal, répétitif, ressenti comme absurde. Le travailleur est soumis aux ordres, à la discipline. La philosophe insiste sur l'aspect dégradant des tâches proposées aux femmes.

Enfin, elle évoque des questions plus personnelles comme l'amour ou l'avenir professionnel pour répondre aux questions de son ancienne élève. Elle l'incite à faire de l'exercice physique, à profiter au maximum de la vie et lui demande de lui écrire.

4) *Lettre à Boris Souvarine*

En avril 1935, Simone Weil s'adresse au journaliste et penseur Boris Souvarine, ancien membre fondateur du Parti communiste français et très actif politiquement. Cet intellectuel militant est connu pour avoir été un des premiers parmi les communistes à critiquer fortement le régime stalinien qui se met en place à la fin des années 1920 en Union soviétique après la mort de Lénine et l'élimination politique de Trotski et de ses partisans. Il est d'ailleurs exclu du Parti communiste dès 1924 (quatre ans après sa création) car il ne respecte pas la ligne officielle. Rien d'étonnant à ce que la jeune femme, très critique elle-même à l'égard du stalinisme naissant et tentée par le trotskisme, se rapproche de lui.

Elle évoque l'aspect abrutissant et épuisant de son travail en usine en donnant de nombreux détails concrets, développant notamment sur les souffrances physiques occasionnées et surtout sur la dureté de ces tâches pour les femmes qui n'ont pas le choix et se soumettent aux ordres et aux humiliations pour gagner leur pain. Pour elle, cet emploi a un aspect vraiment infernal.

Elle insiste sur son sentiment de solidarité envers ses camarades d'usine : elle souffre pour eux et dépasse son pur cas individuel.

2. Documents de 1936 et 1937 (p. 205 à 351)

1) *Un appel aux ouvriers de Rosières*

En décembre 1935, la philosophe qui a repris son métier d'enseignante souhaite s'adresser aux ouvriers de l'usine de Rosières en publiant un texte dans une revue fondée par l'ingénieur Victor Bernard qui s'intéresse aux questions sociales.

Elle demande aux travailleurs de faire part de leur expérience quotidienne à l'usine et de prendre un peu de temps pour faire entendre leur voix, de manière anonyme. Simone Weil se propose de collecter et de synthétiser leurs avis en leur promettant discrétion et bienveillance. Elle revient elle-même sur son immersion dans le milieu ouvrier et assure comprendre la difficulté pour les travailleurs de témoigner, tant ils sont épuisés et démoralisés par leurs tâches de tous les jours.

Elle les exhorte pourtant à parler librement de leurs peines mais aussi de leurs motivations et de leurs joies, pour présenter un tableau complet et non manichéen. Simone Weil veut qu'ils donnent leurs avis sur le rythme de travail, sur l'impression du temps qui passe, sur la solidarité entre collègues.

Pour elle, témoigner est utile car c'est un excellent moyen de briser la solitude et l'enfermement au travail : les ouvriers pourront prendre conscience que leurs collègues pensent comme eux, et leurs patrons et leurs chefs pourront eux aussi mieux comprendre ce qu'ils ressentent, ce qui devrait les amener à ouvrir les yeux.

Simone Weil termine son appel en soulignant qu'elle a bien conscience des difficultés à comprendre la misère des travailleurs quand on ne l'a pas vécue de l'intérieur et elle émet des doutes sur l'efficacité directe de sa démarche mais la philosophe encourage, malgré ces réserves, les ouvriers à témoigner, dans leur propre intérêt.

2) *Lettres à Victor Bernard*

Cet ensemble de 12 lettres (avec une réponse de Victor Bernard) s'étale de janvier à juin 1936, date des grèves après la victoire du Front populaire aux élections législatives. Bien qu'assez répétitives, elles sont intéressantes car elles montrent les tentatives de dialogue approfondi et de bonne foi entre la philosophe marxiste et l'ingénieur éclairé, qui appartiennent pourtant à des camps différents. Au fil des lettres, Simone Weil affine ses positions, modère ses propos et essaie de convaincre Victor Bernard de la nécessité d'opérer des changements dans la condition ouvrière, et ce dans l'intérêt de tous.

Dans sa première lettre, Simone Weil répond à l'ingénieur Victor Bernard qui a refusé de publier son appel aux ouvriers dans sa revue, par crainte d'un possible défoulement des travailleurs.

Elle justifie son projet et rappelle à l'ingénieur son expérience personnelle en usine qui lui donne une certaine légitimité pour aborder le sujet. Elle souhaite amener Victor Bernard à se faire une idée exacte de la condition des ouvriers.

La philosophe cherche à obtenir la confiance de son interlocuteur et à le convaincre de la nécessité d'apporter des changements importants dans l'organisation du travail et le traitement des ouvriers.

Dans sa deuxième lettre, suite à une réponse favorable de l'ingénieur, elle lui propose de venir directement à l'usine. Elle répond à l'accusation de présenter la condition ouvrière sous un jour excessivement sombre : elle s'appuie sur son expérience pour montrer le caractère aliénant et épuisant de ce travail. Elle ne regrette pourtant pas son immersion car pour comprendre, il faut partager la souffrance des gens tout en bas.

Dans une troisième lettre, la philosophe essaie d'ouvrir les yeux de Bernard et affirme qu'elle refuse l'asservissement des ouvriers et souhaite l'égalité entre les travailleurs et leurs dirigeants.

Elle tire des conséquences générales de son expérience : en effet, elle montre que, malheureusement, l'oppression ne mène pas souvent à la révolte (ce que redoute l'ingénieur) mais plutôt à la soumission.

Pour elle, la solution est d'informer les ouvriers, d'accroître leur éducation pour qu'ils sortent de cette servitude acceptée. Il ne faut pas accepter le joug comme un esclave stoïcien de l'Antiquité (le philosophe grec Epictète, fondateur du stoïcisme, était lui-même esclave au début de sa vie), mais réagir et élever son esprit.

Dans la quatrième lettre, Simone Weil affirme son désir de changement dans la condition ouvrière mais émet des doutes sur l'organisation du travail dans le système stalinien qui s'est mis en place en Union soviétique : pour elle, c'est le même esclavage qui est pratiqué, même si la direction est passée du patronat capitaliste à l'État communiste.

Même si elle persiste dans son engagement politique, elle assure qu'elle ne souhaite pas pousser les ouvriers à la révolte, comme ce que craint Bernard, mais elle est plus en faveur d'une meilleure collaboration entre travailleurs et chefs, plus humaine. Elle rappelle à l'ingénieur le pouvoir qu'il a sur les ouvriers sans pour autant le lui reprocher personnellement. Elle attire son attention sur les conditions le plus dégradantes de l'ambiance à l'usine, notamment l'interdiction de parler sous peine d'amende, qui est une forme d'asservissement et de déshumanisation insupportable.

Dans sa cinquième lettre, la philosophe fait un *mea culpa* auprès de Bernard qui a refusé de la prendre comme ouvrière par crainte qu'elle ne sème la discorde parmi les travailleurs. Elle l'invite à voir *Les Temps modernes*, film tout récent (1936) de Charlie Chaplin montrant les ravages de l'automatisation dans le travail à l'usine et la déshumanisation totale des ouvriers. Elle espère que ce film ouvrira les yeux de Victor Bernard. En fin de lettre, Simone Weil réaffirme son désir de réduire les inégalités entre les individus et de proposer une meilleure organisation sociale plus respectueuse de chacun, sans passer forcément par une révolution communiste.

Dans une sixième lettre, elle revient sur les relations entre travailleurs et chefs qui pourraient être largement améliorées si elles gagnaient en humanité et en respect.

Dans une septième lettre, Simone Weil poursuit son analyse sur les rapports de domination entre chefs et subalternes.

Dans une huitième lettre, plus anecdotique et personnelle, elle donne des nouvelles plus générales à Victor Bernard.

Dans sa neuvième lettre, elle évoque ses travaux littéraires.

Dans la dixième lettre, elle prend rendez-vous avec l'ingénieur pour visiter l'usine.

Dans une onzième lettre, elle donne sa position enthousiaste par rapport aux grèves de juin 1936 qui ont suivi l'élection qui a vu la victoire de la coalition de gauche du Front populaire (alliance entre les socialistes de Léon Blum, les radicaux d'Edouard Herriot et les communistes de Marcel Cachin et Maurice Thorez).

Dans sa douzième et dernière lettre, la philosophe réaffirme sa grande joie face aux mouvements de grève car elle y voit un moyen pour faire évoluer les choses sans violence ni révolution.

Elle appelle Victor Bernard à renouer l'échange qu'il avait avec elle mais cela ne se produira pas.

3) *Lettres à Boris Souvarine à propos de Jacques Lafitte*

Simone Weil donne à son ami Boris Souvarine son avis sur un livre de Jacques Lafitte sur le travail mécanique, *Réflexions sur la science des machines*, tout en avouant la limite de ses compétences sur cette matière.

4) *Deux lettres à Jacques Lafitte*

S'adressant à l'auteur des *Réflexions sur la science des machines*, Simone Weil met en avant l'idée qu'il ne faut pas en rester à une opposition manichéenne et simpliste entre l'artisanat et le travail mécanique mais qu'il faut essayer de les concilier en transformant le travail mécanique et en l'humanisant davantage. Pour elle, le travail mécanique devrait nous permettre de renouer avec la nature et de nous simplifier la vie, voire d'avoir un contact avec la beauté.

Elle trace ensuite des pistes de réforme du travail : déconcentrer les industries, leur redonner taille humaine et faciliter la vie des ouvriers qui seraient plus qualifiés et ne seraient plus les esclaves des machines mais leurs régulateurs. La jeune penseuse reconnaît toutefois le côté un peu utopique de son projet, tout en gardant tout de même de l'espoir en l'être humain.

5) *La vie et la grève des ouvrières métallos*

Dans ce texte de juin 1936 publié en revue sous un pseudonyme masculin (S. Galois), Simone Weil décrit avec enthousiasme les grèves qui ont suivi les élections législatives qui ont amené à l'arrivée au pouvoir du Front Populaire, coalition de partis de gauche (communistes, socialistes et radicaux) dirigée par Léon Blum qui devient président du conseil.

Partant de sa propre expérience, la jeune philosophe rappelle comment se déroulait le travail en usine avant les grèves : une suite de tâches fatigantes, absurdes et aliénantes. Elle montre aussi comment la vie privée de l'ouvrier est totalement dévorée par le travail et comment les salaires trop bas maintiennent les travailleurs dans une grande précarité voisine de la misère. Pour la jeune femme, le travail manuel mené dans ces conditions conduit au désespoir à une soumission totale des ouvriers au patron et à la machine.

Simone Weil raconte également des scènes d'humiliation, de renvoi qu'elle a elle-même vécues. Les scènes de paix ne sont guère enviables, elle souligne que la faim et la nécessité de compter toujours leur argent taraudent les travailleurs.

Soumis aux horaires, aux brimades des chefs, les ouvriers sont usés et les quadragénaires renvoyés ont du mal à retrouver du travail. Pour elle, le travailleur ne s'appartient plus du tout, il est aliéné.

Elle revient sur les raisons de la grève : ce n'est pas forcément un acte réfléchi motivé par des syndicats ou des partis politiques, mais plutôt une réaction de ras-le-bol.

Pour elle, les grévistes retrouvent une forme de fierté et de dignité en cessant le travail, et Simone Weil ne cache pas sa joie à l'idée de participer aux grèves et de sympathiser avec ses anciens camarades.

La jeune penseuse propose ensuite des réformes du monde du travail : il ne s'agit pas de prôner une révolution totale au sens politique mais de mieux intégrer les ouvriers à la vie de l'entreprise en les faisant participer à la prise de décision et en rééquilibrant les rapports de force entre travailleurs et patrons.

Simone Weil avoue ne pas savoir sur quoi déboucheront ces grèves en termes de réformes politiques mais elle affirme de manière exaltée un sentiment de libération et la nécessité de changer rapidement de mode de fonctionnement dans les usines.

6) *Lettres à Auguste Detoeuf*

En juin 1936, Simone Weil écrit quelques lettres à Auguste Detoeuf qui a facilité son embauche en tant qu'ouvrière. Auguste Detoeuf a un profil singulier : polytechnicien, ingénieur, il a fondé l'entreprise Alsthom et se tient dans le camp des chevaliers d'industrie. Cependant, il a une pensée sociale qui le rapproche d'intellectuels chrétiens et progressistes comme Denis de Rougemont ; effrayé par les grèves de juin 1936 qui ont suivi la victoire du Front populaire, ce grand patron semble prêt à des réformes dans le monde du travail.

La philosophe revient sur son expérience personnelle en usine en insistant sur son aliénation et sa déshumanisation. Pour elle, il est nécessaire de témoigner, de parler de cette expérience difficile afin d'ouvrir les yeux du grand public mais aussi des patrons qui n'ont pas forcément conscience de la misère de leurs employés.

Simone Weil rappelle son goût pour le travail manuel, agricole notamment, et propose une vision du travail qui soit valorisante : on peut consentir aux efforts, accepter la peine quand le travail nous semble avoir du sens et il peut donner une certaine satisfaction dans ces conditions.

La jeune penseuse montre que tout est fait en usine pour empêcher toute satisfaction des ouvriers, ce qui les plonge nécessairement soit dans l'apathie soit dans le désespoir, ce qui peut les pousser à la révolte.

Pour elle, il est possible de réformer le travail, sans passer par une révolution : il suffirait d'établir des liens humains entre les travailleurs et les patrons ou les cadres. Elle souhaite faire prendre conscience à Detoeuf qu'il est dans l'intérêt des patrons de trouver des alternatives, et elle entend le convaincre.

Auguste Detoeuf lui répond avec une certaine sympathie en montrant un point de vue ouvert, progressiste quoique plus pragmatique et réservé : il convient de la nécessité de certains changements car il a bien pris la mesure du danger révolutionnaire et de la misère ouvrière mais il essaie de faire comprendre à la jeune philosophe le point de vue du patron qui n'aime pas qu'on lui impose d'en haut des réformes étatiques et qui a peur de trop céder aux ouvriers et ce faisant, d'encourager la rébellion. Selon ce grand industriel, il faut donc accepter qu'il y ait des patrons bourgeois nécessaires à l'organisation de l'activité industrielle.

7) La rationalisation

En 1937, Simone Weil prononce une conférence devant des ouvriers pour expliquer l'origine et les fondements idéologiques de la rationalisation du travail, initiée aux États-Unis à la fin du dix-neuvième et au début du vingtième siècles.

La philosophe commence par définir le mot « rationalisation » qui renvoie à une organisation scientifique du travail.

Elle situe l'origine de ce processus au moment de la seconde révolution industrielle : pour elle, la rationalisation consiste à domestiquer le travailleur, à l'exploiter méthodiquement en le transformant en une forme de machine toujours plus productive et rentable, ce qui aboutit nécessairement à une aliénation et à une déshumanisation de l'ouvrier.

Elle montre que ce processus n'est pas uniquement lié à la société bourgeoise capitaliste mais peut aussi se retrouver dans un modèle communiste (elle pense à la dictature stalinienne où le travail est lui aussi extrêmement encadré).

Optimiste, elle en appelle à une réorganisation du monde du travail qui permettrait de rendre son humanité au travailleur qui retrouverait aussi du sens dans son activité et aurait le plaisir de voir l'objet de son labeur.

La philosophe rappelle la naissance de la taylorisation, première étape dans cette « rationalisation ». Elle précise que Taylor n'avait pas de vraie culture scientifique mais qu'issu d'un milieu bourgeois, il a intégré le monde de l'usine et a gravi rapidement les échelons : d'ouvrier, il est devenu contremaître (il a donc appris à encadrer les travailleurs) puis directeur. Le fond de sa méthode réside sur la recherche de l'augmentation de la cadence et donc de la productivité. En sectionnant les tâches, il augmente la rapidité de l'activité mais prive le travail de son sens : l'ouvrier ne voit pas le produit fini, il se contente de répéter inlassablement le même geste toute la journée, comme une machine, ce qui lui donne une grande impression d'absurdité.

Simone Weil en vient ensuite à évoquer les techniques de travail à la chaîne mises en place par Henry Ford, ingénieur et patron du secteur automobile aux États-Unis au début du vingtième siècle. Le but n'est pas de faire travailler mieux mais de faire travailler plus. Mais la jeune penseuse montre bien que derrière cette obsession, il y a une véritable méconnaissance de la fatigue d'un ouvrier et de l'intensité du travail. Ce système « rationalisé » a conduit à atomiser les ouvriers : chacun s'occupe de sa tâche, de soi, il n'y a plus vraiment de solidarité, ce qui élimine tout risque de révolte ou d'action syndicale.

En réalité, ces méthodes s'avèrent être de véritables méthodes de dressage des ouvriers les amenant logiquement à une forme d'esclavage moderne. On les attire par l'appât du gain, on joue sur leur égoïsme, leur rivalité, afin de tirer le maximum d'eux.

En fin de conférence, Simone Weil invite son public à se méfier de cette étiquette « scientifique » accolée à la « rationalisation », car elle cache en réalité une mise au pas technique et cynique organisée par les patrons. La science devrait normalement faciliter la vie des hommes, grâce à ses applications techniques, et non les transformer en esclaves.

8) *Expérience de la vie d'usine*

Ce texte a été rédigé en 1936 puis a été repris et modifié en 1941 et enfin il a été publié en 1942 sous le pseudonyme masculin (qui est aussi une forme d'anagramme de Simone Weil), Emile Novis. Il illustre la dernière étape de la pensée de la philosophe devenue chrétienne et mystique.

Simone Weil revient sur l'expérience de la vie d'usine mais en tire assez vite des analyses générales : elle propose notamment de donner à l'ouvrier une nouvelle ambiance de travail où il serait moins avili et plus en contact avec le monde et la vie.

Mais la penseuse est aussi réaliste : elle rappelle que l'expérience actuelle du travail à la chaîne conduit à une déshumanisation de l'ouvrier et à une plongée dans le désespoir, l'abrutissement et la solitude. Le travailleur est présenté comme une victime des chefs souvent tyranniques et brutaux, soumis à un rythme monotone et absurde, réduit à n'être rien.

Pour Simone Weil, l'homme devient une chose dans ce type de travail.

De plus, ce malheur est indicible et le grand public n'imagine pas la vraie souffrance des travailleurs. Elle décrit précisément le visage et le corps des ouvriers malheureux.

Cependant, la philosophe propose des alternatives : l'usine pourrait devenir un lieu de vie et d'épanouissement, où l'ouvrier serait valorisé, où il pourrait tirer du plaisir de son activité qui retrouverait du sens si elle était moins mécanique et moins morcelée.

La penseuse envisage de faire circuler les ouvriers dans l'usine, de leur permettre de faire venir parfois leur famille, de participer aussi à la vie de l'entreprise, pour favoriser un attachement personnel au travail, ce qui le rendrait plus humain.

Cette solution peut fonctionner si on utilise davantage de machines autonomes pour faciliter le travail de l'ouvrier. Simone Weil propose même de rapprocher le travail industriel de l'activité paysanne, plus valorisante à ses yeux.

Enfin, la jeune philosophe rappelle que si ces changements sont difficiles, ils sont nécessaires et profitables tant aux ouvriers qu'aux cadres et aux patrons. Un ouvrier plus heureux sera moins tenté par la révolte, voire par la révolution. Les réformes doivent être portées aussi par l'ensemble de la société et non pas descendre verticalement du patronat ou de l'état.

Ainsi, Simone Weil termine son essai sur une touche optimiste et croit le changement possible et imminent.

2. « La condition ouvrière » (pages 389 à 397)

Dans cet article de synthèse paru en 1937, Simone Weil propose une analyse globale du travail en usine.

Elle commence par montrer que derrière le nom d'ouvrier, il y a en réalité des situations très différentes : la situation de l'ouvrier varie en fonction de son pays et de l'époque. On n'est pas traité de la même manière suivant que l'on se trouve dans un pays développé et démocratique, dans une colonie ou dans un état totalitaire. La philosophe rappelle à ce propos le sort misérable des ouvriers français avant juin 1936 (date des grandes grèves qui ont suivi la victoire électorale du Front Populaire et qui ont abouti à des avancées sociales grâce aux accords de Matignon négociés par le gouvernement dirigé par le socialiste Léon Blum).

Pourtant, il y a un élément récurrent chez tous les ouvriers quels qu'ils soient : l'insécurité de leur condition. Elle rappelle que la simple existence de travailleurs misérables crée une pression sur les pays plus développés tentés de recruter une main-d'œuvre moins chère et plus docile, ce qui limite fatalement le progrès social.

La philosophe ajoute que ce phénomène se retrouve également dans les pays révolutionnaires (comme l'URSS de l'époque par exemple).

En effet, on a l'impression qu'il est nécessaire de travailler pour produire des biens que l'on va consommer et il y a une pression internationale qui renforce cette dépendance.

Pourtant, il faudrait distinguer les différents types de travaux : ceux qui amènent à produire des biens indispensables à la consommation (produits agricoles notamment) et ceux qui sont destinés au commerce et qui sont nécessités par la concurrence et l'activité économique et non par un véritable besoin des consommateurs. Simone Weil oppose ainsi deux exemples clairs : le blé, produit de consommation indispensable et les productions de guerre, dont on pourrait se passer assez facilement d'après elle. N'oublions pas que le texte est écrit à la fin de 1937, à une époque de fortes tensions internationales et de préparation à la guerre suite aux menaces de l'Allemagne nazie.

Simone Weil prend l'exemple de l'automobile pour appuyer son propos : la production d'automobiles en France dépasse de loin les besoins des consommateurs intérieurs car elle est largement destinée à soutenir la concurrence exercée par les autres pays producteurs. Baisser la production française entraînerait des dommages importants au niveau social (chômage, faillites) car cela serait suivi d'une victoire des concurrents qui se livrent entre eux une guerre sans merci. En revanche, une baisse générale de la production mondiale n'entraînerait aucun problème social car il n'y aurait plus la pression de la concurrence internationale et permettrait aux habitants de plus profiter de la nature et de changer de rythme de vie.

Mais la philosophe n'est pas naïve : elle sait bien que la concurrence ne sera pas abolie généralement. Elle plaide cependant pour l'introduction de quelques règles globales pour améliorer la condition ouvrière, tout en reconnaissant qu'il est difficile de prendre une décision mondiale dans le domaine du progrès social.

Simone Weil décide de creuser et de voir pourquoi il est si compliqué de faire progresser la cause ouvrière dans le domaine de la décision politique. En effet, pour elle, l'homme n'est pas mu que par l'intérêt économique mais par l'orgueil : il aime sentir qu'il est supérieur à d'autres et c'est pour cela qu'il veut être entouré d'êtres misérables vus comme inférieurs. Au-delà de l'aspect purement économique, il y a bien une volonté de domination des patrons sur les ouvriers. Chacun a peur d'un déclassement et se rassure en se trouvant des subalternes.

La penseuse s'intéresse ensuite à la traduction politique de la lutte pour l'amélioration de la condition ouvrière. S'il y a des exemples d'enthousiasme communicatif de pays à pays au moment de luttes sociales, elle reconnaît avec amertume qu'il n'y a guère de coordination internationale des luttes, ce qui fragilise d'autant plus les chances de véritables avancées sociales.

Elle rappelle que l'ouvrier français a peur du travailleur étranger encore moins bien loti que lui, et considéré comme un paria, empêchant ainsi tout réel progrès.

À la fin de son article, la philosophe évoque la situation des colonies françaises (très appréciées par le patronat de l'époque qui y trouvait une main-d'œuvre encore moins chère et encore plus docile que dans l'hexagone), où les travailleurs sont encore plus misérables qu'en métropole, ce qui pourrait constituer une véritable menace dans les années à venir.

3. « Condition première d'un travail non servile » (pages 418 à 434)

Cet article daté de 1942 est un des derniers de Simone Weil. La philosophe le signe d'un pseudonyme masculin anagrammatique, Emile Novis. Il constitue la dernière étape dans la réflexion de la penseuse qui est devenue chrétienne et qui développe une vision plus spirituelle du travail.

Simone Weil commence par énoncer une thèse forte dès les premières lignes : dans tout travail manuel, il y a toujours une dimension servile car il répond à une nécessité, celle de « gagner sa vie » et non à la finalité.

Dès lors, le travailleur ne voit pas le but du travail et il ne peut que ressentir du dégoût et un certain ennui face à son activité : il ne lui suffit pas de gagner les moyens de sa subsistance et de prolonger son existence car sa vie n'a pas de sens.

Enfermé dans le cadre de la journée, le travailleur tourne en rond et ressent une forme d'absurdité : même dans son temps libre, il est conditionné par le besoin de travailler.

C'est bien là la cause d'une certaine démoralisation du peuple pour la philosophe. Elle est essentiellement liée à ce type de travail.

Comment y remédier ? Il faut trouver des compensations comme la consommation, la famille, l'ambition. La révolution fait partie de ses échappatoires proposées à l'ouvrier, même si Simone Weil présente assez vite les limites de ce désir révolutionnaire. Au fond, remplacer la société bourgeoise par la dictature du prolétariat comme le proposaient Marx et Engels et comme le régime stalinien la met en pratique en Union Soviétique revient à passer d'un impérialisme national à un impérialisme ouvrier, où il n'y a pas plus de liberté ou de joie (le stalinisme de la fin des années 1930 l'a bien montré).

Simone Weil condamne sévèrement la révolte : tant qu'elle se dirige contre l'injustice sociale, elle est louable ; mais elle s'avère mensongère quand elle prétend abolir le malheur de la condition ouvrière car celle-ci est inhérente au travail. La philosophe en vient même à faire de la croyance en la révolution un véritable « opium du peuple » pour reprendre la fameuse formule de Karl Marx critiquant l'illusion et le faux apaisement provoqués par la religion.

Il ne suffit pas, pour apaiser les tensions sociales, de transmettre au peuple le goût pour l'argent qui est typique de la classe bourgeoise : en effet, si un travailleur manuel s'enrichit ou souhaite s'enrichir, il ne devient pas pour autant un ouvrier heureux, mais il cesse d'être ouvrier.

Pour Simone Weil, le fond du problème ouvrier réside dans le fait qu'il ne voit pas de finalité dans son existence et il ressent un vide essentiel que rien ne peut combler, car tout peut lui sembler absurde.

Après avoir brossé un tableau aussi pessimiste de la condition ouvrière, la penseuse propose cependant une perspective : c'est la beauté qui sauvera l'ouvrier, pour parodier une célèbre formule de Dostoïevski, illustre romancier russe du dix-neuvième siècle.

En effet, si l'âme désire la beauté, elle est dans une forme d'aspiration désintéressée : elle souhaite contempler et cela la remplit d'une vraie joie. Pour la philosophe devenue chrétienne, cette beauté trouve sa source en Dieu : c'est en Dieu que le travailleur peut trouver la finalité de son existence pour elle.

Pour en prendre conscience, le travailleur n'a qu'à « lever la tête » comme propose la penseuse, ce qui lui permet de se détourner des biens terrestres qu'il ne peut pas posséder.

Cependant, Simone Weil voit bien qu'on ne peut pas vraiment proposer aux ouvriers une contemplation mystique car ils sont trop englués dans leur quotidien dominé par le matériel et la nécessité. L'ouvrier doit trouver dans sa vie des symboles de la foi qui pourraient l'inspirer.

Si le travailleur contemple la nature, il pourra participer davantage au monde et trouver un vrai sens à l'existence. La penseuse évoque l'exemple du paysan qui soigne la nature, ce qui est un symbole de Dieu.

La philosophe propose donc en dernier recours à l'ouvrier de décrypter le réel et d'y trouver des symboles spirituels. Elle suggère même d'apprendre aux enfants à honorer ces symboles, prenant des exemples dans la culture du Moyen Âge.

Cela permettrait de diminuer la distance entre les travailleurs et la culture ou le monde intellectuel et de les sortir de la honte dans laquelle certains peuvent se trouver vis-à-vis de la culture en général. Simone Weil considère également que cela pourrait favoriser un rapprochement entre les travailleurs manuels et les intellectuels souvent trop coupés de la dure réalité sociale.

L'éducation des enfants peut être réformée pour amener les jeunes gens à s'orienter vers cette recherche de dépassement et de spiritualité.

C'est la différence d'instruction qui contribue à ancrer l'inégalité sociale, plus que la différence économique.

La penseuse propose donc d'amener tout travailleur, manuel ou intellectuel, à exercer une forme d'attention au spirituel dans son activité, même si elle reconnaît que l'attention d'un ouvrier travaillant à la chaîne et d'un penseur confortablement installé n'est forcément pas la même.

La philosophe chrétienne propose à ses lecteurs une forme d'ascèse : il faudrait supprimer dans l'existence de l'ouvrier la publicité qui flatte ses désirs de consommation superflue.

De même, il faudrait réduire considérablement l'autorité dans l'encadrement du travail pour éviter qu'il ne se transforme en servitude absolue : la penseuse préfère ainsi les petites exploitations agricoles aux grandes dominées par un contremaître et un modèle productiviste.

Enfin, il faut à tout prix éviter que le travailleur perde son attention : il ne doit pas être transformé en robot, comme on le voit dans le modèle tayloriste vivement critiqué par la philosophe. Elle appelle donc à la suppression pure et simple de ce travail abrutissant, qu'elle a elle-même connu au cours de sa période d'immersion en usine en 1936.

En conclusion, Simone Weil propose un principe simple : il faut organiser le travail de telle manière qu'il ne tire pas les ouvriers vers le bas. On doit les amener à la joie, d'après la penseuse chrétienne, et à une forme de contemplation mystique.

Elle termine sa réflexion en suggérant des applications concrètes permettant cette joie : des fêtes, des voyages pourraient être organisés pour les travailleurs pour qu'ils aient une vie agréable et qui a du sens.

Sous-partie 3

Michel Vinaver
Par-dessus bord

Fiche 5

L'auteur et le contexte : Michel Vinaver (né en 1927)

1. Un dramaturge engagé

Michel Grimberg est né en janvier 1927 dans une famille d'origine russe et de confession juive, qui a fui la révolution bolchevique au début du vingtième siècle. Il compte parmi sa famille maternelle des écrivains et des critiques célèbres, comme Eugen Vinaver, qui mènera une carrière d'universitaire et d'écrivain en Angleterre, et des hommes politiques russes progressistes et démocrates comme son grand-père Maxim Vinaver.

Sa famille s'exile aux États-Unis pendant la seconde guerre mondiale pour échapper aux persécutions antisémites du régime de Vichy et de l'occupation allemande. En 1944, le jeune Michel, de retour en France, s'engage militairement dans l'armée française. C'est son premier engagement politique à 17 ans.

Le jeune homme prend le nom de sa mère pour pseudonyme et entame une carrière de romancier et d'écrivain, après des études littéraires en France et aux États-Unis. Il publie ses premières œuvres à la fin des années 1940, grâce à Albert Camus, alors que la littérature engagée et l'existentialisme sont en vogue en cette période d'après-guerre et de début de guerre froide. Ce sont deux romans, *Lataume* et *L'Objecteur*, parus en 1950 et 1951, qui vont lancer la carrière littéraire du jeune auteur.

Mais c'est vers le théâtre que Michel Vinaver va se tourner principalement : il suit des répétitions d'*Ubu roi*, pièce avant-gardiste de la fin du dix-neuvième siècle et qui a beaucoup influencé le théâtre moderne. Il rencontre le metteur en scène Roger Planchon, partisan d'un théâtre engagé, d'inspiration brechtienne. Bertolt Brecht (1898-1956) est un des grands dramaturges allemands du vingtième siècle qui va révolutionner l'art dramatique en mettant l'accent sur la dimension politique et critique du théâtre qui doit éveiller les consciences des spectateurs et non pas seulement les distraire. Anti-nazi et stalinien, Brecht devient très célèbre en France dans les années 1950, grâce aux efforts de critiques comme Roland Barthes ou Bernard Dort et de metteurs en scène comme Planchon et d'autres.

C'est en 1955 qu'il écrit sa première pièce, *Les Coréens*. C'est le début d'une longue série de pièces qui ont une dimension sociale et qui représentent le monde réel avec ses complexités et ses injustices.

En effet, contrairement au théâtre de l'absurde, courant d'avant-garde qui se développe dans les années 1950 (avec notamment Samuel Beckett, Eugène Ionesco et Arthur Adamov) et qui va devenir dominant dans les années 1960 et 1970 (Beckett obtient le prix Nobel de littérature en 1969, Ionesco entre à l'Académie française en 1970), le théâtre de Michel Vinaver n'a pas d'ambition métaphysique et ne rompt pas avec le réel, ne présente pas des univers hors du temps et de l'espace pour faire réfléchir le public à la mort, au sens de la vie et autres questions générales.

Bien au contraire, Michel Vinaver s'affirme dès le départ comme un dramaturge du quotidien, pour qui le monde concret - et particulièrement le monde de l'entreprise - est un authentique sujet littéraire.

2. Un homme d'affaires ambitieux et reconnu

Parallèlement à ses activités de dramaturge, Michel Grimberg travaille car il doit subvenir aux besoins de sa famille et ne dispose pas d'une fortune personnelle qui lui permettrait de vivre uniquement de ses activités littéraires : contrairement à beaucoup d'auteurs contemporains, il n'est pas un écrivain professionnel.

Après des études de lettres, il entre dans la société Gillette en 1953, se distingue par son efficacité et sa persévérance et grimpe les échelons jusqu'à devenir président-directeur général de l'entreprise en 1964 et ce jusqu'en 1982, ce qui lui donne une aisance financière lui permettant de bien vivre et d'écrire pendant ses loisirs. Sous sa direction, Gillette croît et il rachète même la société S.T. Dupont. *Par-dessus bord* va d'ailleurs reprendre des épisodes de sa propre existence et de son parcours professionnel car il se représente de manière fictionnelle dans le personnage de Passemar.

Il connaît donc très bien le monde du travail et l'entreprise pour en avoir traversé tous les niveaux pendant des années. Tout comme Simone Weil était une des rares philosophes à avoir travaillé de ses mains, Michel Vinaver est un dramaturge qui n'a pas uniquement fait profession d'homme de lettres, d'acteur ou de metteur en scène, ce qui est rare dans l'histoire du théâtre français.

3. Un homme de théâtre complet

Sa première pièce, *Les Coréens*, rédigée à la demande de son ami Gabriel Monnet, est montée par Roger Planchon puis Jean-Marie Serreau. La guerre de Corée, épisode clé de la guerre froide entre Américains et Soviétiques, s'est « achevée » en 1953 avec la partition du pays en deux camps ennemis, la Corée du Sud, pro-américaine, et la Corée du Nord, république populaire et stalinienne. Vinaver est un partisan du réalisme au théâtre et il cherche comme Brecht à faire réfléchir ses spectateurs sans pour autant les endoctriner.

Les années soixante et soixante-dix sont très fécondes pour sa carrière littéraire : il écrit et fait représenter *La Demande d'emploi*, *Les Travaux et les jours*, *L'Ordinaire*, et bien sûr *Par-dessus bord* en 1969 (écrite entre 1967 et 1969), pièce expérimentale énorme avec plus de soixante personnages, vingt-cinq lieux et dont la représentation intégrale prend près de sept heures. Conscient de la difficulté de monter un tel ensemble, comme Victor Hugo avec *Cromwell* et Paul Claudel avec *Le Soulier de satin* avant lui, il en proposera une version raccourcie quelques années après. Il côtoie les grands metteurs en scène français de l'après-guerre comme Antoine Vitez, Patrice Chéreau, Alain Françon et bien d'autres, ce qui va nourrir sa réflexion sur l'art dramatique.

Parallèlement à son activité de dramaturge, Michel Vinaver s'illustre également comme théoricien du théâtre et comme professeur : en effet, en 1982, trouvant peut-être son emploi de patron de Gillette trop rasoir, il devient professeur d'études théâtrales à l'université Paris III et écrit de nombreux textes sur l'art théâtral, contribuant également à des mises en scène et à des adaptations de classiques du répertoire dramatique. Il pense et pratique le théâtre dans toutes ses dimensions, ne se contentant plus de l'écriture de pièces.

Il publie son théâtre complet aux éditions de L'Arche (spécialisées dans le théâtre et diffuseurs français de l'œuvre de Brecht, notamment) puis chez Actes Sud dans les années 1980 et il est reconnu comme un classique contemporain, notamment depuis la création de *L'Ordinaire* par la Comédie Française (ancien théâtre historique de Molière et symbole de l'institution théâtrale en France) en 2009. Il est aujourd'hui considéré comme un des principaux dramaturges français contemporains et son œuvre est très jouée partout dans le monde.

Michel Vinaver est également le père d'Anouk Grimberg qui est une actrice de théâtre et de cinéma réputée.

Fiche 6

Résumé de l'œuvre : *Par-dessus bord*

La pièce de Michel Vinaver est un ensemble assez complexe qui a connu plusieurs versions. La première, écrite entre 1966 et 1969 et publiée en 1972 par l'Arche, se révèle absolument gigantesque : elle se déroule dans vingt-cinq lieux (une véritable gageure pour le metteur en scène qui veut représenter la pièce) et comporte une soixantaine de personnages.

La version qui est à notre programme a été considérablement amendée par l'auteur : elle n'y a plus qu'une trentaine de personnages et de nombreux passages ont été supprimés. C'est la version « hyper-brève » qui date de 2002.

D'autres versions ont été publiées : la version « super-brève » a été publiée en 1986 chez Actes Sud et il y a également une version « brève » parue en 2004 aux éditions de l'Arche.

1. Premier mouvement : cartes sur table

Un représentant, Lubin, essaie de vendre des articles en promotion à Mme Lépine, grossiste, qui n'a pas réussi à écouler ses stocks. Leur conversation est interrompue par des camionneurs qui viennent livrer une caisse d'où sort un personnage masqué, Passemar.

Passemar annonce au public qu'il est l'auteur de cette pièce et qu'en plus d'être directeur dans l'entreprise Ravoire et Dehaze, il écrit. Il semble que ce personnage soit le double fictionnel de Michel Vinaver lui-même, entré chez Gillette après des études de lettres et lui-même directeur. Passemar évoque aussi le prochain départ à la retraite de sa supérieure hiérarchique, Mme Alvarez, maîtresse du fondateur de l'entreprise, et se déclare bien placé pour hériter de son poste (Vinaver a lui-même dirigé Gillette à partir de 1964).

Mme Alvarez se plaint de dysfonctionnements et de retards à l'usine auprès de Passemar et de ses collègues Dutôt et Grangier. Ils discutent de la qualité du papier hygiénique Super Doux, qui ne semble pas très résistant. Mme Alvarez s'oppose fortement à ses collaborateurs comme M. Dutôt, trop arrogant à son goût.

Passemar annonce ensuite une scène chez le patron de l'entreprise, M. Fernand Dehaze. Il discute avec son ami le banquier Ausange de la santé de son entreprise et de la concurrence américaine.

Passemar annonce une scène chez M. Lubin, le représentant, qui danse et discute avec Joëlle, l'aide-caissière. Il essaie de la séduire et ils parlent aussi de leur vie familiale et de leur quotidien dans l'entreprise.

Une tombola est organisée avec les personnages précédents sous la direction de M. Olivier Dehaze (fils du patron et directeur adjoint). Lubin tire le numéro gagnant ; le patron, M. Fernand Dehaze, fait un grand discours annonçant le lancement d'un nouveau papier hygiénique, appelé ironiquement bleu-blanc-rouge.

Passemar évoque la concurrence acharnée des entreprises américaines qui menacent l'entreprise Dehaze, faisant un parallèle avec un cours entendu au Collège de France sur la rivalité entre les Ases et les Vanes, des personnages nordiques. Passemar discute avec le professeur Onde, du Collège de France. Finalement, des dieux scandinaves apparaissent sur scène et emmènent Passemar, comme emporté par son imagination de dramaturge.

2. Deuxième mouvement : Bleu-Blanc-Rouge

La scène se déroule comme au début du premier mouvement dans la boutique de Mme Lépine. Le représentant Lubin cherche à lui faire acheter le nouveau papier hygiénique Bleu-Blanc-Rouge en utilisant des arguments patriotiques assez ridicules.

Parallèlement, Benoît, un des deux fils du patron Dehaze, est au lit avec son épouse Margerie, d'origine américaine, et ils discutent après l'amour de l'entreprise et du patron.

Le nouveau papier hygiénique ne semble pas se vendre aussi bien que l'avaient prévu les dirigeants de l'entreprise et on assiste aux discussions techniques et assez tendues entre Olivier et Dutôt, le chef des ventes de l'entreprise.

En même temps, Margerie vient parler avec son beau-père Fernand Dehaze, qu'elle aime bien.

Les deux frères, Olivier et Benoît, voyant les affaires peu florissantes, discutent de la succession de leur père, trop âgé selon eux pour rester à la tête de l'entreprise.

Fernand Dehaze renvoie M. Dutôt qui s'était opposé à un de ses ordres risquant de menacer la survie de l'entreprise. Un autre responsable, Grangier, veut donner sa démission car il est dégoûté par le délabrement de l'entreprise. Finalement, il sera maintenu dans ses fonctions.

Fernand Dehaze dit à son fils Olivier qu'il voudrait se retirer et lui céder sa place, voyant les difficultés financières grandir peu à peu. C'est en fait un piège qu'il lui tend pour tester sa fidélité, car il a été induit en erreur par son autre fils, Benoît.

Margerie se confie à son mari sur ses précédentes liaisons en Amérique : elle critique ses anciens amants qui ne songeaient qu'à devenir des *business men* et des managers.

On apprend que Fernand Dehaze, qui s'est senti trahi par Olivier mais qui a été piégé de fait par Benoît, a fait un grave malaise et que les médecins sont inquiets quant à ses chances de survie.

3. Troisième mouvement : la prise de pouvoir

Après l'attaque de son père, Olivier veut reprendre les rênes de l'entreprise et en parle aux membres de sa famille pour que le conseil d'administration soit convoqué. En effet, le père est dans un état végétatif et ses soins coûtent cher.

Les deux fils de Dehaze, Olivier et Benoît, ont des visions différentes de la manière de gérer l'entreprise et ont tous deux l'ambition de la diriger, mais l'un est plus frileux et l'autre plus innovant.

Alors qu'on entend un cours du professeur Onde sur des héros de sagas scandinaves, on assiste à un violent échange entre Mme Alvarez et Mme Bachevski, qui travaille également dans l'entreprise et qui est sa grande rivale. L'une est pour Olivier, l'autre plutôt pour Benoît. Le banquier Ausange prévient Olivier qu'il suivra plutôt Benoît qui lui paraît plus adapté au poste.

Olivier apprend enfin que son père doit être déplacé à l'hôpital au profit d'un patient qui a plus de chance de survivre. Cela le désole car cela équivaut à une condamnation à mort. On comprend également que Benoît refuse de continuer à payer pour les soins de son père.

4. Quatrième mouvement : mousse et bruyère

Lubin vient présenter ses produits à Mme Lépine qui lui annonce qu'elle a préféré faire affaire avec ses rivaux américains.

Parallèlement, Benoît discute avec des experts en conseil américains, Jack et Jenny, qui lui donnent une leçon de management et de marketing et lui proposent de redynamiser son entreprise.

En même temps, Passemar assiste à une enquête (assez ridicule) lancée auprès des consommateurs de papier toilette, alors que des danseurs lui tournent autour.

Passemar s'adresse au public pour expliquer qu'il hésite entre plusieurs types de théâtre : un théâtre sauvage, très avant-gardiste, et une forme d'art plus traditionnel et académique.

Lubin ne parvient pas à convaincre Mme Lépine de faire affaire avec lui et s'enfonce dans une forme de désespoir.

Parallèlement, les deux frères cherchent un moyen de trouver de l'argent et sont prêts à vendre la collection d'antiquités (tabatières de l'époque de Louis XV) de leur père.

Benoît, qui a chargé les conseillers américains Jack et Jenny de redresser son entreprise, discute ensuite avec son chef de la comptabilité, Cohen, qui lui annonce que la faillite est inévitable.

Benoît s'adresse ensuite au personnel pour annoncer des jours difficiles mais compte sur le nouveau produit pour redresser la barre.

Passemar évoque les longueurs de sa pièce et la possibilité d'abréger, faisant ainsi un clin d'œil au public.

Les conseillers américains réunissent les cadres importants pour un « brainstorming » et pour les former à leurs méthodes : ils leur demandent ce qu'est le cul et les poussent à explorer de nouvelles manières pour promouvoir leur produit en tablant sur le côté « érotique » de la défécation…

Passemar s'entretient avec Benoît et loue ses méthodes de management. Le nouveau directeur lui propose une promotion tout en le menaçant de le rétrograder s'il échoue.

Lubin se confie à Cohen à propos de ses problèmes de ménage et se livre à des propos antisémites.

Margerie discute avec son beau-frère Olivier et essaie de le charmer tout en instituant un rapport de force. Olivier lui reproche d'avoir manigancé pour l'évincer et pour accorder la direction de l'entreprise à son mari Benoît.

Lubin annonce à Mme Lépine de grands changements menés par les « jeunes loups » à la tête de l'entreprise, comme on peut le voir dans le monologue final de Jack.

5. Cinquième mouvement : le triomphe

Cohen discute avec sa collègue Mme Alvarez de la nouvelle ambiance de travail dans l'entreprise.

Parallèlement, le professeur Onde raconte des légendes scandinaves concernant le loup Fenrir piégé et domestiqué par les dieux pour éviter qu'il ne les dévore.

Jaloux, un spécialiste de marketing, expose les nouvelles techniques de l'entreprise pour susciter l'intérêt des consommateurs potentiels, en jouant sur les mots, les images, en créant de nouveaux slogans.

En parallèle, Margerie propose à son amant Olivier de faire un échange avec Benoît, son mari, pour le pousser à investir à San Francisco.

Grangier, Mme Alvarez, Mme Bachevski et Dutôt s'inquiètent vivement de l'échec du nouveau papier hygiénique et des problèmes de stock.

Des danseurs représentent une action publicitaire dérisoire pour le lancement du nouveau papier toilette qui devrait avoir l'effet d'une bombe.

Certains commerciaux proposent d'imprimer des morceaux de texte sur le papier toilette, voire des images.

Lubin revient encore une fois chez Mme Lépine qui l'attend et lui réclame encore plus de stock.

Mme Bachevski est reçue par Benoît qui lui reproche de ne pas être suffisamment moderne dans ses méthodes de travail et qui lui propose de partir.

Benoît reçoit ensuite Passemar pour faire le point avec lui sur ses six mois dans son nouveau poste et il le renvoie à ses anciennes fonctions quand Passemar émet un doute sur sa propre action.

Benoît rencontre enfin un homme d'affaires américain, M. Young, à qui il cherche à nuire, comme il le lui avoue lui-même.

Alors que Benoît propose à sa maîtresse Jenny de l'épouser, elle refuse car elle se révèle très prise par son travail.

Lubin raconte à Mme Lépine qu'on lui a proposé un poste de magasinier à l'usine alors qu'il est vendeur itinérant.

Benoît discute d'un éventuel rachat avec son concurrent Young.

Benoît propose un travail à Alex, futur gendre de Lubin, qui est musicien de jazz, car il compte utiliser son talent dans le happening.

6. Sixième mouvement : le festin de mariage

On entend des conversations éparses d'invités du mariage de la fille de Lubin avec Alex : on apprend que Mme Bachevski a eu une attaque deux mois après sa mise à la retraite. Beaucoup discutent d'argent, d'achat, cancanent sur les uns et les autres.

Benoît intervient au micro pour remercier Lubin qui a décidé de changer de métier, alors que son gendre Alex intègre l'entreprise. Il fait un discours où il avoue rentrer dans la vie « normale » à laquelle il n'a pas pu résister finalement.

Olivier part lui aussi pour fonder une nouvelle entreprise aux États-Unis et va épouser Margerie, ex-femme de Benoît.

Benoît annonce aussi des changements dans l'organigramme de la société : des cadres montent d'un cran. Jack et Jenny font également des discours de remerciement. Benoît déclare aussi que son entreprise va rejoindre le géant dirigé par Young qui se veut rassurant dans son discours en promettant une totale indépendance à l'entreprise absorbée.

À la fin, Passemar réfléchit à une annonce qu'il souhaite rédiger pour trouver un nouvel emploi. Il commente aussi sa propre écriture et sa propre pièce, avouant un emprunt à Aristophane par exemple.

Le professeur Onde réapparaît une dernière fois pour terminer l'histoire des Ases et des Vanes commencée au début de la pièce et qui culmine dans une paix retrouvée après une guerre acharnée, tout comme le festin est censé montrer l'unité retrouvée après le combat entre les deux entreprises.

Partie 2

Fiches thématiques

Cette partie va vous permettre de croiser les œuvres et de découvrir les principales problématiques du programme.

Par ailleurs, rappelons que ces fiches vous donnent les principales références pour traiter les thématiques abordées mais ne remplacent pas tout effort de problématisation de votre part.

Il arrive parfois que la partie sur un des auteurs soit plus ou moins développée, ce qui est assez logique car certains thèmes sont plus ou moins importants pour certains auteurs.

Nous citerons des passages des œuvres pour que vous puissiez les assimiler plus facilement mais cela ne dispense pas de relire les textes et de reparcourir en diagonale les œuvres suivant les thématiques abordées.

Enfin, nous renvoyons parfois à d'autres fiches pour compléter la réflexion quand il apparaît des passerelles entre des problématiques connexes.

N'hésitez donc pas à zigzaguer à travers ces différentes fiches thématiques.

Fiche 7

Travail antique, travail moderne

Il y a plus de vingt siècles entre l'époque du poète Virgile et les réflexions de Simone Weil et la pièce de Michel Vinaver : évidemment, les conceptions du travail ont changé du tout au tout au cours de la période et la pratique même de l'activité est elle aussi très différente.

1. Virgile

La vision que le poète latin propose du travail est bien entendu inspirée de la pratique de son temps, à une époque où l'essentiel de l'empire romain est rural et où la majorité de la population vit à la campagne, loin des villes : en effet, le travail est ici essentiellement agricole, car *Les Géorgiques* traitent de la vie rustique et se présentent comme des conseils adressés aux paysans.

Virgile s'adresse directement aux travailleurs de la terre en les tutoyant, affichant une certaine proximité. Cela permet aussi de créer une forme de sympathie avec le public lettré de l'époque, qui connaît lui aussi des exploitations agricoles mais qui a sans doute peu travaillé de ses mains.

Au début du livre I, le poète reconnaît que l'exploitation de la terre comporte des difficultés : « Le Père des dieux lui-même a voulu rendre la culture des champs difficile, et c'est lui qui le premier a fait un art de remuer la terre, en aiguisant par les soucis les cœurs des mortels et en ne souffrant pas que son empire s'engourdît dans une triste indolence. » (p. 100-101). Le travail ressemble à un défi lancé à l'humain par Jupiter qui met fin à l'âge d'or où le labeur n'existait pas.

Mais après cette concession, il va rapidement développer une vision globalement positive du travail : rien ne semble insurmontable, ni trop pénible, et surtout c'est un travail gratifiant accompli par des hommes libres.

En effet, à aucun moment, le poète latin n'évoque des esclaves qui travailleraient dans les champs. Rappelons que pendant toute l'Antiquité, l'essentiel du travail manuel (surtout dans ses aspects les plus pénibles et ingrats) était accompli par des esclaves qui étaient corvéables à merci et n'avaient pas leur mot à dire face aux ordres qu'on leur donnait en permanence. Cela allait parfaitement de soi pour les Romains, héritiers des Grecs sur ce plan-là. Les maîtres avaient droit de vie et de mort sur leurs esclaves, ils pouvaient les vendre, les transmettre à leurs descendants ou bien les affranchir, abuser d'eux dans tous les sens du terme et ces esclaves n'avaient aucun recours possible. En choisissant de ne pas aborder cette question, Virgile, qui possédait lui-même un domaine campagnard et des esclaves en nombre, idéalise la représentation du travail à son époque.

Si le travail est accompli par des hommes libres, cela signifie que le rythme n'est pas abrutissant ni aliénant. En effet, le travail des champs se fait lentement, même si l'agriculteur doit bien entendu respecter le rythme des saisons, être attentif à la nature pour exécuter telle ou telle tâche au moment propice : « Mais si tu travailles le sol pour récolter le froment ou le robuste épeautre, si tu ne vises que les épis seuls, attends la disparition des Atlantides Aurorales, attends que l'étoile de Gnosse à l'ardente Couronne se retire, pour jeter aux sillons les semences qu'ils réclament et confier hâtivement à une terre rebelle l'espérance de l'année. Beaucoup ont commencé avant le coucher de Maia, mais la récolte a trompé leur attente en ne leur donnant que des épis vides. » (p. 103-104). Le travailleur antique doit avoir une certaine sagesse pour parvenir au meilleur résultat : il utilise son intelligence et doit saisir le *kairos*, le moment favorable, pour reprendre une fameuse notion de la pensée grecque.

Il n'y a donc pas d'impératif de productivité, ni de cadence accélérée imposée de l'extérieur : la production agricole reste modeste, il n'y a pas de recherche de massification car le paysan romain consomme une partie de sa récolte et vend le reste près de chez lui.

Le travail antique est donc relativement simple, utilise peu de technologie (à part la charrue et quelques outils décrits par Virgile), fonctionne de manière locale et ne cherche pas la rentabilité à tout prix. Notons d'ailleurs qu'à aucun moment l'écrivain latin n'évoque la question des bénéfices tirés de la vente des productions (c'est un sujet peu poétique, il est vrai). À aucun moment, le travail n'est présenté comme pénible et il se rapproche plus d'un artisanat voire parfois d'un véritable art, comme le montre le tout début du livre I des *Géorgiques*.

En outre, le travail du paysan semble gratifiant car l'exploitant peut se réjouir de voir ses efforts récompensés par une bonne récolte ou une production suffisante. Ainsi, l'apiculteur est présenté comme un homme dévoué à ses abeilles, qui cherche à les soigner, à les protéger, comme le montre le mythe d'Aristée qui cherche à guérir ses abeilles malades à la fin du livre IV.

De même, l'éleveur prend soin de ses bêtes, surveille les mâles puis les femelles et enfin les petits au moment de la saison des amours. Non par pur intérêt mais par goût : il développe une relation bienveillante avec ses animaux. En témoigne le soin apporté aux vieux chevaux qu'on laisse tranquilles à la fin de leur vie au lieu de les livrer à l'équarisseur : « Mais ce cheval même, lorsque appesanti par la maladie, ou déjà ralenti par les ans, il a des défaillances, enferme-le au logis et sois indulgent à une vieillesse qui ne le déshonore pas. » (p. 138).

Cette vision du métier est sans doute largement adoucie par Virgile, qui cherche à créer une harmonie entre l'homme et la nature, mais correspond aussi au projet poétique d'éloge du métier de paysan et à la valorisation du travail paysan dans la propagande augustéenne.

Enfin, le travailleur des champs est présenté comme un homme pieux, très déférent envers les dieux : « Avant tout, honore les dieux, et offre à la grande Cérès un sacrifice annuel en accomplissant les rites sur de gras herbages, [1,340] quand le déclin de l'extrême hiver fait déjà place au printemps serein. » (p. 10). En effet, il les remercie en leur offrant des sacrifices, comme on peut le voir à la fin du livre IV, en guettant les moments propices pour la semaille, la moisson, symbolisées par la déesse Cérès. On note d'ailleurs que les dieux apprennent aux hommes l'art de cultiver les champs : « La première, Cérès apprit aux mortels à retourner la terre avec le fer, lorsque déjà manquaient les glands et les arbouses de la forêt sacrée et que Dodone refusait toute nourriture. » (p. 101).

2. Simone Weil

Le monde du travail décrit dans *La Condition ouvrière* n'a rien à voir avec le labeur des champs du doux Virgile ! Il ne s'agit plus d'évoquer les travaux agricoles mais de dépeindre le quotidien des usines de l'entre-deux-guerres. En vingt siècles, après deux révolutions industrielles, le travail s'est complexifié et est devenu une forme de torture pour les ouvriers qui le subissent dans leur corps et leur esprit, jusqu'à devenir apathiques ou désespérés.

La machine, si peu présente dans l'univers de Virgile (et pour cause, car il vivait au Ier siècle avant Jésus-Christ !), est devenue reine et constitue le principal apport de la modernité. La philosophe va d'ailleurs comparer le travail du paysan ancien à celui de l'ouvrier moderne, notamment sur la question du rythme de travail qui est un facteur important de stress et d'aliénation : « Le travail du paysan obéit par nécessité à ce rythme du monde ; le travail de l'ouvrier, par sa nature même, en est dans une large mesure indépendant, mais il pourrait l'imiter. C'est le contraire qui se produit dans les usines. » (p. 348).

En effet, dans « La rationalisation », Simone Weil va retracer la naissance du travail industriel moderne qui prétend s'inspirer d'une organisation rationnelle dite « scientifique ». La jeune penseuse montre bien l'imposture de cette référence au modèle de la science, car la science doit aider l'homme en théorie et non l'avilir. Elle analyse la deuxième révolution industrielle en ces termes : « on peut dire qu'il y a eu une deuxième révolution industrielle. La première se définit par l'utilisation scientifique de la matière inerte et des forces de la nature. La deuxième se définit par l'utilisation scientifique de la matière vivante, c'est-à-dire des hommes. » (p. 303)

Pour elle, la machine a peu à peu asservi l'homme au lieu de faciliter vraiment son travail. En effet, la machine semble prendre le pas sur l'homme qui l'assiste alors que cela devrait être le contraire. Simone Weil montre aussi comment les méthodes managériales de Taylor et Ford ont peu à peu déshumanisé les ouvriers car le modèle tayloriste a transformé l'homme en machine dont on peut toujours accélérer la cadence pour augmenter la productivité : « Il [Taylor] a cherché simplement les procédés les plus scientifiques pour utiliser au mieux les machines qui existaient déjà ; et non seulement les machines mais aussi les hommes.

C'était son obsession. Il a fait son laboratoire pour pouvoir dire aux ouvriers : Vous avez eu tort de faire tel travail en une heure, il fallait le faire en une demi-heure. Son but était d'ôter aux travailleurs la possibilité de déterminer eux-mêmes les procédés et le rythme de leur travail, et de remettre entre les mains de la direction le choix des mouvements à exécuter au cours de la production. » (p. 313).

Or, l'homme n'est pas une machine car il a besoin de repos et perd de son efficacité lorsqu'il est fatigué ou désespéré. Le travail moderne est devenu un esclavage d'après Simone Weil, prolongeant l'analyse de l'aliénation de l'ouvrier proposée par Karl Marx au dix-neuvième siècle. La penseuse raconte d'ailleurs comment après plusieurs jours de travail en usine, elle a progressivement perdu l'estime d'elle-même et s'est épuisée au point de tout accepter, n'ayant même plus la force de se révolter. L'épuisement conduit donc à l'apathie et à une soumission absolue : « l'oppression, à partir d'un certain degré d'intensité, engendre non une tendance à la révolte, mais une tendance presque irrésistible à la plus complète soumission. Je l'ai constaté sur moi-même, moi qui pourtant, vous l'avez deviné, n'ai pas un caractère docile ; c'est d'autant plus concluant. » (p. 223).

Que propose Simone Weil pour sortir de cette situation infernale ? Non pas un abandon de l'industrie (ce qui serait déraisonnable) ni même la mise en place d'un régime révolutionnaire (la philosophe montre bien que la situation de l'ouvrier serait tout aussi mauvaise dans une société communiste où l'État prendrait le rôle du patron capitaliste comme dans le stalinisme). Elle propose de réagencer le travail : il faut que les machines soient plus performantes, plus autonomes également et que les ouvriers soient plus qualifiés et servent à surveiller le fonctionnement des appareils. Ce n'est donc pas un retour en arrière qui est suggéré mais un saut technologique qui libérerait vraiment le travailleur : « La transformation des machines peut seule empêcher le temps des ouvriers de ressembler à celui des horloges ; mais cela ne suffit pas ; il faut que l'avenir s'ouvre devant l'ouvrier par une certaine possibilité de prévision, afin qu'il ait le sentiment d'avancer dans le temps, d'aller à chaque effort vers un certain achèvement. » (p. 349).

La philosophe envisage aussi d'accorder à l'ouvrier la possibilité de participer davantage à la vie de l'entreprise et de faire visiter l'usine à sa famille.

Enfin, le travail moderne doit essayer de se rapprocher d'un modèle décentralisé où il n'y aurait plus de gigantesques usines déshumanisantes mais des structures plus petites, à taille humaine, moins oppressantes.

Beaucoup d'innovations proposées par la jeune penseuse vont d'ailleurs être réalisées après la guerre, mais d'autres servitudes vont se créer, plus insidieuses, comme on va le voir dans la pièce de Michel Vinaver.

3. Michel Vinaver

La pièce de Michel Vinaver a pour sujet l'introduction progressive de la modernité dans une entreprise familiale. En tant que patron de Gillette, l'auteur détient une connaissance de première main des techniques managériales nouvelles qui se sont mises en place dans les années 1960 et il en dresse bien entendu un portrait critique dans *Par-dessus bord*.

En effet, dans la pièce, le travail se modernise considérablement à partir de la prise de pouvoir de Benoît, partisan d'un renouveau total de l'entreprise de son père, contrairement à Olivier, qui est plus modéré et plus partisan d'une poursuite dans un sens plus traditionnel.

On voit que derrière ces deux modèles de développement (modernisation, continuité), il y a une tension entre les deux frères et leur attachement à leur père. Ainsi, Olivier aime son père et veut préserver son œuvre, son héritage : il est aussi celui qui veut le prolonger dans son état végétatif à l'hôpital. C'est un directeur plutôt prudent, voire frileux, qui est dans la continuité plus que dans l'innovation : « aujourd'hui je me sens dans l'obligation de prendre la présidence pour assurer la continuité dans un esprit de fidélité à tout ce que papa a entrepris » (p. 291).

Au contraire, Benoît, le frère cadet, veut liquider l'héritage de son père : c'est lui qui provoque l'attaque de Fernand Dehaze et qui le tue symboliquement une deuxième fois lorsqu'il demande à l'hôpital de ne plus accorder à son père les mêmes soins qu'auparavant, pour des questions financières, comme le montre cet échange entre les deux frères :

> « BENOIT : Je lui ai dit [au médecin] hier que nous ne pouvions plus continuer à allonger tous ces radis
>
> OLIVIER : Tu l'assassines une deuxième fois » (p. 312)

Après ce meurtre symbolique du père, il modernise aussi son entreprise en faisant appel aux conseillers en management, Jack et Jenny, qui sont présentés par Vinaver comme de vraies caricatures de managers vulgaires, cyniques et intéressés uniquement par l'argent et le profit. L'orientation marxiste de Michel Vinaver n'est bien sûr pas étrangère à cette vision assez manichéenne qui a cependant une vraie efficacité comique.

En témoigne la profession de foi caricaturale des deux managers américains qui usent de leur jargon et font une vraie offre de service à « Ben » (s'appeler par les prénoms est une technique simpliste pour essayer de renforcer le lien entre les partenaires mais cela ne cache pas les vrais rapports de domination pouvant exister entre les personnes) :

> « JENNY : Nous pouvons vous forcer à ouvrir les yeux alors vous vous émerveillerez
>
> JACK : Mais avant de réussir à voir il faut déblayer il faudra remuer des tonnes d'idées reçues d'inhibitions toute cette caillasse stérile
>
> JENNY : Vous pouvez utiliser Donohue and Frankfurter comme un bulldozer qui vous garantit l'enlèvement de ces obstacles
>
> JACK : Nous pourrons alors
>
> JENNY : Mais alors seulement
>
> JACK : Vous aider à définir vos objectifs établir votre stratégie élaborer vos plans » p. 318-319

Pour Benoît, c'est une question de survie : il comprend que l'entreprise ne pourra pas se maintenir face à la concurrence américaine si elle n'adopte pas les mêmes méthodes que son rival d'outre-Atlantique. Il le déclare nettement et critique le conservatisme de son frère : « Olivier veut faire de Ravoire et Dehaze un monument consacré à la mémoire de son père et de son grand-père avec pour résultat probable qu'il n'y aura plus de Ravoire et Dehaze dans quelques mois sinon dans le souvenir attendri de quelques bons vieux employés d'ailleurs au chômage le redressement est encore possible mais il exige une attitude absolument nouvelle partir de zéro vivre une aventure avec tout ce que cela comporte de rigueur de don de soi parce que le potentiel de ce marché est immense parce qu'il y a plus de place qu'il n'en faut et pour nous et pour les Américains parce que nous avons des atouts qui doivent nous permettre de battre les Américains à leur propre jeu » (p. 302).

Cette modernisation de l'entreprise passe évidemment par une réorganisation des services : les vieux employés ont bien conscience qu'ils sont sur la sellette, comme le montre cette réplique de Cohen : « Notre temps à nous est fini » (p. 311). Ainsi, deux camps vont se dessiner parmi les employés : ceux qui ne peuvent pas s'adapter et qui sont victimes de la modernisation (c'est notamment le cas de la servile Mme Bachevski qui est mise à la retraite de manière anticipée après trente-neuf ans de bons et loyaux services parce qu'elle reste prisonnière des anciennes méthodes et de vieux schémas), comme le montre cet extrait :

> « MADAME BACHEVSKI : Alors je ne donne plus satisfaction ?
>
> GRANGIER : Vous travaillez splendidement
>
> BENOIT : Mais vous êtes attachée à certaines méthodes et attitudes anciennes
>
> SAILLANT : Et vient un âge où il est difficile
>
> GRANGIER : Sinon impossible
>
> SAILLANT : De se recycler ce qui n'est pas du tout un reproche » (p. 384)

Au contraire, le deuxième camp regroupe les jeunes qui essaient de percer comme Dutôt qui est réengagé par Benoît après avoir été renvoyé pour insubordination par Fernand Dehaze au début de la pièce, ou Battistini, et les anciens qui parviennent à s'adapter et à se maintenir comme Cohen et Grangier (qui voulait démissionner au début de la pièce).

Quant à Passemar, le double fictif de Michel Vinaver, il est entre les deux camps. Il cherche à monter dans l'entreprise et à profiter de la réorganisation en cherchant à démontrer son envie de changement (il demande un entretien à Benoît pour afficher sa motivation et son aptitude à user de nouvelles méthodes) mais il ne se révèle pas pleinement convaincu par cette modernisation. En effet, lorsqu'on lui demande d'évaluer lui-même son travail dans le nouveau poste qui lui avait été proposé par Benoît (à titre provisoire), il se dévalue lui-même (chose à éviter dans le monde de l'entreprise), ce qui entraîne sa chute. Passemar a bien conscience de ne pas avoir eu la bonne attitude face au patron : « j'ai regretté cette dernière phrase qui rend un son vieux jeu et justement pas du tout marketing je ferai de mon mieux et je vous remercie un homme du marketing aurait dit ok je vais vous la casser votre baraque et pour commencer vous feriez mieux de vous ranger » (p. 344). Ainsi, le problème de Passemar vient non pas de son inefficacité au travail (on reconnaît au contraire ses compétences en haut lieu) mais de son manque d'audace et de confiance en soi qui le pousse à adopter une attitude frileuse et trop attentiste, comme le lui reproche Benoît : « Ça sent un peu son fonctionnaire ça Passemar dans une entreprise dynamique quand on s'arrête de grimper on dégringole ».

Globalement, on comprend à travers les remarques de Passemar que Michel Vinaver, fin connaisseur du monde de l'entreprise par ses activités chez Gillette, a un regard très critique sur ces évolutions et cette modernisation, qui aboutit à un rachat de l'entreprise par le concurrent américain, Ralph Young, qui promet hypocritement monts et merveilles aux employés : « Vous entrez dans une grande famille United Paper Company est implantée dans soixante et un pays et partout le même esprit de famille the Youpico spirit comme nous disons l'esprit Youpico on reconnaît un homme Youpico n'importe où [...] à vous de jouer bien sûr nous serons around on vous conseillera vous bénéficierez de notre know-how dans les domaines du research and development et du financial planning et du marketing on prendra les grandes décisions ensemble mais you're on your own la société que nous achetons ça n'est pas les machines ni les bâtiments ni les produits it's the people ce sont les gens c'est vous tous que nous voulions c'est vous que nous avons c'est vous vous Youpico youpico ra ra Youpico youpico ra ra » (p. 415). On le voit, cette longue tirade en franglais a un fort potentiel comique auprès du public car elle caricature la « novlangue » managériale de l'époque mais elle dit en creux – en le niant – ce qui risque fortement d'arriver à l'entreprise.

Mais tout ceci semble peu crédible et ce qui est annoncé, c'est évidemment une nouvelle compression de personnel, comme le montre la réplique de Passemar à la fin de la pièce : « là où je suis sceptique c'est quand j'entends le président de la United dire qu'avec la fusion rien ne va changer on dit ça mais on sait que tôt ou tard tout va changer pour le meilleur ou pour le pire ? » (p. 417).

Ainsi, Michel Vinaver veut ouvrir les yeux du public sur les mutations de l'entreprise dans les années 1960-1970 et montre les conséquences très directes et concrètes des nouvelles techniques managériales « modernes » sur les travailleurs à tous les niveaux.

Fiche 8

Travail et souffrance

L'étymologie des mots est souvent très significative : celle de « travail » se révèle tout à fait éclairante. En effet, le vocable français vient du mot latin *tripalium*, qui désigne un instrument constitué de trois pieux destiné à maintenir les chevaux quand on veut les ferrer. Cela renvoie donc à une forme de contrainte, de torture, tout comme le nom latin *labor* qui a donné labeur renvoie à la fois au travail et à la souffrance (notons aussi que le terme de « travail » associé à l'accouchement renvoie aussi à la douleur). Il semblerait donc que le lien entre travail et souffrance ait été très tôt identifié. Qu'en est-il dans nos trois œuvres ?

1. Virgile

Le travail de la terre est souvent présenté comme nécessitant des efforts physiques évidents pour le cultivateur (« Le Père des dieux lui-même a voulu rendre la culture des champs difficile, et c'est lui qui le premier a fait un art de remuer la terre, en aiguisant par les soucis les cœurs des mortels et en ne souffrant pas que son empire s'engourdît dans une triste indolence. » p. 100-101) mais jamais comme une torture gratuite et inutile. En effet, pour l'auteur des *Géorgiques*, le travail est plus vu comme un effort consenti et librement accepté pour parvenir à tirer le maximum de la terre. Il repose sur une connaissance des terrains et des techniques, sur un usage raisonné des outils agricoles de l'époque et surtout sur un respect des rythmes naturels et des dieux.

Le travailleur trouve donc sa récompense dans le rendement de sa terre, de ses troupeaux ou de ses ruches, et il n'y a aucune difficulté à accepter cet effort. S'il ne le fait pas sérieusement, il paiera directement les conséquences car il obtiendra de mauvaises récoltes : « Si avec le hoyau tu ne fais pas une guerre assidue aux mauvaises herbes, si tu n'épouvantes à grand bruit les oiseaux, si la serpe en main tu n'élagues l'ombrage qui recouvre ton champ, si tu n'appelles la pluie par tes vœux, hélas ! tu en seras réduit à contempler le gros tas d'autrui et à secouer, pour soulager ta peine, le chêne dans les forêts. » (p. 101-102). Il est donc dans son intérêt de faire ce qu'il faut au bon moment et il n'obéit à aucun patron qui le déposséderait des fruits de son labeur. C'est bien sûr une vision assez édulcorée car dans la réalité antique, le paysan romain peut aussi travailler comme métayer sur un terrain qui ne lui appartient pas (le doux Virgile ne cultivait pas ses terres lui-même !).

Virgile n'a pas à convaincre le paysan de se mettre au travail, il se contente de l'encourager : « Au travail donc, cultivateurs ! apprenez les procédés de cultures propres à chaque espèce ; adoucissez, en les cultivant, les fruits sauvages ; que vos terres ne restent pas en friche. » (p. 116). Dans le livre I, le poète cherche à créer une émulation et dit « courage donc ! » (p. 99) au paysan qui doit retourner le sol. Cependant, le travail ne semble jamais vraiment pénible : « grâce à l'alternance, le travail fourni est facile » déclare Virgile à la page 99.

Il semblerait même que le travail soit vu par le poète romain comme un art ou un artisanat comme l'indique le début du livre I qui insiste sur le savoir-faire du cultivateur : « Quel art fait les grasses moissons ; sous quel astre, Mécène, il convient de retourner la terre et de marier aux ormeaux les vignes ; quels soins il faut donner aux bœufs, quelle sollicitude apporter à l'élevage du troupeau ; quelle expérience à celle des abeilles économes, voilà ce que maintenant je vais chanter. » (p. 97).

Le poète en vient même à louer les paysans qui ne connaissent pas leur bonheur en travaillant la terre : « O trop fortunés, s'ils connaissaient leurs biens, les cultivateurs ! Eux qui, loin des discordes armées, voient la très juste terre leur verser de son sol une nourriture facile. » (p. 129).

En outre, Virgile montre bien qu'il y a des espèces de plantations qui demandent plus ou moins d'efforts et de soins de la part du cultivateur. Si la vigne exige un soin important (« Maintenant les vignes sont liées ; maintenant les arbustes laissent reposer la serpe ; maintenant le vigneron, au bout de ses rangées, chante la fin de ses peines. Pourtant il lui faut encore tourmenter la terre, la réduire en poussière, et, bientôt, craindre Jupiter pour les raisins mûrs. » p. 127-128), ce n'est pas le cas de l'olivier : « Les oliviers, au contraire, ne demandent pas de culture ; ils n'attendent rien de la serpe recourbée ni des hoyaux tenaces, quand une fois ils ont pris au sol et affronté les brises. La terre, entrouverte au crochet, fournit d'elle-même aux plantes une humidité suffisante et, retournée par le soc, des fruits lourds. Nourris donc le gras olivier, agréable à la Paix. [...] De même les arbres fruitiers, dès qu'ils ont senti leurs troncs vigoureux et qu'ils sont maîtres de leurs forces, s'élancent rapidement vers les astres par leur propre vertu et n'ont pas besoin de notre aide. » (p. 128). On le voit, dans ces cas-là, le travail ne provoque pas de souffrance et tout semble idéal, même si la somme de travail est parfois conséquente.

Virgile recommande également au cultivateur de prendre du repos au bon moment, quand le travail est arrivé à son terme, si bien qu'il n'y a pas d'épuisement de l'agriculteur.

De plus, le travail semble fructueux et sans douleur car il a vraiment du sens pour Virgile. En effet, le paysan a la satisfaction de voir le fruit de ses efforts au moment de la moisson ou de la récolte et ses efforts servent à nourrir les siens mais aussi la collectivité, ce qui justifie toute sa peine : « Le laboureur fend la terre de son areau incurvé : c'est de là que découle le labeur de l'année ; c'est par là qu'il sustente sa patrie et ses petits enfants, ses troupeaux de bœufs et ses jeunes taureaux qui l'ont bien mérité. Pour lui, point de relâche, qu'il n'ait vu l'année regorger de fruits, ou accroître son bétail, ou multiplier le chaume cher à Cérès, et son sillon se charger d'une récolte sous laquelle s'affaissent ses greniers. » (p. 131). Ainsi, chez le poète latin, le travail paie à coup sûr car il permet au paysan d'avoir un vrai rôle dans la société et de créer de la richesse mais aussi un bien-être social.

Enfin, un modèle de travail harmonieux et collectif est proposé par Virgile au cours du livre IV quand il décrit la société des abeilles : pour lui, les abeilles constituent un modèle d'organisation efficace et désintéressé, où chaque individu travaille pour le bien collectif et ne ménage pas ses efforts : « Toutes se reposent de leurs travaux en même temps, toutes reprennent leur travail en même temps. Le matin, elles se ruent hors des portes ; aucune ne reste en arrière ; puis quand le soir les invite à quitter enfin les plaines où elles butinent, alors elles regagnent leurs logis, alors elles réparent leurs forces. » (p. 161).

Le poète romain ne manque pas d'ailleurs de s'extasier devant la ruche vrombissante et la fabrication du miel dans un très beau passage qui a des accents héroïques : « prévoyant la venue de l'hiver, elles s'adonnent l'été au travail et mettent en commun les trésors amassés. Les unes, en effet, veillent à la subsistance, et, fidèles au pacte conclu, se démènent dans les champs ; les autres, restées dans les enceintes de leurs demeures, emploient la larme du narcisse et la gomme gluante de l'écorce pour jeter les premières assises des rayons, puis elles y suspendent leurs cires compactes ; d'autres font sortir les adultes, espoir de la nation ; d'autres épaississent le miel le plus pur et gonflent les alvéoles d'un limpide nectar. Il en est à qui le sort a dévolu de monter la garde aux portes de la ruche ; et, tour à tour, elles observent les eaux et les nuées du ciel, ou bien reçoivent les fardeaux des arrivantes, ou bien encore, se formant en colonne, repoussent loin de leurs brèches la paresseuse troupe des frelons. C'est un effervescent travail, et le miel embaumé exhale l'odeur du thym. » (p. 159-160). On le voit, la répartition du travail se fait naturellement, sans injustice ni contestation, et ne semble occasionner aucune exploitation et aucune souffrance.

Notons que le modèle des abeilles dévouées au bien commun et ne ménageant pas leur peine connaîtra d'ailleurs un bel avenir dans la pensée européenne des Lumières, comme on le verra dans la fable des abeilles du philosophe progressistes Bernard de Mandeville, apôtre du libéralisme politique et économique au dix-huitième siècle.

N'oublions pas non plus que le travail le plus dégradant et le plus épuisant est en général réalisé à l'époque par les esclaves (que Virgile n'évoque pas dans son poème), ce qui permet de conserver une vision somme toute positive de l'activité quand elle est pratiquée par des hommes libres.

2. Simone Weil

Comme on peut s'y attendre, Simone Weil ne développe pas une vision idéalisée du travail comme l'auteur des *Géorgiques*, car elle décrit une réalité sociale bien plus sombre et reposant sur l'exploitation systématique et savamment organisée d'un grand nombre de travailleurs par un petit nombre de cadres et d'organisateurs.

En effet, il n'y a aucune idéalisation chez la philosophe qui raconte les souffrances qu'elle a endurées elle-même au cours de son immersion en milieu ouvrier.

Elle a elle-même enduré des souffrances constantes pendant ses mois de travail manuel : en plus de ses habituelles migraines, la jeune femme se confie à ses correspondants et insiste sur sa fatigue constante et son épuisement permanent : elle avoue ne pas avoir tenu le coup, elle se plaint de ses souffrances à Albertine Thévenon. Mais elle dégage aussi une leçon de cette souffrance qui n'a pas été vaine, selon elle : « J'ai beaucoup souffert de ces mois d'esclavage, mais je ne voudrais pour rien au monde ne pas les avoir traversés. Ils m'ont permis de m'éprouver moi-même et de toucher du doigt tout ce que je n'avais pu qu'imaginer. J'en suis sortie bien différente de ce que j'étais quand j'y suis entrée – physiquement épuisée, mais moralement endurcie (tu comprendras en quel sens je dis ça). » (p. 56).

Ainsi, la philosophe propose une alchimie de la douleur, pour reprendre une expression du poète français Charles Baudelaire, dans le sens où sa souffrance entraîne un progrès dans la connaissance de soi, une transformation personnelle : « Lentement, dans la souffrance, j'ai reconquis à travers l'esclavage le sentiment de ma dignité d'être humain, un sentiment qui ne s'appuyait sur rien d'extérieur cette fois, et toujours accompagné de la conscience que je n'avais aucun droit à rien, que chaque instant libre de souffrances et d'humiliations devait être reçu comme une grâce, comme le simple effet de hasards favorables. » (p. 59). Evidemment, Simone Weil souhaiterait que les ouvriers aient la même évolution qu'elle mais elle reconnaît bien la difficulté de prendre un tel recul quand on est condamné à cette vie de labeur parce qu'on n'a pas les qualifications pour exercer une autre profession : « D'une manière générale, la tentation la plus difficile à repousser, dans une pareille vie, c'est celle de renoncer tout à fait à penser : on sent si bien que c'est l'unique moyen de ne plus souffrir ! […] Ainsi il ne reste pas d'autre sentiment possible à l'égard de son propre sort que la tristesse. Alors on est tenté de perdre purement et simplement conscience de tout ce qui n'est pas le train-train vulgaire et quotidien de la vie. Physiquement aussi, sombrer, en dehors des heures de travail, dans une demi-somnolence est une grande tentation. » (p. 53).

Mais, en plus d'être individuelle, la souffrance est bien sûr collective, dans le sens où elle est le résultat quasi nécessaire d'une mauvaise organisation du travail et non du travail en lui-même. En effet, pour la penseuse, les souffrances sont intrinsèquement liées à l'organisation moderne du travail industriel : dans « La rationalisation », l'analyse de la taylorisation et des procédés inventés ensuite par Henry Ford (qui sera d'ailleurs un grand admirateur d'Hitler dans les années 1930) montre bien que tout est fait pour asservir l'ouvrier, l'épuiser et l'empêcher de penser. C'est d'ailleurs ce qui ressort des témoignages personnels des ouvriers sollicités par Simone Weil : « Dites si le travail vous fait souffrir. Racontez ces souffrances, aussi bien les souffrances morales que les souffrances physiques. Dites s'il y a des moments où vous n'en pouvez plus ; si parfois la monotonie du travail vous écœure ; si vous souffrez d'être toujours préoccupés par la nécessité d'aller vite ; si vous souffrez d'être toujours sous les ordres des chefs. » (p. 207).

Pour la philosophe, les souffrances des travailleurs sont à la fois physiques et mentales et c'est pour cette raison qu'elles sont continues, même s'il change de poste, et poursuivent l'ouvrier même dans sa vie privée. Ainsi, elle avoue avoir du mal à se reposer en fin de semaine et c'est aussi le sentiment de ses camarades.

Les souffrances physiques sont copieusement décrites dans les lettres de la jeune femme, notamment lorsqu'elle décrit de manière infernale son face-à-face avec un immense four devant lequel il est très difficile de se tenir : « Une fois j'ai senti pleinement, dans l'usine, ce que j'avais pressenti, comme toi, du dehors. À ma première boîte. Imagine-moi, devant un grand four, qui crache au-dehors des flammes et des souffles embrasés que je reçois en plein visage. Le feu sort de cinq ou six trous qui sont dans le bas du four. Je me mets en plein devant pour enfourner une trentaine de grosses bobines de cuivre qu'une ouvrière italienne, au visage courageux et ouvert, fabrique à côté de moi ; c'est pour les trams et les métros, ces bobines. Je dois faire bien attention qu'aucune des bobines ne tombe dans un des trous, car elle y fondrait ; et pour ça, il faut que je me mette en plein en face du four, et que jamais la douleur des souffles enflammés sur mon visage et du feu sur mes bras (j'en porte encore la marque) ne me fasse faire un faux mouvement. [...] La première fois, au bout d'une heure et demie, la chaleur, la fatigue, la douleur m'ont fait perdre le contrôle de mes mouvements ; je ne pouvais plus descendre le tablier du four. » (p. 57-59).

Mais il est plus intéressant de se pencher sur les souffrances morales et psychologiques : tout d'abord, l'ouvrier s'isole et souffre en silence, il perd la force de protester et de communiquer sa souffrance à autrui. Cette douleur permanente aboutit à une forme d'abrutissement et de vie mécanique : chacun devient machine soi-même pour mieux tenir le choc, comme le dit Simone Weil : « Cette situation pèse parfois sur le cœur, n'est-il pas vrai ? Elle donne parfois le sentiment d'être une simple machine à produire. Ce sont là les conditions du travail industriel. »

(p. 206-207). Cette mécanisation est bien le dernier degré de la déshumanisation, et donc de l'aliénation.

La honte et le désespoir accablent également les travailleurs : les femmes se sentent particulièrement méprisées d'ailleurs et les ouvriers qui ne parviennent plus à tenir la cadence sont humiliés par les chefs et moins payés que les autres, à cause du paiement à la pièce.

Mais dans ses dernières années, Simone Weil, nouvellement convertie au christianisme, envisage la possibilité d'une meilleure organisation du travail qui amènerait à moins de souffrance et à un sentiment d'accomplissement et de joie chez les ouvriers fiers du travail accompli. C'est surtout dans les derniers textes qu'elle trace les contours de cette nouvelle configuration en esquissant une plus grande participation à la vie de l'entreprise, aux prises de décision et un dépassement de la souffrance par la joie, comme le montre la belle envolée lyrique (et mystique !) de la dernière page de l'ensemble au programme : « toute la société doit être constituée d'abord de telle manière que le travail ne tire pas vers en bas ceux qui l'exécutent. [...] Il ne suffit pas de vouloir leur [les travailleurs manuels] éviter des souffrances, il faut vouloir leur joie. Non pas des plaisirs qui se paient, mais des joies gratuites qui ne portent pas atteinte à l'esprit de pauvreté. [...] Si la vocation de l'homme est d'atteindre la joie pure à travers la souffrance, ils [les travailleurs manuels] sont placés mieux que tous les autres pour l'accomplir de la manière la plus réelle. » (p. 434).

3. Michel Vinaver

Dans *Par-dessus bord*, le travail est présenté comme une activité contraignante et parfois pénible, non pas tant physiquement que mentalement et moralement.

En effet, l'activité chez Ravoire et Dehaze n'a rien à voir avec l'esclavage moderne décrit par Simone Weil mais il est parfois nocif pour les employés voire pour les cadres et les dirigeants qui sont soumis à une forte pression et à une grande angoisse quand les ventes ne sont pas au rendez-vous. Ainsi, Fernand Dehaze fait une attaque à cause du poids de son travail et de la possible trahison de son fils.

La réorganisation managériale de l'entreprise sous la férule de Jack et Jenny provoque également des souffrances morales chez les employés qui se sentent tous fragilisés et dans une situation précaire, comme le montre Cohen qui sent que son temps est fini. Par ailleurs, Mme Bachevski, qui a pourtant tout fait pour plaire à ses chefs, souffre d'être renvoyée sans ménagement après trente-neuf ans de bons et loyaux services, alors que sa rivale Mme Alvarez reste en poste, ce qui renforce son sentiment d'injustice. Ainsi, Passemar commente la situation en ces termes : « Ce qui l'a le plus abasourdie c'est d'avoir été liquidée elle alors que son adversaire de toujours madame Alvarez de trois années plus âgée et qui ne perd aucune occasion pour narguer monsieur Benoît » (p. 385).

Au bas de la pyramide hiérarchique de l'entreprise, Lubin se plaint de devoir cesser d'être représentant, car il aime ce contact avec la clientèle, comme il l'avoue à Mme Lépine quand il se confie à elle :

> « LUBIN : Oh vous savez [...] ça vous porte quand même un coup mais c'est normal qu'est-ce que vous voulez si monsieur Dehaze était encore là pour voir comment on mène à l'abattoir ses anciens représentants parce que le bâtard s'est entouré d'une bande de fumiers qui tueraient leur propre mère si ça pouvait servir leur carrière mais quand ils ont entendu ma réponse
>
> MADAME LEPINE : Qu'est-ce qu'ils vous ont proposé ?
>
> LUBIN : Un poste à l'usine comme magasinier
>
> MADAME LEPINE : Vous n'avez pas accepté ?
>
> LUBIN : On ne prend pas toujours le temps de réfléchir madame Lépine je suis né vendeur il me faut le contact avec la clientèle le goût de la victoire chaque fois que j'enlève une commande je leur ai dit Ravoire et Dehaze c'est toute ma vie » (p. 392-393).

On le voit, ce qui chagrine le plus Lubin, ce n'est pas le travail en soi mais les mutations brutales imposées par le nouveau modèle managérial de Benoît. L'image des employés menés à l'abattoir est on ne peut plus claire.

De même, Mme Bachevski fait une attaque après sa mise à la retraite anticipée, c'est l'inaction qui la fait souffrir plus que le travail, comme le montre cette réplique de Passemar : « On dit que le taux de mortalité des gens à partir du moment où on les met à la retraite grimpe d'une façon vertigineuse » (p. 385). Arrêter de travailler peut donc entraîner une forme de souffrance quand ce n'est pas un choix pleinement personnel.

Enfin, le gendre de Lubin manifeste une certaine réticence à l'idée d'entrer dans l'entreprise. Ce nouveau travail, c'est une déchéance pour cet ancien artiste : il adopte la vie de tout le monde avec regret et sa souffrance est plus morale que physique, comme on peut le voir à la fin de la pièce : « Mon père est mort en tombant en arrière dans une fosse à merde poussé par un SS maintenant moi [...] J'entre dedans je m'avance je tombe en avant [...] Pas en chute libre ce serait monotone je rebondis de paroi en paroi j'entre dans la vie normale la vie normale qui m'était interdite je n'ai pas résisté à la tentation ah paysage hallucinant » p. 406-407. La comparaison avec son père mort dans les camps de concentration aboutit donc à une vraie condamnation du travail en entreprise, symboliquement assimilé à une déchéance, à une lente mise à mort.

En revanche, il subsiste des formes de travail qui sont valorisées fortement dans la pièce et qui ne provoquent aucune souffrance ni aucun stress : c'est le cas du travail quasi artisanal de l'antiquaire Toppfer qui a une vraie expertise et qui a réussi à faire de sa passion un travail. C'est aussi le cas du professeur Onde qui disserte doctement sur les héros de sagas scandinaves et semble parler tout à son aise sans aucun désagrément (un peu dans le vide, il est vrai, mais cela ne semble pas le gêner outre-mesure !). Dans ces deux cas, le travail est vu comme le prolongement des goûts intellectuels et artistiques des personnages et c'est pour cette raison qu'il est vécu comme une forme de plaisir et d'accomplissement personnel vraiment valorisant.

Fiche 9

Le travail et la nature

1. Virgile

Le rapport entre l'homme et la nature constitue un des thèmes majeurs des Géorgiques. En effet, pour Virgile, l'essentiel du travail du paysan doit se faire en parfaite harmonie avec la nature. L'agriculture est d'ailleurs considérée par les Romains comme le seul travail vraiment noble, le reste étant indigne et dévolu aux esclaves.
Pour réussir dans la culture, il est nécessaire de suivre le rythme des saisons, de bien connaître les cycles naturels pour favoriser les cultures.

Ainsi, le poète recommande vivement au paysan d'être attentif à la nature : « Mais avant de fendre avec le fer une campagne inconnue, qu'on ait soin d'étudier au préalable les vents, la nature variable du climat, les traditions de culture et les caractères des lieux, et ce que donne ou refuse chaque contrée. Ici les moissons viennent mieux ; là, les raisins ; ailleurs les fruits des arbres et les herbages verdoient d'eux-mêmes. » (p. 98).

Par ailleurs, le cultivateur doit s'adapter aux cycles lunaires, aux saisons et tenir compte des différents phénomènes météorologiques, même les tempêtes : « Ce n'est pas en vain non plus que nous observons le coucher et le lever des astres et les diverses saisons qui se partagent également l'année. [...] Oui, même aux jours de fête, il est des travaux auxquels les lois divines et humaines permettent de se livrer. [...] La Lune elle-même a mis dans son cours les jours favorables à tels ou tels travaux. » (p. 105).

La nature de Virgile n'est pas décrite objectivement, c'est certain : elle est largement idéalisée et correspond à ce qu'on a appelé à l'époque un *locus amoenus*, c'est-à-dire un lieu agréable, qui n'a aucune prétention au réalisme, lieu commun de la poésie antique (et moderne également) très apprécié par les lecteurs. Ainsi, la nature est embellie par l'homme, qui en prend soin, comme si elle était une personne aimée. Elle doit être respectée, non pas bousculée : « Tes blés une fois coupés, tu laisseras la campagne se reposer pendant un an et, oisive, se durcir à l'abandon [...] Mais pourtant, grâce à l'alternance, le travail fourni par la terre est facile » (p. 99).

De plus, cette nature est habitée par les dieux : en effet, dans le paganisme, les dieux interviennent dans le monde terrestre et sont à la manœuvre derrière les phénomènes naturels. Ainsi, respecter la nature, c'est aussi faire preuve de piété envers les dieux et les créatures mythologiques qui peuvent favoriser le paysan s'il leur rend hommage : « Avant tout, honore les dieux, et offre à la grande Cérès un sacrifice annuel en accomplissant les rites sur de gras herbages, quand le déclin de l'extrême hiver fait déjà place au printemps serein. » (p. 107). C'est pour cette raison évidente que Virgile recommande au cultivateur de faire des sacrifices réguliers aux dieux, tout comme Aristée à la fin du livre IV qui remercie les dieux de lui avoir indiqué le moyen de guérir ses précieuses abeilles.

Ainsi, l'homme, par son travail, transforme la nature (c'est la définition même du travail d'après Karl Marx, comme on le verra plus loin dans la fiche 17) mais il la met en valeur et l'embellit sans vraiment l'exploiter égoïstement d'après le poète latin. Au contraire, elle semble demander qu'on la soigne : « D'autres habitants des forêts demandent qu'on courbe en arc leurs rejets et qu'on en plante les boutures dans leur propre terre. [...] C'est que tous les arbres exigent une dépense de soins, que tous demandent à être dressés en pépinière et domptés à grands frais. » (p. 116-117).

Cette nature anthropomorphisée est bel et bien une recréation esthétique et poétique. Cela se voit notamment lorsque Virgile évoque les temps anciens, vus comme un idéal, un âge d'or où l'homme et la nature cohabitaient en paix et sans travail : « Avant Jupiter, point de colon qui domptât les guérets ; il n'était même pas permis de borner ou de partager les champs par une bordure : les récoltes étaient mises en commun, et la terre produisait tout d'elle-même, librement, sans contrainte. » (p. 101).

Visiblement, l'auteur s'inspire ici du fameux mythe de la succession des âges, développé par le poète Hésiode dans *Les Travaux et les jours* (un des modèles des *Géorgiques*). Dans ce mythe, on explique que l'histoire est une dégradation progressive : on passe de l'âge d'or, où tout est parfait, immuable, sans douleur, sans travail, à un âge d'argent, puis à un âge de bronze et enfin à un âge de fer, qui est la pire des périodes, où tout va mal et qui correspond naturellement au monde dans lequel sont censés vivre les hommes actuels. Le mythe grec se termine sur un retour final à la situation d'origine, le tout fonctionnant de manière cyclique.

Le travail de la nature semble demandé par les dieux mais il n'est pas présenté comme une malédiction mais plutôt comme un accomplissement nécessaire et valorisant : « Alors on connaît le durcissement du fer et la lame de la scie aiguë (car les premiers hommes fendaient le bois avec des coins) ; alors vinrent les différents arts. Tous les obstacles furent vaincus par un travail acharné et par le besoin pressant en de dures circonstances. [...] La première, Cérès apprit aux mortels à retourner la terre avec le fer, lorsque déjà manquaient les glands et les arbouses de la forêt sacrée et que Dodone refusait toute nourriture. » (p. 101). On le voit bien ici, le travail a une dimension héroïque et positive car il permet le développement des capacités physiques (et quasi héroïques) de l'homme : en effet, le poète ne cesse de présenter le paysan comme un guerrier triomphant de la terre, comme on peut le voir dans ces passages du livre I : « Si avec le hoyau tu ne fais pas une guerre assidue aux mauvaises herbes, si tu n'épouvantes à grand bruit les oiseaux, si la serpe en main tu n'élagues l'ombrage qui recouvre ton champ, si tu n'appelles la pluie par tes vœux, hélas ! tu en seras réduit à contempler le gros tas d'autrui et à secouer, pour soulager ta peine, le chêne dans les forêts. » (p. 101-102) ou bien « Il nous faut dire maintenant quelles sont les armes propres aux rudes campagnards et sans lesquelles les moissons n'auraient pu être semées ni lever » (p. 102). Bien évidemment, cette glorification du travailleur agricole n'est pas étonnante sous la plume d'un poète épique comme l'auteur de l'*Enéide*.

Enfin, Virgile fait l'éloge de sa propre patrie, l'Italie, terre propice aux cultures (ce qui n'est certainement pas pour déplaire à l'empereur Auguste) : « Mais ni la terre des Mèdes, si riche en forêts, ni le beau Gange, ni l'Hermus dont l'or trouble les eaux ne sauraient le disputer en louanges à l'Italie ; [...] Mais les épis y sont lourds et la liqueur de Bacchus, le Massique, y abonde ; le pays est couvert d'oliviers et de grands troupeaux prospères. [...] Ici règne un printemps continuel, et l'été en des mois qui lui sont étrangers ; deux fois les brebis y sont pleines, deux fois l'arbre y produit des fruits. » (p. 119-120). Le poète romain développe également une espèce d'utopie ancestrale lorsqu'il évoque la nature au temps des fondateurs de Rome, idéalisant fortement le passé : « Telle est la vie que menèrent jadis les vieux Sabins, telle fut celle de Rémus et de son frère. Ainsi assurément grandit la vaillante Étrurie ; ainsi Rome devint la merveille du monde et seule dans son enceinte renferma sept collines. » (p. 131).

C'est en quelque sorte une nouvelle Arcadie (province totalement idéalisée dans la poésie grecque antique) qu'il propose à son lecteur.

2. Simone Weil

Pour Simone Weil, le travail à la chaîne est aliénant et destructeur car il contrevient aux rythmes naturels et prive l'ouvrier du contact avec le monde naturel.

En effet, le travailleur est poussé à travailler toujours plus vite et à suivre des cadences inhumaines. On ne le laisse pas vraiment se reposer, ce qui est bien contre-nature. Ces moments de pause sont gâchés par le souci du travail.

Pour améliorer le sort des ouvriers, la philosophe propose in fine de permettre aux employés d'avoir un contact avec la beauté : « Il n'y a pas le choix des remèdes. Il n'y en a qu'un seul. Une seule chose rend supportable la monotonie, c'est une lumière d'éternité ; c'est la beauté. » (p. 423).

Le ciel et la nature deviennent des inspirateurs, des signes de la beauté de la création divine pour la philosophe qui recommande à l'ouvrier d'avoir une attitude plus contemplative, comme un paysan qui travaille au contact de la nature : « On regarde avec désir le ciel étoilé d'une nuit claire, et ce qu'on désire, c'est uniquement le spectacle qu'on possède. » (p. 423).

Simone Weil va même plus loin dans cette nécessité d'apporter de la poésie à l'ouvrier pour lui rendre le travail supportable. Elle l'invite à participer au monde, comme s'il était dans la nature : « Le soleil et la sève végétale parlent continuellement, dans les champs, de ce qu'il y a de plus grand au monde. Nous ne vivons pas d'autre chose que d'énergie solaire ; nous, la mangeons, et c'est elle qui nous maintient debout, qui fait mouvoir nos muscles, qui corporellement opère en nous tous nos actes. » (p. 427).

Mais cela reste difficile à envisager dans la réalité concrète, comme elle le reconnaît à demi-mot dans ses dernières réflexions.

3. Michel Vinaver

Le lien entre le travail et la nature est peu exploité dans la pièce de Michel Vinaver, car tout se déroule dans un environnement fortement urbanisé et notamment dans les locaux de l'entreprise.

On note cependant que Mme Bachevski prend un certain plaisir à s'occuper de son jardin lorsqu'elle est à la retraite, après avoir eu son attaque, comme on peut le voir dans ce passage de la fin de la pièce : « Je ne sais plus où donner de la tête mon jardinet où poussent de beaux haricots ma tapisserie qu'on vous ouvre le ventre qu'on vous ôte les entrailles on vous recoud mais il y a un vide là-dedans j'ai jamais rien caché jamais rien refusé toujours donné alors je me suis donnée alors je me suis invitée merci merci pour tout ce que vous avez fait merci à vous tous merci pour tout ». Cette occupation semble pourtant n'être qu'un pis-aller pour cette femme qui ne voulait pas arrêter de travailler et qui a été mise à la retraite de manière involontaire (et assez injuste, comme le laisse à penser Michel Vinaver).

Fiche 10

Pourquoi travailler ?

1. Virgile

La question de la motivation du travail ne se pose pas vraiment pour le poète latin qui présente l'agriculture comme une nécessité. Rappelons que la société romaine de l'époque était essentiellement rurale et que Virgile était lui-même propriétaire terrien, comme son père avant lui, et qu'il faisait travailler des paysans (et des esclaves sans doute également) sur son domaine.

Pour le poète romain, depuis la fin de l'âge d'or, l'homme doit travailler la terre non par plaisir mais tout simplement pour se nourrir, pour subvenir aux besoins de ses proches mais aussi pour honorer les dieux et vendre ses productions à la société. La motivation financière, fort peu poétique il est vrai, n'est jamais vraiment abordée par Virgile.

Au contraire, le cultivateur est récompensé de ses efforts par le résultat (une bonne moisson) qui doit le remplir de joie : « Au printemps nouveau, quand fond la glace sur les monts chenus et que la glèbe amollie s'effrite au doux Zéphyr, je veux dès lors voir le taureau commencer de gémir sous le poids de la charrue, et le soc resplendir dans le sillon qu'il creuse. La récolte ne comblera les vœux de l'avide laboureur que si elle a senti deux fois le soleil et deux fois les frimas : alors d'immenses moissons feront crouler ses greniers. » (p. 98).

S'il ne remplit pas ses devoirs, il sait qu'il sera fatalement puni par une mauvaise récolte : « Si avec le hoyau tu ne fais pas une guerre assidue aux mauvaises herbes, si tu n'épouvantes à grand bruit les oiseaux, si la serpe en main tu n'élagues l'ombrage qui recouvre ton champ, si tu n'appelles la pluie par tes vœux, hélas ! tu en seras réduit à contempler le gros tas d'autrui et à secouer, pour soulager ta peine, le chêne dans les forêts. » (p. 101-102).

Mais il peut y avoir de mauvais résultats malgré les efforts, cela doit être accepté par le paysan, car les dieux peuvent en décider ainsi : « J'ai vu des semences, choisies à loisir et examinées avec beaucoup de soin, dégénérer pourtant, si chaque année on n'en triait à la main les plus belles : c'est une loi du destin que tout périclite et aille rétrogradant. Tout de même que celui qui, à force de rames, pousse sa barque contre le courant, si par hasard ses bras se relâchent, l'esquif saisi par le courant l'entraîne à la dérive. » (p. 103).

Cette réalité (bien connue des paysans de l'Antiquité qui ne pouvaient pas résister à des conditions météorologiques difficiles ou à des maladies imprévisibles) montre qu'il y a une certaine dose de hasard et de chance dans ce type d'activité, ce qui doit renforcer la piété et la modestie du travailleur. En effet, le cultivateur doit garder à l'esprit qu'il n'est pas à l'abri des impondérables (épidémies, tempêtes, inondations, sécheresses...) et de la colère des dieux et Virgile lui conseille de ne pas se montrer trop ambitieux et de limiter ses désirs d'expansion et donc d'enrichissement personnel : « Fais l'éloge des vastes domaines, cultives-en un petit. » (p. 127). L'auteur fait donc l'apologie de la modestie car pour lui, l'exploitation agricole relève plus du petit artisanat que du travail de masse.

Enfin, l'agriculture permet à l'homme de s'insérer harmonieusement dans la société organisée par l'empereur Auguste qui entend restaurer la paix et la prospérité dans l'empire, après des décennies de guerres civiles. La culture de la terre est synonyme de paix, de stabilité, et accompagne nécessairement la remise en ordre de la société prônée par l'empereur et par son ami Mécène. En exaltant le travail agricole, en en montrant toute la noblesse et toute la beauté, le poète latin participe à un effort collectif et va dans le sens de la propagande augustéenne.

La description du travail acharné et désintéressé des abeilles au livre IV propose un modèle de force, d'abnégation et de dévouement pour tout cultivateur : les abeilles obéissent à leurs chefs sans faille, elles font passer leur devoir avant le plaisir, l'individu ne compte pas, seul l'intérêt collectif a droit de cité, et tout ceci grâce à des « instincts merveilleux dont Jupiter lui-même a doté les abeilles » (p. 159).

Enfin, la fin du livre IV est assez exemplaire en matière de générosité et d'altruisme : de même qu'Aristée se met au service de ses abeilles malades au point de se battre avec des créatures mythologiques, le paysan doit soigner ses terres et ses bêtes pour réaliser son œuvre et contribuer à la prospérité et à la grandeur romaine, symbolisée par Auguste, qui travaille lui-même pour restaurer la force et le prestige de la République (c'est du moins l'image qu'il veut donner à travers sa propagande).

2. Simone Weil

Simone Weil est une des rares philosophes modernes à avoir choisi d'exercer un métier manuel pour comprendre la condition ouvrière. Dans *La Condition ouvrière*, elle rappelle aussi que contrairement à bien des penseurs et acteurs révolutionnaires, qui n'ont qu'une vision théorique du monde du travail, elle a choisi de « mettre les mains dans le cambouis », comme on dit familièrement.

On peut donc commencer par rappeler qu'elle a volontairement renoncé à une vie somme toute confortable de professeur agrégée de philosophie pendant quelques mois de sa vie pour se mettre provisoirement dans la peau d'une ouvrière. Elle l'annonce d'ailleurs sans ambages dans une lettre à son amie la militante Albertine Thévenon : « Je tiens le coup, quand même. Et je ne regrette pas une minute de m'être lancée dans cette expérience. Bien au contraire, je m'en félicite infiniment toutes les fois que j'y pense. Mais, chose bizarre, j'y pense rarement. J'ai une faculté d'adaptation presque illimitée, qui me permet d'oublier que je suis un « professeur agrégé » en vadrouille dans la classe ouvrière, de vivre ma vie actuelle comme si j'y étais destinée depuis toujours (et, en un sens, c'est bien vrai) et que cela devait toujours durer, comme si elle m'était imposée par une nécessité inéluctable et non par mon libre choix. » (p. 54).

Dans son cas, le travail manuel n'est pas motivé par la nécessité mais fait partie d'une expérimentation sociologique et philosophique. Après quelques mois, elle renonce à ce type d'emploi pour regagner le professorat. Ainsi, Simone Weil travaille principalement en tant qu'enseignante à éveiller les consciences de ses élèves, ce qu'elle réussit à faire, puisqu'elle entame une correspondance avec une de ses élèves, Simone Gibert. Tout comme Emile Chartier, son mentor au lycée Henri IV, plus connu du grand public sous le nom de plume d'Alain, la philosophe cherche à diffuser la pensée auprès des jeunes gens pour les aider à mieux comprendre le monde (et éventuellement à le transformer).

Parallèlement, une autre personne évoquée dans *La Condition ouvrière* travaille non par nécessité mais par goût ou par libre choix : il s'agit de Taylor, un des principaux inventeurs de la rationalisation du travail industriel aux États-Unis au début du vingtième siècle. Simone Weil rappelle la singularité du parcours de cet homme issu d'une famille fortunée : au lieu de mener la vie d'un paisible bourgeois et fils de famille, Taylor a choisi d'entrer à l'usine et a connu une ascension rapide : il est vite devenu contremaître puis patron. En tant que patron, il souhaite améliorer le rendement de ses ouvriers en accélérant les cadences et en les encadrant toujours plus et en les isolant les uns des autres : « Ce système a aussi réduit les ouvriers à l'état de molécules, pour ainsi dire, en en faisant une espèce de structure atomique dans les usines. Il a amené l'isolement des travailleurs. » (p. 321).

Ainsi, la segmentation des tâches permet de gagner du temps mais aliène l'ouvrier qui ne voit jamais le produit fini de son travail et perd donc le sens du travail. D'après la philosophe, Taylor aurait voulu exercer une forme de volonté de puissance ou du moins de domination sur ses ouvriers, veillant à leur ôter toute possibilité de révolte : « Il n'y a donc aucune limite à l'augmentation de la production en intensité. Taylor raconte avec orgueil qu'il est arrivé à doubler et même tripler la production dans certaines usines simplement par le système des primes, la surveillance des ouvriers et le renvoi impitoyable de ceux qui ne voulaient pas ou ne pouvaient pas suivre la cadence. » (p. 319).

On le voit, la motivation du travail ne repose pas que sur la recherche d'un meilleur profit, il y a aussi des ressorts psychologiques et sociaux extrêmement puissants, quoique plus cachés.

Simone Weil souligne cet aspect trouble des motivations du cadre ou du patron : « Pareilles choses n'auraient pas lieu si les hommes n'étaient menés que par l'intérêt ; mais à côté de l'intérêt, il y a l'orgueil. Il est doux d'avoir des inférieurs ; il est pénible de voir des inférieurs acquérir des droits, même limités, qui établissent entre eux et leurs supérieurs, à certains égards, une certaine égalité. […] Le souci le plus pressant de beaucoup d'hommes situés plus ou moins haut sur l'échelle sociale est de maintenir leurs inférieurs « à leur place ». Non sans raison après tout ; car s'ils quittent une fois « leur place », qui sait jusqu'où ils iront ? » (p. 395). Simone Weil essaie de comprendre la psychologie des « patrons » ou des cadres, en correspondant avec Victor Bernard et Auguste Detoeuf, dans un souci d'honnêteté intellectuelle et pour ne pas rester enfermée dans son cadre idéologique mais l'échange atteint toutefois ses limites comme le montre la fin de la réponse d'Auguste Detoeuf à la jeune femme : « Il faut accepter qu'il y ait des hommes bedonnants et qui ne raisonnent pas toujours très juste, pour qu'au lieu de quelques chômeurs à peu près secourus, il n'y ait pas un peuple entier crevant de faim et exposé à toutes les aventures. » (p. 301).

En revanche, pour la plupart des ouvriers décrits dans l'ouvrage, le travail est bel et bien une nécessité pour assurer sa subsistance et survivre économiquement. N'oublions pas que la jeune philosophe entre en usine dans les années 1930, soit au moment où la crise économique venue des États-Unis frappe la France, c'est-à-dire à une époque où le chômage est très élevé et où chaque travailleur craint de perdre son emploi, ce qui renforce naturellement l'obéissance.

Pour toutes les classes laborieuses, la seule motivation du travail est financière et alimentaire, comme il est dit très clairement dans le texte : « Car ils vivent d'un travail pour lequel, étant donné la succession machinale des mouvements et la rapidité de la cadence, il ne peut y avoir d'autre stimulant que la peur et l'appât des sous. » (p. 228). Cette activité pénible et répétitive semble absurde, vide de sens, et n'apporte aucune satisfaction réelle au niveau des simples exécutants réduits à être les assistants des machines. Dès lors, le travail en usine est présenté comme une forme de mal nécessaire voire une malédiction : « Ainsi il ne reste pas d'autre sentiment possible à l'égard de son propre sort que la tristesse. Alors on est tenté de perdre purement et simplement conscience de tout ce qui n'est pas le train-train vulgaire et quotidien de la vie. Physiquement aussi, sombrer, en dehors des heures de travail, dans une demi-somnolence est une grande tentation. » (p. 53).

À l'instar de Karl Marx au siècle précédent, la philosophe décrit donc avec une grande précision et une remarquable pertinence l'aliénation totale des travailleurs à la chaîne, qui connaissent une nouvelle forme de servitude, comme elle le montre très bien dans ce passage : « L'ouvrier ne souffre pas seulement de l'insuffisance de la paie. Il souffre parce qu'il est relégué par la société actuelle à un rang inférieur, parce qu'il est réduit à une espèce de servitude. L'insuffisance des salaires n'est qu'une conséquence de cette infériorité et de cette servitude. La classe ouvrière souffre d'être soumise à la volonté arbitraire des cadres dirigeants de la société, qui lui imposent, hors de l'usine, son niveau d'existence, et, dans l'usine, ses conditions de travail. » (p. 306).

3. Michel Vinaver

Dans *Par-dessus bord*, tous les personnages importants sont au travail mais ils n'ont pas tous les mêmes motivations. En effet, certains sont obligés de le faire pour assurer leur subsistance, d'autres le font plus par goût.

Commençons par les personnages les plus haut placés dans la hiérarchie de l'entreprise, à savoir les patrons et les cadres. Ainsi, Fernand Dehaze, le vieux patron de l'entreprise, continue à diriger sa maison par habitude mais également par goût. Il a certainement développé un goût pour l'autorité et le pouvoir (il licencie d'une phrase Dutôt qui s'était opposé à sa décision) mais il conserve également un plaisir de voir la tâche accomplie. Son fils Olivier, très proche de lui, veut reprendre l'entreprise non par cupidité ou pour avoir du pouvoir mais plutôt par fidélité au modèle paternel : il entend poursuivre dans son esprit.

En revanche, Benoît a des motivations bien différentes : en prenant le contrôle de l'entreprise, il entend rompre totalement avec la gestion prudente et ancienne de son père qui mènerait selon lui à la ruine. Il veut moderniser l'entreprise et lui imposer sa marque avec sa réorganisation totale, grâce à l'aide des managers américains Jack et Jenny. Mais on comprend bien que derrière ce souci d'efficacité, Benoît cherche aussi à régler ses comptes avec deux figures d'autorité, son père et son frère aîné. Le « meurtre » symbolique du père s'accomplit donc dans l'entreprise tout comme à l'hôpital. Pour Benoît, travailler et diriger l'entreprise c'est montrer son sens de l'audace et du dépassement. Il y a bien l'expression d'une volonté de puissance cachée derrière cette passion pour la réorganisation de l'entreprise. Dès lors, ses entretiens avec Passemar et Mme Bachevski illustrent parfaitement le rapport de force qu'il crée avec ses employés, mêlant flagornerie, reconnaissance des services rendus et pression pour obtenir plus d'eux. Ainsi, il félicite Passemar : « Vous êtes chef du service administratif des ventes depuis une dizaine d'années vous remplissez vos tâches avec efficacité » (p. 343) avant de le dégrader symboliquement quand celui-ci ne montre pas une envie irrépressible de se dépasser : « Ca sent un peu son fonctionnaire ça Passemar dans une entreprise dynamique quand on s'arrête de grimper on dégringole » (p. 344). Comme on le voit, l'image caricaturale des fonctionnaires a peu la côte dans les entreprises…

D'autres personnages agissent par goût de l'argent et par volonté de montrer leur pouvoir d'influence : ainsi, le banquier Ausange (qui porte un nom bien ironique) contrôle indirectement l'entreprise en accordant ou pas des prêts et il obtient ainsi le remplacement d'Olivier par Benoît. Par ailleurs, Ralph Young, le rival américain qui apparaît à la fin de la pièce, est présenté comme un personnage avide d'argent et de puissance qui aime exercer une forme de domination sur autrui ; il veut vaincre Benoît et l'absorbe en fin de pièce.

Les cadres travaillent quant à eux pour assurer leur subsistance et pour montrer leur force et leur pouvoir. Ainsi, Passemar, père de famille, montre au public son ambition de grimper les échelons : au début de la pièce, il souhaite se glisser dans le poste de Mme Alvarez, à l'occasion de sa retraite prochaine, puis il envisage de monter plus haut encore en allant voir Benoît et en faisant montre d'une plus grande motivation. Mais son ascension est compromise par sa propre pusillanimité : il ne parvient pas à « vendre son bilan » correctement face au patron.

En revanche, Mme Alvarez et Mme Bachevski sont présentées comme des femmes autoritaires et dominatrices, qui manifestent un langage assez vif (elles s'insultent copieusement entre elles, Mme Alvarez rudoie Passemar et traite Dutôt de « tapette »). Le fait qu'elles ne se supportent pas au début de la pièce révèle leur volonté de puissance : fonctionnant comme des doubles, elles sont en rivalité permanente auprès des employés et des patrons, et c'est cela qui motive leurs efforts. Mme Bachevski sera dépitée de quitter l'entreprise alors que sa vieille ennemie reste, comme le dit Passemar : « Ce qui l'a le plus abasourdie c'est d'avoir été liquidée elle alors que son adversaire de toujours madame Alvarez de trois années plus âgée et qui ne perd aucune occasion pour narguer monsieur Benoît » (p. 385). Inversement, Mme Alvarez critique en permanence la servilité de Mme Bachevski qui semble prête à toutes les bassesses pour se maintenir en place, alors qu'elle est très proche de la retraite : « La honte quand je vois cette femme âgée lécher les bottes de tous ces petits chefaillons » (p. 371).

Quant aux autres cadres, leur motivation est plus ambiguë : certains vieux employés essaient de survivre tant bien que mal à la réorganisation. C'est le cas de Cohen qui se sentait menacé (« Notre temps à nous est fini » dit-il à la page 311) mais qui parvient à se maintenir et obtient la confiance de Benoît, comme il avait celle de son père auparavant. Il manifeste d'ailleurs un plus grand intérêt pour ses fonctions : « Je vous dirai que je suis plus heureux maintenant le travail est plus intéressant » (p. 371).

Par ailleurs, Lubin exprime clairement la vérité sur la réorganisation de l'entreprise : « on mène à l'abattoir ses anciens représentants parce que le bâtard s'est entouré d'une bande de fumiers qui tueraient leur propre mère si ça pouvait servir leur carrière » (p. 393). Cela montre le point de vue d'en bas, des victimes de la modernisation.

D'autres sont présentés par Michel Vinaver comme de jeunes loups ambitieux et qui veulent faire leurs preuves et montrer leur puissance : Dutôt est assez représentatif de cette tendance car il est renvoyé pour insubordination par Fernand Dehaze puis réembauché et promu par Benoît pour son audace, son absence de scrupule et son ambition pour l'entreprise (et pour lui-même, bien sûr).

En outre, les deux managers américains, Jack et Jenny, travaillent pour de l'argent (ils coûtent très cher à l'entreprise, comme le révèle Cohen) mais aussi pour promouvoir leur modèle économique moderne : ils semblent croire à leur démarche et montrent leur pouvoir sur « Ben », tout en prétendant se mettre à son service. Le fait que « Ben » ait une relation avec Jenny qui va le pousser à aller encore plus loin dans son affaire montre une tendance à l'absorption chez cette manageuse zélée.

De même, Margerie est présentée comme une femme manipulatrice et habile qui ne pense qu'à ses intérêts. Elle est la seule à ne pas travailler officiellement mais en réalité, elle « travaille » à la chute d'Olivier puis le récupère ensuite comme amant et comme partenaire à la fin de la pièce. Margerie semble motivée par la recherche de la puissance par une influence indirecte sur les hommes. Elle utilise sciemment ses charmes pour parvenir à imposer sa volonté à ses proches : ainsi, après avoir cajôlé « daddy » Dehaze, elle parvient à mettre la main sur sa collection de tabatières du dix-huitième siècle, qui semble valoir une fortune, et qu'elle va revendre par l'intermédiaire d'Olivier avec qui elle retournera aux États-Unis. Olivier semble bel et bien son pantin.

Enfin, les employés plus modestes semblent eux aussi animés par un vrai goût pour le travail et pas seulement par la recherche de leur subsistance. Ainsi, le vendeur Lubin avoue à la fin de la pièce aimer le contact avec la clientèle et regrette de devoir quitter sa fonction pour celle de magasinier (c'est une vraie déchéance pour lui) : « je suis né vendeur il me faut le contact avec la clientèle le goût de la victoire chaque fois que j'enlève une commande je leur ai dit Ravoire et Dehaze c'est toute ma vie » (p. 393).

Parallèlement, son gendre Alex entre dans l'entreprise avec regret, car il doit cesser d'être artiste pour subvenir aux besoins de sa jeune épouse, comme on le voit dans ce passage : « Mon père est mort en tombant en arrière dans une fosse à merde poussé par un SS maintenant moi […] J'entre dedans je m'avance je tombe en avant […] Pas en chute libre ce serait monotone je rebondis de paroi en paroi j'entre dans la vie normale la vie normale qui m'était interdite je n'ai pas résisté à la tentation ah paysage hallucinant » (p. 406 – 407).

Pour lui, accepter ce travail en entreprise, c'est entrer dans le moule de la vie ordinaire qu'il avait cherché à fuir toute sa vie ; c'est bien un renoncement et un échec personnel, même si cela est censé lui apporter plus de sécurité et de prospérité. L'argent ne fait pas tout pour cet artiste.

Mais parallèlement à ces personnages travaillant en lien avec l'entreprise, d'autres exercent des activités très différentes, présentant aussi d'autres modèles de rapport au travail. L'antiquaire Toppfer aime passionnément son métier et l'exerce plus par goût esthétique que par recherche du profit. De même, le professeur Onde, qui monologue de temps à autre de manière assez décalée, semble lui aussi exercer son métier par passion et non pour l'argent (la mythologie scandinave ne doit pas bien nourrir son homme !). Ces deux figures de « travailleur » plus intellectuel et cultivé montrent donc une forme de désintéressement matériel assez louable au sein de ce panier de crabes qu'est l'entreprise Ravoire et Dehaze.

Fiche 11

Travail au masculin, travail au féminin

1. Virgile

La question féminine n'est pas abordée par Virgile car à l'époque du poète romain, les femmes ne travaillent pas mais sont cantonnées à des fonctions domestiques (s'occuper des enfants, de la maison, du « personnel », c'est-à-dire des esclaves). Virgile s'adresse principalement aux paysans masculins, même s'il est tout à fait possible que des femmes aient aidé aux travaux des champs dès l'Antiquité (elles s'attelaient parfois à la charrue à la place du bœuf ou du cheval pour aider leur mari dans le labourage, et cela perdurera longtemps après jusqu'au dix-neuvième siècle parfois). Cependant, leur travail ne fait pas l'objet d'analyse spécifique de la part de l'auteur latin, fidèle aux valeurs conservatrices – et peu féministes, on l'imagine – du règne d'Auguste.

2. Simone Weil

La philosophe du vingtième siècle aborde bien sûr la question du travail féminin, par opposition au travail masculin. En effet, il ne faut pas oublier que beaucoup de femmes travaillaient comme ouvrières et ce dès la deuxième révolution industrielle au dix-neuvième siècle. Cette participation à la vie ouvrière a même été accrue pendant la première guerre mondiale puisque les femmes sont souvent allées remplacer dans les usines les hommes partis au front. Elles n'en ont pas retiré de reconnaissance particulière en termes de droits après la fin du conflit.

Simone Weil montre par sa propre expérience que le travail d'usine est particulièrement lourd pour une femme. D'abord pour des raisons physiques car le travail demande parfois des capacités musculaires très importantes et épuise la résistance corporelle. La philosophe, de santé assez fragile, en témoigne volontiers lorsqu'elle décrit son épuisement après une journée en usine : « La première fois, au bout d'une heure et demie, la chaleur, la fatigue, la douleur m'ont fait perdre le contrôle de mes mouvements ; je ne pouvais plus descendre le tablier du four. » (p. 57).

De plus, la philosophe affirme très vite que les femmes semblent donc encore plus maltraitées que les hommes en usine : « Tout ça, c'est pour le travail non qualifié, bien entendu. (Surtout celui des femmes.) » (p. 60).

Par ailleurs, la jeune penseuse se montre assez sévère par rapport à ses consœurs : « Il y a pas mal de jalousie parmi les ouvrières, qui se font en fait concurrence, du fait de l'organisation de l'usine. Je n'en connais que 3 ou 4 pleinement sympathiques. » (p. 54). L'usine pousse chacun et chacune vers l'égoïsme et il y a peu d'entraide sauf dans quelques cas, comme elle le souligne : « Je m'aperçois que je n'ai rien dit des compagnons de travail. [...] On est gentil, très gentil. Mais de vraie fraternité, je n'en ai presque pas senti. Une exception : le magasinier du magasin des outils, ouvrier qualifié, excellent ouvrier, et que j'appelle à mon secours toutes les fois que je suis réduite au désespoir par un travail que je n'arrive pas à bien faire, parce qu'il est cent fois plus gentil et plus intelligent que les régleurs (lesquels ne sont que des manœuvres spécialisés). » (p. 54).

Enfin, elle montre une vraie différence de traitement entre hommes et femmes en termes de progression de carrière : « Un homme, s'il est très adroit, très intelligent et très costaud, peut à la rigueur espérer, dans l'état actuel de l'industrie française, arriver dans l'usine à un poste où il lui soit permis de travailler d'une manière intéressante et humaine ; et encore les possibilités de cet ordre diminuent de jour en jour avec les progrès de la rationalisation. Les femmes, elles, sont parquées dans un travail tout à fait machinal, où on ne demande que de la rapidité. Quand je dis machinal, ne croyez pas qu'on puisse rêver à autre chose en le faisant, encore moins réfléchir. » (p. 67).

En termes de pénibilité, les femmes sont là encore désavantagées : « Hier soir, en sortant, j'étais dans un état que vous pouvez imaginer (heureusement les maux de tête du moins me laissaient du répit) ; au vestiaire, j'ai été étonnée de voir que les ouvrières étaient encore capables de babiller, et ne semblaient pas avoir au cœur la rage concentrée qui m'avait envahie. Quelques-unes pourtant (2 ou 3) m'ont exprimé des sentiments de cet ordre. Ce sont celles qui sont malades, et ne peuvent pas se reposer. Vous savez que le pédalage exigé par les presses est quelque chose de très mauvais pour les femmes ; une ouvrière m'a dit qu'ayant eu une salpingite, elle n'a pas pu obtenir d'être mise ailleurs que sur les presses. Maintenant, elle est enfin ailleurs qu'aux machines, mais la santé définitivement démolie. » (p. 74-75).

Les femmes au travail semblent donc encore moins libres que les hommes d'après la philosophe : « En revanche, une ouvrière qui est à la chaîne, et avec qui je suis rentrée en tram, m'a dit qu'au bout de quelques années, ou même d'un an, on arrive à ne plus souffrir, bien qu'on continue à se sentir abrutie. C'est à ce qu'il me semble le dernier degré de l'avilissement. Elle m'a expliqué comment elle et ses camarades étaient arrivées à se laisser réduire à cet esclavage (je le savais bien, d'ailleurs). Il y a 5 ou 6 ans, m'a-t-elle dit, on se faisait 70 F par jour, et « pour 70 F on aurait accepté n'importe quoi, on se serait crevé » (p. 75).

3. Michel Vinaver

La pièce de Michel Vinaver propose plusieurs personnages de femmes au travail tant dans l'entreprise Ravoire et Dehaze qu'à l'extérieur. Cela représente aussi la réalité du marché de l'emploi de l'époque où on observe que de plus en plus de femmes exercent une profession depuis les années 1960. Chez Vinaver, les femmes ne travaillent plus à la chaîne, bien entendu, et quelques-unes ont des rôles très importants tant du point de vue social que dramaturgique (elles font progresser fortement l'action de la pièce).

Pour ce qui est des femmes dans l'entreprise, on constate qu'elles occupent parfois des postes à responsabilité comme Mme Alvarez, qui est la supérieure de Passemar, et sa grande rivale, Mme Bachevski. Les deux femmes entretiennent une relation de rivalité assez forte et elles semblent jalouses l'une de l'autre, car elles sont toutes deux des décisionnaires et ont le même âge, elles cherchent à se nuire pendant toute la première moitié de la pièce comme on peut le voir dans cet échange des plus vifs :

« MADAME BACHEVSKI : N'oubliez pas que j'ai occupé vos pantoufles il y a quelques années je connais la clientèle

MADAME ALVAREZ : Si monsieur Fernand vous a déplacée pour me mettre à votre place il avait de bonnes raisons ah mais lâchez-moi » (p. 304).

Cependant, les deux femmes se rapprochent étrangement quand la menace de la restructuration apparaît, après la prise de contrôle de l'entreprise par Benoît. Mais aucune des deux ne veut avouer avoir fait le premier pas, car ce serait montrer de la faiblesse :

« COHEN : J'ai remarqué madame Bachevski que depuis quelques jours madame Alvarez vous salue

MADAME BACHEVSKI : Disons que moi je la salue et qu'elle répond effectivement à mon salut

COHEN : C'est quand même un progrès

[...] MADAME ALVAREZ : En décidant systématiquement de lui dire bonjour je l'oblige à la réciproque » (p. 370-371).

Cependant, l'une accepte les changements opérés par Benoît dans l'entreprise, alors que l'autre est beaucoup plus critique. Ainsi, Mme Bachevski ne manque pas une occasion d'approuver ces modifications et de flatter Benoît. Au contraire, Mme Alvarez a une attitude assez frondeuse par rapport à la nouvelle direction, comme on le voit dans ce passage :

« MADAME BACHEVSKI : On peut se demander qui est le patron oui

COHEN : Monsieur Olivier est le patron

MADAME BACHEVSKI : Mais c'est monsieur Benoît qui est sur la brèche

MADAME ALVAREZ : De quoi s'occuper-t-il sur sa brèche ? D'attiser les intrigues d'aggraver les divisions » (p. 305).

De plus, Mme Alvarez critique vertement la bassesse de sa rivale : « La honte quand je vois cette femme âgée lécher les bottes de tous ces petits chefaillons » (p. 371). Mme Alvarez montre d'ailleurs un caractère très fort lorsqu'elle donne des ordres à Passemar au début de la pièce mais aussi quand elle s'oppose frontalement à Dutôt, comme le montre ce passage :

> « MADAME ALVAREZ : Un bon papier c'est comme un bon service des ventes ça résiste et ça fait son travail
>
> DUTOT : Un bon service administratif est un service qui suit le mouvement madame Alvarez et qui se laisse oublier
>
> Il s'efface.
>
> MADAME ALVAREZ : Je me demande Passemar ce qui lui donne d'un seul coup tant d'assurance à cette tapette » (p. 252).

Or, contrairement à ce qu'on pourrait logiquement attendre, c'est la plus servile des deux, Mme Bachevski, qui sera remerciée de manière assez brutale par Benoît dans le cinquième mouvement aux pages 383-385. Mme Bachevski est, avec Dutôt au début de la pièce, le seul personnage à être renvoyé sous les yeux du public. Mme Bachevski est présentée comme une victime de la réorganisation des services, comme une femme dépassée qui n'a pas su s'adapter aux nouvelles méthodes managériales : « Mais vous êtes attachée à certaines méthodes et attitudes anciennes » lui dit Benoît. Son renvoi paraît d'autant plus injuste qu'on reconnaît son efficacité et son dévouement (« Vous avez été un serviteur dévoué et ardent de la maison », « Surtout les tempéraments bouillants et dynamiques comme vous qui vous dépensez sans compter »). Elle est « liquidée » et doit quitter son poste le soir même, et elle aura des problèmes de santé peu de temps après, au début de sa retraite. On le voit, Mme Bachevski incarne une figure de femme travailleuse sacrifiée de manière assez cynique et injuste au nom du progrès car on craint qu'elle ne tienne pas le coup.

En outre, il est à noter que très peu de femmes travaillent comme cadre dans l'entreprise de Dehaze, la plupart des postes importants étant occupés par des hommes (Mme Alvarez et Mme Bachevski sont des exceptions), ce qui correspond aussi à la réalité sociologique de la fin des années 1960.

En dehors de l'entreprise, il y a également d'autres femmes au travail comme Mme Lépine qui est assez déterminée mais qui se laisse toujours convaincre d'acheter les nouveaux produits de Lubin. Leurs rapports sont assez impersonnels sauf à la fin où Lubin lui annonce son départ.

Mme Lubin représente une femme indépendante mais qui n'a pas de place dans une hiérarchie complexe car elle travaille à petite échelle mais semble être sa propre patronne.

Par opposition à Mme Lépine, qui finit toujours par être convaincue par Lubin, des femmes plus modernes sont présentées comme de véritables chefs et des personnes d'influence. C'est notamment le cas de Jenny, la conseillère en management américaine qui est employée par Benoît. Elle fonctionne en tandem avec Jack et elle est représentée par Michel Vinaver comme une caricature de manageuse sans principe ni scrupule qui ne recherche que l'efficacité. Elle ne recule pas devant l'obscénité, elle est assez entreprenante également et affirme clairement son indépendance et sa volonté : elle refuse d'épouser Benoît qui est devenu son amant, mais elle projette de s'associer à lui pour fonder une nouvelle entreprise vendant des perruques qui serait plus lucrative. Cette femme de pouvoir monte tout au long de la pièce, ne reculant devant rien.

Parallèlement à Jenny, l'autre femme américaine de la pièce, Margerie, illustre elle aussi une figure de femme forte et ambitieuse : elle ne semble pas exercer de profession car elle est l'épouse de Benoît puis devient la maîtresse d'Olivier. Mais c'est une femme d'influence qui charme les hommes de manière assez cynique : elle s'intéresse aux tabatières de son beau-père, le vieux Dehaze, qu'elle appelle affectueusement « daddy » et comprend tout de suite leur potentiel commercial et leur valeur, à tel point qu'elle persuade Olivier de les récupérer et de partir avec elle aux États-Unis pour les commercialiser. Cette femme, indépendante et sans scrupule, utilise donc les hommes et leurs faiblesses pour grimper dans la société, sans exercer de véritable profession : elle vend ses charmes d'une certaine manière et utilise son corps et son esprit pour obtenir ce qu'elle souhaite alors que chez Simone Weil, les femmes sont présentées comme soumises et usées par le travail dans leur esprit et surtout dans leur corps. Elle travaille à sa propre promotion et y réussit excellemment, comme le montre cet extrait :

> « OLIVIER : Toi Margerie tu es allée t'offrir à Ausange pour que la banque impose le choix de Benoît comme successeur de papa
>
> MARGERIE : Je suis allée au lit avec Ausange de la Banque de Paris et des Pays Bas ? […] Qu'est-ce qu'on dit encore ?
>
> OLIVIER : Que ma mise à l'écart par Benoît c'est entièrement ton travail » (p. 362-363).

Fiche 12

Le travailleur face à autrui

1. Virgile

La question du rapport à autrui n'est pas essentielle dans *Les Géorgiques*. En effet, le poète latin ne présente pas vraiment de travail collectif, le paysan est avant tout responsable de son propre terrain, et il n'y a pas non plus de relation tendue avec un quelconque patron ou supérieur hiérarchique car le cultivateur est lui-même son propre chef et travaille sans qu'on le lui impose. Mais là encore, Virgile présente une vision sans doute adoucie et simplifiée de la vie rustique où le travail était rude et pouvait mobiliser plusieurs personnes, notamment lors des moissons, où il fallait aller assez vite.

Cependant, le paysan doit garder une forme de respect et de déférence à l'égard des dieux qui dirigent le monde et ordonnent la nature. C'est pour cela que Virgile recommande à ses lecteurs de faire régulièrement des sacrifices en l'honneur des divinités pour se concilier leurs bonnes grâces : « Avant tout, honore les dieux, et offre à la grande Cérès un sacrifice annuel en accomplissant les rites sur de gras herbages, quand le déclin de l'extrême hiver fait déjà place au printemps serein. » (p. 107).

Par ailleurs, l'exploitant agricole, pour reprendre une expression moderne, semble développer un lien d'amitié et de proximité avec ses terres et ses bêtes. En effet, dans la vision du poète romain, l'éleveur soigne ses bêtes, veille à leur bien-être par intérêt mais aussi par goût, comme on le comprend quand Virgile recommande de laisser les vieux chevaux finir paisiblement leur vie. De même, le cultivateur paraît traiter amoureusement ses vignes et ses arbres fruitiers. Enfin, l'apiculteur doit être particulièrement face aux dangers menaçant la ruche ; il devient le protecteur des insectes, d'abord parce qu'il leur choisit un endroit propice : « D'abord il faut chercher pour les abeilles un séjour et une habitation où les vents n'aient aucun accès (car les vents les empêchent de porter leur butin chez elles), où ni les brebis ni les chevreaux pétulants ne bondissent sur les fleurs, où la génisse, errant dans la plaine, ne vienne point secouer la rosée et fouler les herbes naissantes. » (p. 155).

L'apiculteur a, quant à lui, une relation forte avec ses abeilles, car il les protège du froid : « Mais si tu crains pour tes abeilles un rude hiver, si tu penses à l'avenir, si tu as pitié de leur désespoir et de leur détresse, alors n'hésite pas à faire des fumigations de thym et à retrancher les cires inutiles. » (p. 162). Aristée sera des plus dévoués face à ses insectes malades, comme on peut le voir à la fin du livre IV.

Il y a toutefois un cas où il y a une vraie relation fraternelle ou d'entraide entre les travailleurs, quand Virgile décrit dans le livre IV le fonctionnement communautaire et collectif d'une ruche d'abeilles : chaque individu travaille en harmonie avec ses congénères pour parvenir à réaliser un bien commun : « Toutes se reposent de leurs travaux en même temps, toutes reprennent leur travail en même temps. Le matin, elles se ruent hors des portes ; aucune ne reste en arrière ; puis quand le soir les invite à quitter enfin les plaines où elles butinent, alors elles regagnent leurs logis, alors elles réparent leurs forces. » (p. 161).

Nul égoïsme, nul caprice individuel dans ce modèle de société au travail qu'est la ruche. De même, lorsqu'elles se sentent attaquées, elles réagissent de manière très forte et concertée : « si on les offense, elles font des piqûres venimeuses, laissent leurs dards invisibles dans les veines auxquelles elles se sont fixées, et rendent l'âme dans la plaie qu'elles font. » (p. 162).

Le poète latin semble vanter ce modèle de cohésion sociale et d'individus marchant au pas qui n'est sans doute pas pour déplaire à l'empereur Auguste…

2. Simone Weil

La relation à autrui est évidemment un élément essentiel dans *La Condition ouvrière*. En effet, la philosophe montre que les travailleurs sont murés dans leur solitude et ont beaucoup de mal à tisser des liens de fraternité entre eux.

Ainsi, elle note dès le début qu'il n'y a pas de vraie fraternité dans les équipes car chacun s'occupe de soi et de ses tâches : « Je m'aperçois que je n'ai rien dit des compagnons de travail. […] On est gentil, très gentil. Mais de vraie fraternité, je n'en ai presque pas senti. Une exception : le magasinier du magasin des outils, ouvrier qualifié, excellent ouvrier, et que j'appelle à mon secours toutes les fois que je suis réduite au désespoir par un travail que je n'arrive pas à bien faire, parce qu'il est cent fois plus gentil et plus intelligent que les régleurs (lesquels ne sont que des manœuvres spécialisés). » (p. 54).

Si chaque individu est enfermé en soi-même, il ne peut y avoir aucune joie au travail et elle observe une forme d'atomisation des individus (elle parlera de réduction des travailleurs à des molécules dans « La rationalisation »). Elle emploie l'image de l'île pour désigner cette solitude de chaque travailleur : « chaque condition malheureuse parmi les hommes crée une zone de silence où les êtres humains se trouvent enfermés comme dans une île. Qui sort de l'île ne tourne pas la tête. » (p. 342).

La conséquence directe de cette atomisation du monde ouvrier, c'est bien sûr une parfaite docilité et une acceptation résignée (et honteuse) de la servitude analysée avec beaucoup d'acuité par la philosophe : « Et ne crois pas qu'il en soit résulté en moi des mouvements de révolte. Non, mais au contraire la chose au monde que j'attendais le moins de moi-même – la docilité. Une docilité de bête de somme résignée. Il me semblait que j'étais née pour attendre, pour recevoir, pour exécuter des ordres – que je n'avais jamais fait que ça – que je ne ferais jamais que ça. Je ne suis pas fière d'avouer ça. C'est le genre de souffrances dont aucun ouvrier ne parle : ça fait trop mal même d'y penser. » (p. 59).

Non seulement il n'y a pas de solidarité et donc peu de chance de se liguer contre les patrons et les cadres, mais il y a en plus de l'hostilité entre les travailleurs : « Il y a pas mal de jalousie parmi les ouvrières, qui se font en fait concurrence, du fait de l'organisation de l'usine. Je n'en connais que 3 ou 4 pleinement sympathiques. Quant aux ouvriers, quelques-uns semblent très chics. Mais il y en a peu là où je suis, en dehors des régleurs, qui ne sont pas des vrais copains. » (p. 54).

Ce constat aggrave la difficulté de l'ambiance de travail : la concurrence généralisée semble donc de mise, alors que les ouvriers se fatiguent pour des salaires de misère. Simone Weil n'est pas tendre non plus avec les syndicats qui ne parviennent pas vraiment à unifier les travailleurs : « J'oubliais de vous dire, à propos de mon usine, que depuis que j'y suis-je n'ai entendu une seule fois parler de questions sociales, ni de syndicat ni de parti. […] Quant à l'idée de résister tant soit peu, elle ne vient à personne. » (p. 64).

Mais la jeune femme envisage une possibilité de réorganisation et d'amélioration des relations entre travailleurs. Déjà tentée par le christianisme, Simone Weil montre qu'elle a tissé une vraie solidarité avec les ouvriers dans la souffrance : son expérience l'a menée à une certaine rédemption, comme elle le dit à son amie Albertine Thévenon : « Pour moi, moi personnellement, voici ce que ça a voulu dire, travailler en usine. Ça a voulu dire que toutes les raisons extérieures (je les avais crues intérieures, auparavant) sur lesquelles s'appuyaient pour moi le sentiment de ma dignité, le respect de moi-même ont été en deux ou trois semaines radicalement brisées sous le coup d'une contrainte brutale et quotidienne. […] Lentement, dans la souffrance, j'ai reconquis à travers l'esclavage le sentiment de ma dignité d'être humain, un sentiment qui ne s'appuyait sur rien d'extérieur cette fois, et toujours accompagné de la conscience que je n'avais aucun droit à rien, que chaque instant libre de souffrances et d'humiliations devait être reçu comme une grâce, comme le simple effet de hasards favorables. » (p. 59).

Cette reconquête de la dignité de soi, c'est bien ce que Simone Weil veut insuffler chez ses camarades, même si elle reconnaît la difficulté de l'entreprise. De nature généreuse, la philosophe se pose en porte-parole des opprimées quand elle demande aux ouvrières de Rosières de bien vouloir témoigner de leur souffrance : elle se propose de relayer ces paroles pour obliger les patrons à ouvrir les yeux et faire changer les choses. Mais sa correspondance avec Victor Bernard et avec M. Detoeuf, deux hommes pourtant éclairés et ouverts, ne parvient pas à un tel effet.

La philosophe rappelle cependant qu'il peut y avoir occasionnellement une certaine fraternité entre travailleurs (les grèves de 1936 en sont un bon exemple) mais que cela reste bien marginal. En témoigne ce passage dans sa correspondance avec Albertine : « Voyant ça, tout de suite un des chaudronniers (tous de chics types) s'est précipité pour le faire à ma place. J'y retournerais tout de suite, dans ce petit coin d'atelier, si je pouvais (ou du moins dès que j'aurais retrouvé des forces). » (p. 59) ou bien celui-ci, plus sombre : « Et à travers tout ça un sourire, une parole de bonté, un instant de contact humain ont plus de valeur que les amitiés les plus dévouées parmi les privilégiés grands ou petits. Là seulement on sait ce que c'est que la fraternité humaine. Mais il y en a peu, très peu.

Le plus souvent, les rapports même entre camarades reflètent la dureté qui domine tout là-dedans. » (p. 60-61).

Simone Weil envisage également une meilleure organisation du travail en usine qui permettrait que chacun s'épanouisse et œuvre plus efficacement : il faudrait que les employés participent à la vie de l'usine, qu'ils puissent faire visiter les locaux à leurs proches, qu'ils puissent peser sur la direction grâce aux syndicats. On le voit, la solution pour la philosophe ne passe plus par la révolution prolétarienne (elle a constaté les ravages sur le milieu ouvrier de la dictature stalinienne en Union soviétique) mais par des réformes prises au sein des usines, sous l'égide de l'État.

N'oublions pas non plus l'élan d'enthousiasme suscité chez la philosophe par les grèves spontanées qui ont suivi la victoire du Front populaire et qui ont permis la signature des accords de Matignon par Léon Blum qui ont créé de nombreux droits pour les travailleurs dont les congés payés, la liberté syndicale et des augmentations de salaires. Simone Weil parle de la joie de retrouver ses camarades en juin 1936 : c'est bien la preuve qu'une fraternité est possible, même si elle reste exceptionnelle, comme on peut le voir dans ce passage : « Il s'agit, après avoir toujours plié, tout subi, tout encaissé en silence pendant des mois et des années, d'oser enfin se redresser. Se tenir debout. Prendre la parole à son tour. Se sentir des hommes, pendant quelques jours. Indépendamment des revendications, cette grève est en elle-même une joie. Une joie pure. Une joie sans mélange. Oui, une joie. J'ai été voir les copains dans une usine où j'ai travaillé il y a quelques mois. J'ai passé quelques heures avec eux. Joie de pénétrer dans l'usine avec l'autorisation souriante d'un ouvrier qui garde la porte. Joie de trouver tant de sourires, tant de paroles d'accueil fraternel. Comme on se sent entre camarades dans ces ateliers où, quand j'y travaillais, chacun se sentait tellement seul sur sa machine ! » (p. 275-276).

Par ailleurs, la relation entre le travailleur et son supérieur hiérarchique (que ce soit un cadre ou le patron) constitue un élément majeur de la réflexion de la philosophe. Il y a bien sûr un vrai rapport de force antagoniste entre l'ouvrier et son cadre le plus immédiat, à savoir le contremaître car c'est celui qui doit faire appliquer les directives et qui fait augmenter les cadences. Le contremaître est pourtant lui aussi un employé aux ordres mais certains se servent de cette position pour marquer une forme de domination sur leurs camarades. Le parcours de Taylor est à ce titre exemplaire car il a gravi les échelons et est parvenu à la tête de l'usine : « Ce n'était pas non plus un ouvrier à proprement parler, quoiqu'il ait travaillé en usine. Comment donc le définir ? C'était un contremaître, mais non pas de l'espèce de ceux qui sont venus de la classe ouvrière et qui en ont gardé le souvenir. » (p. 310).

Taylor est présenté comme un organisateur et comme une forme de despote cherchant à soumettre les ouvriers et à tirer le maximum d'eux, allant jusqu'à une forme de déshumanisation : « Une fois directeur, il a continué à être obsédé par cette unique préoccupation de pousser toujours davantage la cadence des ouvriers. Évidemment, ceux-ci se défendaient, et il en résultait que ses conflits avec les ouvriers allaient en s'aggravant. » (p. 312).

Au fond de la démarche de Taylor, il y aurait une manifestation de volonté de puissance et de recherche de la domination : « Elles étaient toutes inspirées par son désir d'augmenter la cadence des ouvriers et par sa mauvaise humeur devant leur résistance. Son grand souci était d'éviter toute perte de temps dans le travail. » (p. 313).

Simone Weil rappelle qu'il y a aussi chez les cadres et les patrons le désir de se sentir supérieurs aux ouvriers, ce qui ne vient pas de la cupidité mais bien de l'orgueil, comme on le voit dans cet extrait assez pénétrant : « Il est doux d'avoir des inférieurs ; il est pénible de voir des inférieurs acquérir des droits, même limités, qui établissent entre eux et leurs supérieurs, à certains égards, une certaine égalité. [...] Le souci le plus pressant de beaucoup d'hommes situés plus ou moins haut sur l'échelle sociale est de maintenir leurs inférieurs « à leur place ». Non sans raison après tout ; car s'ils quittent une fois « leur place », qui sait jusqu'où ils iront ? » (p. 395).

Il y a donc des relations souvent haineuses entre ouvriers et patrons mais Simone Weil tente de jouer les médiatrices et correspond avec des patrons ouverts sur les questions sociales comme M. Bernard et M. Detoeuf, même si elle ne parvient pas vraiment à les convaincre.

Enfin, il y a une autre forme d'antagonisme entre travailleurs qui est analysée par Simone Weil dans le texte « La condition ouvrière » : elle montre comment les ouvriers français ont peur des étrangers qui pourraient être embauchés à leur place pour moins cher qu'eux car ils seraient prêts à tout accepter pour sortir de la misère. Ainsi, elle écrit : « Il est vrai pourtant qu'il y a, dans les formes les plus élevées de la condition ouvrière, quelque chose de singulièrement instable ; elles comportent peu de sécurité. Autour d'elles les flots de la misère générale agissent comme une mer qui ronge des îlots. Les pays où les travailleurs sont misérables exercent par leur seule existence une pression perpétuelle sur les pays de progrès social pour y atténuer les progrès » (p. 390).

Après avoir montré les causes du phénomène, la philosophe décrit précisément cette angoisse, peu flatteuse certes mais bien réelle dans le monde des travailleurs (cela n'a pas disparu aujourd'hui) et elle révèle les ravages d'une mise en concurrence généralisée des individus à l'échelle internationale : « Réciproquement, l'action ouvrière sera, par un triste paradoxe, et malgré les doctrines internationales, un obstacle à la détente des rapports internationaux aussi longtemps qu'on se laissera vivre dans la déplorable incurie actuelle. » (p. 396).

Cela empêche donc toute possibilité de fraternité des travailleurs et Simone Weil doit bien constater les limites des vœux portés par les syndicats de l'époque : « C'est ainsi que les ouvriers français redouteront toujours de voir pénétrer en France les travailleurs des pays surpeuplés aussi longtemps que les étrangers y seront légalement abaissés à une situation de parias, privés de toute espèce de droits, impuissants à participer à la moindre action syndicale sans risquer la mort lente par la misère, expulsables à merci. » (p. 396).

3. Michel Vinaver

Dans *Par-dessus bord*, le monde du travail représenté est largement conflictuel : en effet, il n'y a pas de franche camaraderie entre les employés, aucune fraternité mais des rapports de force incessants entre patrons, cadres et employés mais également entre personnes de même rang dans l'entreprise.

En effet, il y a une forme de rivalité exacerbée entre les services et les cadres qui sont tous mis en concurrence les uns avec les autres. Ainsi, Mme Alvarez et Mme Bachevski se détestent cordialement car elles sont très similaires : c'est une forme de rivalité mimétique pour reprendre une notion du philosophe René Girard : on jalouse ce qui est proche de nous, notre double.

L'entreprise est le lieu du déploiement des ambitions plus ou moins satisfaites : alors que Passemar espérait succéder tranquillement à Mme Alvarez, il voit son projet compromis car on ne monte pas automatiquement à l'ancienneté. Le jeune Dutôt parvient, quant à lui, à se faire réembaucher par Benoît. D'autres jeunes ambitieux entourent Benoît comme Battistini ou Jaloux.

Comme dans une société de cour où il faut plaire au monarque, les travailleurs cherchent à faire du zèle et à plaire au patron, et l'obéissance est évidemment de rigueur. Certains flattent la nouvelle direction, comme le timide Passemar lors de son entretien avec Benoît :

> « PASSEMAR : D'abord vous dire monsieur que depuis que vous avez pris la présidence
>
> BENOIT : Est-ce à votre goût ?
>
> PASSEMAR : Vous avez ouvert la fenêtre on respire
>
> BENOIT : Ce n'est qu'un commencement » (p. 343).

Ceux qui déplaisent sont renvoyés comme Dutôt qui a refusé d'obéir au vieux Fernand Dehaze avant son retrait, mais après la prise de contrôle de Benoît, un écrémage se met en place progressivement et les plus vieux (souvent les plus chers dans une entreprise) sont éliminés : Mme Bachevski est sèchement renvoyée (ou plutôt mise à la retraite de manière anticipée) alors qu'elle est toujours allée dans le sens de la direction, Lubin est écarté à la fin lui aussi. Mais d'autres tirent leur épingle du jeu par leur compétence et leur souplesse : c'est le cas de Cohen qui est promu. Passemar sera moins habile et n'obtiendra pas la confirmation du meilleur poste qu'il convoitait.

Le monde de l'entreprise est donc présenté comme une jungle, un ensemble instable et précaire. Lorsque les managers américains proposent de nouvelles méthodes à Benoît pour dynamiser son « business », ils affectent un ton cordial et sympathique, en s'appelant par leurs prénoms, mais cela ne parvient pas à masquer une réorganisation brutale, qui culmine avec le rachat de l'entreprise par le concurrent américain et la suggestion d'une prochaine vague de licenciements. « Ben » adopte des images de l'entreprise assez convenues : celle d'une armée qui aide son général, d'après les dires de son fidèle Dutôt, ce qui contraste fortement avec l'image de la société comme grande famille employée par le vieux Fernand au début de la pièce : « merci d'être venu si nombreux comme à l'accoutumée à notre petite et sympathique réunion que je me permettrai d'appeler une réunion de famille tant il est vrai que ceux qui travaillent quarante heures par semaine ensemble forment une authentique communauté j'en veux pour preuve votre présence qui n'était pas obligatoire et votre bonne humeur qui l'était encore moins » (p. 262). On passe donc bien de la petite maison familiale à la grande entreprise internationale moderne plus anonyme, froide.

Pour de vieux employés comme Lubin, cette entreprise devient de plus en plus inhumaine (« si monsieur Dehaze était encore là pour voir comment on mène à l'abattoir ses anciens représentants parce que le bâtard s'est entouré d'une bande de fumiers qui tueraient leur propre mère si ça pouvait servir leur carrière » p. 392) et le jeune gendre de Lubin, Alex, ne s'y trompe pas : en entrant dans l'entreprise, il sait qu'il va perdre son âme en quelque sorte et renoncer à une partie de sa vie, comme il l'indique à la fin de la pièce : « J'entre dedans je m'avance je tombe en avant [...] Pas en chute libre ce serait monotone je rebondis de paroi en paroi j'entre dans la vie normale la vie normale qui m'était interdite je n'ai pas résisté à la tentation ah paysage hallucinant » (p. 406-407).

En réalité, ce monde devient bien un agrégat d'individus poursuivant chacun leurs intérêts sans aucune vision collective si ce n'est celle d'un profit maximal : cela se voit dans le discours de Benoît qui annonce de grands changements et une mise en concurrence généralisée qui vient tendre encore plus les relations entre employés : « ceux d'entre vous qui n'adopteront pas la cadence eh bien ils resteront sur le quai ce n'est pas une menace c'est une constatation l'aventure à laquelle je destine l'entreprise voulez-vous la vivre avec moi [...] il y a une chose qui est terminée je ne vous le demande pas je vous le dis ce sont les chamailleries entre certains d'entre vous tout ce grenouillage de couloirs ça n'a plus de place dans la maison pour la bonne raison que nous n'avons pas trop de temps et d'énergie pour l'œuvre à accomplir et pour finir je procède à un apport de sang neuf dans la maison » p. 330.

Ainsi, Passemar, qui n'a pas de place dans ce nouveau système, lit des annonces d'emploi à la fin car il est prêt à se vendre, sentant son avenir compromis. Il doit se vendre car tout est à vendre dans l'entreprise Ravoire et Dehaze, comme le montre la cession finale au groupe dirigé par Ralph Young.

Fiche 13

Temps de travail, temps du loisir

1. Virgile

Le travail agricole est soumis au temps de la nature dans le monde antique. En effet, dans *Les Géorgiques,* le paysan doit adapter son activité aux rythmes des saisons qu'il ne peut en aucun cas maîtriser. Le monde est aux mains des dieux pour l'écrivain romain et le paysan ne peut pas dominer la nature totalement.

Virgile insiste donc sur la connaissance de la nature qui guide l'homme, comme on le voit dans ce beau passage du livre I : « Au printemps nouveau, quand fond la glace sur les monts chenus et que la glèbe amollie s'effrite au doux Zéphyr, je veux dès lors voir le taureau commencer de gémir sous le poids de la charrue, et le soc resplendir dans le sillon qu'il creuse. La récolte ne comblera les vœux de l'avide laboureur que si elle a senti deux fois le soleil et deux fois les frimas : alors d'immenses moissons feront crouler ses greniers. [...] Mais avant de fendre avec le fer une campagne inconnue, qu'on ait soin d'étudier au préalable les vents, la nature variable du climat, les traditions de culture et les caractères des lieux, et ce que donne ou refuse chaque contrée. » (p. 98).

Par ailleurs, si le paysan veut s'affranchir du rythme naturel, il va au-devant d'un échec cuisant : « Mais si tu travailles le sol pour récolter le froment ou le robuste épeautre, si tu ne vises que les épis seuls, attends la disparition des Atlantides Aurorales, attends que l'étoile de Gnosse à l'ardente Couronne se retire, pour jeter aux sillons les semences qu'ils réclament et confier hâtivement à une terre rebelle l'espérance de l'année.

Beaucoup ont commencé avant le coucher de Maia, mais la récolte a trompé leur attente en ne leur donnant que des épis vides. » (p. 103-104).

Si le travailleur ne fait pas les choses les plus pénibles à temps, il sera puni par une mauvaise récolte : « Si avec le hoyau tu ne fais pas une guerre assidue aux mauvaises herbes, si tu n'épouvantes à grand bruit les oiseaux, si la serpe en main tu n'élagues l'ombrage qui recouvre ton champ, si tu n'appelles la pluie par tes vœux, hélas ! tu en seras réduit à contempler le gros tas d'autrui et à secouer, pour soulager ta peine, le chêne dans les forêts. » (p. 101-102).

Le temps de la nature s'impose donc comme un maître mais il n'y a pas de représentation négative de cette dépendance : « Ce n'est pas en vain non plus que nous observons le coucher et le lever des astres et les diverses saisons qui se partagent également l'année. » (p. 105). En effet, pour Virgile, il n'y a pas d'alternative à ce respect du rythme saisonnier qui peut avoir aussi un aspect rassurant car il est cyclique et donc prévisible : « Si tu observes le soleil dévorant et les phases successives de la lune, jamais le temps du lendemain ne te trompera, ni jamais tu ne te laisseras prendre aux pièges d'une nuit sereine. » (p. 110).

Le paysan se soumet à la nature pour réussir à la fois dans la culture (« exercez vos taureaux, laboureurs, semez l'orge dans les campagnes jusqu'à l'époque des pluies de l'intraitable solstice. » est-il écrit à la page 103) mais également dans l'élevage et l'apiculture, comme on le voit dans le livre IV : « Mais si tu crains pour tes abeilles un rude hiver, si tu penses à l'avenir, [4,240] si tu as pitié de leur désespoir et de leur détresse, alors n'hésite pas à faire des fumigations de thym et à retrancher les cires inutiles. » (p. 162).

Pour Virgile, il faut soigner les bêtes, les sélectionner puis organiser les saillies (c'est-à-dire la reproduction des bêtes) de la meilleure manière possible au moment de la saison des amours ; l'éleveur accompagne la nature, il ne va pas contre elle : « Ces observations faites, on s'applique quand la saison approche, on dépense tous ses soins à gonfler d'une graisse épaisse l'animal qu'on a choisi comme chef du troupeau et désigné comme mari ; on coupe pour lui des herbes dans leur fleur, on lui sert des eaux courantes et de l'épeautre, pour qu'il ne puisse pas être inférieur à sa douce tache et qu'une postérité débile n'atteste pas que le pèrc a jeûné. Au contraire on fait tout pour amaigrir et amincir les femelles, et dès que la volupté qu'elles ont déjà connue les sollicite aux accouplements, on leur refuse tout feuillage et on les écarte des fontaines. » (p. 139).

Cette attention au vivant est essentielle dans le travail antique mais aussi dans l'œuvre de Virgile, grand poète représentant une nature idéalisée et humanisée, déjà toute classique.

De même, le paysan doit calquer son propre rythme de vie sur le temps naturel. En effet, il doit passer beaucoup de temps au travail, ne pas relâcher ses efforts tant qu'il y a de l'ouvrage et il ne peut prendre du repos que quand la nature lui en donne l'occasion : « Mais c'est en pleine chaleur qu'on coupe la rubiconde Cérès et c'est en pleine chaleur que l'aire broie les moissons mûries. Mets-toi nu pour labourer, mets-toi nu pour semer : l'hiver, le cultivateur se repose. » (p. 106). Le fait que le paysan se mette nu peut nous paraître étrange mais cela permet aussi un plus grand confort, notamment lors des grandes chaleurs romaines. Le travailleur doit être à l'aise, profiter de la fraîcheur des nuits pour accomplir certains travaux pénibles en journée caniculaire. Ainsi, le temps social doit s'adapter au temps naturel : « Oui, même aux jours de fête, il est des travaux auxquels les lois divines et humaines permettent de se livrer. » (p. 105).

Au livre IV de son poème, l'écrivain latin va développer un véritable modèle de société où il y a un bon équilibre entre le temps de repos et le temps de travail, mais aussi une harmonie parfaite entre les rythmes naturels, rythmes sociaux et les rythmes du « monde du travail ». Il s'agit de la description de l'organisation sociale des abeilles, présentée comme un idéal par Virgile : « Maintenant allons ! Je vais exposer les instincts merveilleux dont Jupiter lui-même a doté les abeilles » (p. 159). Ces bêtes sont exemplaires car elles suivent à la lettre le rythme saisonnier : elles « passent leur vie sous de puissantes lois ; seules, elles connaissent une patrie et des pénates fixes ; et, prévoyant la venue de l'hiver, elles s'adonnent l'été au travail et mettent en commun les trésors amassés. » (p. 159).

Ces merveilleux insectes ont un temps uniformisé : « Toutes se reposent de leurs travaux en même temps, toutes reprennent leur travail en même temps. Le matin, elles se ruent hors des portes ; aucune ne reste en arrière ; puis quand le soir les invite à quitter enfin les plaines où elles butinent, alors elles regagnent leurs logis, alors elles réparent leurs forces. » (p. 161).

Leur vie « personnelle » et amoureuse semble réglée par la nature et par le strict respect des besoins et des devoirs : « Ce qui te paraîtra surtout admirable dans les mœurs des abeilles, c'est qu'elles ne se laissent pas aller à l'accouplement, qu'elles n'énervent pas languissamment leur corps au service de Vénus, et qu'elles ne mettent pas leurs petits au monde avec effort. » (p. 161).

Pour un poète chantre du pouvoir en place et promoteur de l'ordre social augustéen, quoi de mieux que cette société parfaitement autogérée et sans contretemps ?

Bien entendu, l'apiculteur doit lui aussi s'adapter à leur rythme pour récolter le miel. Il se met au diapason et tout contretemps peut être fâcheux : « Deux fois par an elles amoncellent leur abondante production, et la récolte se fait en deux saisons : l'une, quand la Pléiade Taygète montre à la terre son beau visage et repousse dédaigneusement du pied les flots de l'Océan ; l'autre, quand le même astre, fuyant la constellation du Poisson pluvieux, descend triste du ciel dans les ondes hivernales. Car leur colère dépasse toute mesure : si on les offense, elles font des piqûres venimeuses, laissent leurs dards invisibles dans les veines auxquelles elles se sont fixées, et rendent l'âme dans la plaie qu'elles font. » (p. 162).

Ainsi, quand l'apiculteur respecte la nature, il en est récompensé par les abeilles infatigables : « Plus elles verront leurs trésors épuisés, plus elles mettront d'ardeur à réparer leurs pertes, remplissant les vides et tapissant leurs greniers du suc des fleurs. » (p. 162).

2. Simone Weil

La représentation du temps de travail et du temps de repos est évidemment bien différente dans *La Condition ouvrière*. En effet, Simone Weil souligne d'entrée de jeu la difficulté pour le travailleur moderne de profiter pleinement de son temps de repos, tant son temps de travail est abrutissant : « C'est seulement le samedi après-midi et le dimanche que je respire, me retrouve moi-même, réacquiers la faculté de rouler dans mon esprit des morceaux d'idées. » (p. 53).

Pour la philosophe, il est difficile de vraiment se reposer complètement en fin de semaine ou en soirée, à cause de l'épuisement mais aussi de l'influence du travail sur le temps de loisir. Tout comme Charlot, le héros des *Temps modernes* de Chaplin, est amené à répéter pendant sa pause les mêmes gestes que lorsqu'il travaille sur sa chaîne de montage (serrer machinalement des écrous), les ouvriers sont aliénés encore pendant leur loisir.

Le temps de travail n'a rien de naturel dans l'usine moderne et tout est fait en dépit des rythmes naturels biologiques : on ne donne pas assez de temps de repos pour que le travailleur soit vraiment efficace. Même le repas n'est pas une vraie pause : « Il faut aller manger. J'ai encore un peu d'argent, heureusement. Mais il faut faire attention. Qui sait si on va me garder ici ? Si je ne chômerai pas encore des jours et des jours. [...] Manger coûte un effort encore. Ce repas n'est pas une détente. Quelle heure est-il ? Il reste quelques moments pour flâner. Mais sans s'écarter trop : pointer une minute en retard, c'est travailler une heure sans salaire. L'heure avance. Il faut rentrer. Voici ma machine. » (p. 266).

Simone Weil analyse avec précision le système mis en place par Taylor qui repose essentiellement sur une organisation « scientifique » (en réalité, tyrannique et technique) du temps de travail : tout est fait pour augmenter les cadences, quitte à épuiser les ouvriers, car on le sait, pour Taylor, le temps c'est de l'argent, au sens propre de l'expression, puisqu'on gagne en productivité en augmentant les rythmes et en segmentant les tâches. Voici un passage décrivant cette situation cauchemardesque : « Me voici sur une machine. Compter cinquante pièces... les placer une à une sur la machine, d'un côté, pas de l'autre... manier à chaque fois un levier... ôter la pièce... en mettre une autre...encore une autre... compter encore... je ne vais pas assez vite. La fatigue se fait déjà sentir. Il faut forcer, empêcher qu'un instant d'arrêt sépare un mouvement du mouvement suivant. Plus vite, encore plus vite ! Allons bon ! Voilà une pièce que j'ai mise du mauvais côté. Qui sait si c'est la première ? Il faut faire attention. Cette pièce est bien placée. Celle-là aussi, Combien est-ce que j'en ai fait les dernières dix minutes ? Je ne vais pas assez vite. Je force encore, peu à peu, la monotonie de la tâche m'entraîne à rêver. Pendant quelques instants, je pense à bien des choses. Réveil brusque : combien est-ce que j'en fais ? Ça ne doit pas être assez. Ne pas rêver. Forcer encore. Si seulement je savais combien il faut en faire ! Je regarde autour de moi ! Personne ne lève la tête, jamais. Personne ne sourit. Personne ne dit un mot. Comme on est seul ! » (p. 265). Le style haché et asyndétique de cet extrait montre bien l'automatisation de l'ouvrier.

Ainsi, l'ouvrier devient lui-même une machine dont le temps est mécaniquement répétitif, sans aucune possibilité de changement et donc d'humanité : « La sonnerie. Pointer, s'habiller, sortir de l'usine, le corps vidé de toute énergie vitale, l'esprit vide de pensée, le cœur submergé de dégoût, de rage muette, et par-dessus tout cela d'un sentiment d'impuissance et de soumission. Car le seul espoir pour le lendemain, c'est qu'on veuille bien me laisser passer encore une pareille journée. Quant aux jours qui suivront, c'est trop loin. L'imagination se refuse à parcourir un si grand nombre de minutes mornes. » (p. 267).

À la fin du livre, la philosophe salue le temps de la libération à l'occasion des grèves de 1936 : « On se détend complètement. On n'a pas cette énergie farouchement tendue, cette résolution mêlée d'angoisse si souvent observée dans les grèves. On est résolu, bien sûr, mais sans angoisse. On est heureux. On chante, mais pas l'Internationale, pas la Jeune Garde ; on chante des chansons, tout simplement, et c'est très bien. Quelques-uns font des plaisanteries, dont on rit pour le plaisir de s'entendre rire. On n'est pas méchant. Bien sûr, on est heureux de faire sentir aux chefs qu'ils ne sont pas les plus forts. C'est bien leur tour. Ça leur fait du bien. Mais on n'est pas cruel. On est bien trop content. On est sûr que les patrons céderont. On croit qu'il y aura un nouveau coup dur au bout de quelques mois, mais on est prêt. » (p. 277).

Mais elle sait aussi que cette période n'a qu'un temps et qu'il faut en profiter pour proposer des réformes visant à améliorer le travail par la suite (les accords de Matignon iront dans ce sens) : « Je pense, pour moi, que le moment serait favorable, si on savait l'utiliser, pour constituer le premier embryon d'un contrôle ouvrier. » (p. 279).

La penseuse envisage des possibilités de réformer le travail pour le rendre plus humain. La première revendication repose sur un allègement de la cadence et une plus grande adéquation entre les rythmes naturels et le rythme du travail. Plus que des avantages matériels et financiers, elle demande donc que le temps de travail soit plus humain et plus proche du temps personnel et biologique et non opposé à lui : « Et il faudrait que leur préoccupation dominante soit non d'augmenter toujours le rendement au maximum, mais d'organiser les conditions de travail les plus humaines compatibles avec le rendement indispensable à l'existence de l'usine. Il faudrait d'autre part que les ouvriers connaissent et comprennent les nécessités auxquelles la vie de l'usine est soumise. Ils pourraient ainsi contrôler et apprécier la bonne volonté des chefs. Ils perdraient le sentiment d'être soumis à des ordres arbitraires, et les souffrances inévitables deviendraient peut-être moins amères à supporter » (p. 212).

Pendant les grèves de 1936, la philosophe choisit donc de profiter du bonheur présent, de laisser du temps au temps et surtout elle porte un regard optimiste sur l'avenir où il sera grand temps de transformer la réalité : « Mais ce qui est illimité, c'est le bonheur présent. Ils se sont enfin affirmés. Ils ont enfin fait sentir à leurs maîtres qu'ils existent. [...] Aujourd'hui, nul ne peut ignorer que ceux à qui on a assigné pour seul rôle sur cette terre de plier, de se soumettre et de se taire plient, se soumettent et se taisent seulement dans la mesure précise où ils ne peuvent pas faire autrement. Y aura-t-il autre chose ? Allons-nous enfin assister à une amélioration effective et durable des conditions du travail industriel ? L'avenir le dira ; mais cet avenir, il ne faut pas l'attendre, il faut le faire. » (p. 281).

3. Michel Vinaver

Dans *Par-dessus bord*, on voit que les personnages sont essentiellement présentés quand ils sont au travail. Il y a peu de moments où ils sont chez eux, en famille, ou se livrant à leurs loisirs.

Même dans les moments les plus intimes, il y a une présence du monde du travail : ainsi, quand on voit Benoît et sa femme Margerie au lit, ils discutent de l'entreprise en difficulté, du frère de Benoît, Olivier, qui est traité de moule par Margerie. Margerie est ensuite représentée à la fin de la pièce au lit avec son amant, Olivier, qu'elle va pousser à vendre ses parts de l'entreprise familiale pour fonder une nouvelle entreprise aux États-Unis avec la collection de tabatières anciennes de feu « daddy » Dehaze. Cette femme manipulatrice, qui passe sans vergogne du lit de Benoît à celui de son frère, « travaille » vraiment pour son propre compte, de manière non rémunérée bien entendu, mais triomphe à la fin de la pièce. De la même manière, Jenny, la manageuse américaine, ne lâche pas son travail, même dans le lit de « Ben », son employeur : après l'amour, elle refuse sa proposition de mariage en se présentant comme trop occupée par son travail et elle souhaite monter une nouvelle entreprise vendant des perruques, car celui-ci lui paraît plus « glamour » et porteur que le papier toilette.

Par ailleurs, le temps du loisir et de la vie privée est envahi par l'entreprise : en effet, Ravoire et Dehaze lancent une vaste enquête auprès du grand public pour connaître des détails sur la fréquence de leur passage aux toilettes. Cela peut sembler assez comique, mais cela montre aussi qu'il n'y a plus de vraie distinction entre vie publique et vie privée, entre le temps de loisir et le temps du travail.

La fin de la pièce représente également une invasion du monde du travail dans le monde quotidien : lors du mariage de la fille de Lubin, il y a une intervention de Benoît, le patron de l'entreprise. Enfin, Mme Bachevski est le seul personnage que l'on voit dans ses loisirs car elle est à la retraite (forcée). Après avoir été frappée par une attaque, elle s'est mise au jardinage … qui lui donne bien sûr beaucoup de travail, comme elle l'avoue dans le dernier mouvement de la pièce : « : Je ne sais plus où donner de la tête mon jardinet où poussent de beaux haricots. » Cette femme semble incapable de vraiment renoncer à la notion même de travail.

Fiche 14

Le travail et la liberté

1. Virgile

Dans *Les Géorgiques*, le travail n'est pas présenté comme une contrainte insupportable et ne réduit pas la liberté du paysan.

En effet, l'exploitant agricole n'abdique pas sa liberté personnelle en travaillant dans les champs, même s'il est soumis aux rythmes de la nature, aux caprices des dieux, aux aléas météorologiques : « Telles sont les lois et les conditions éternelles que la nature a, dès le début, imposées à des lieux déterminés » (p. 99).

Tout ceci est inévitable pour un homme antique et il n'est de liberté que dans l'accord avec la nature et non contre celle-ci.

Ainsi, Virgile rappelle le paysan à ses devoirs de piété envers les dieux dont tout dépend finalement (« Priez pour avoir des solstices humides et des hivers sereins, ô laboureurs » p. 100), mais cela ne l'empêche pas d'être épanoui dans son travail. En effet, le labeur permet de développer les capacités de l'homme, de domestiquer la nature (mais sans la soumettre) et dans ce sens, il est bénéfique pour l'homme.

Cela se voit notamment dans le livre I quand Virgile évoque la naissance de l'agriculture : « Le Père des dieux lui-même a voulu rendre la culture des champs difficile, et c'est lui qui le premier a fait un art de remuer la terre, en aiguisant par les soucis les cœurs des mortels et en ne souffrant pas que son empire s'engourdît dans une triste indolence. » (p. 100-101). Le travail de la terre est donc présenté comme un devoir imposé par Jupiter mais aussi comme un soin à apporter à la nature, comme un art et non comme une corvée. C'est plus une grâce accordée à l'homme, et non une malédiction imposée : « Avant Jupiter, point de colon qui domptât les guérets ; il n'était même pas permis de borner ou de partager les champs par une bordure : les récoltes étaient mises en commun, et la terre produisait tout d'elle-même, librement, sans contrainte. » (p. 101).

Pour le poète latin, cela entraîne le développement des techniques et des arts et cela fait donc progresser l'homme d'une certaine manière : « Alors on connaît le durcissement du fer et la lame de la scie aiguë (car les premiers hommes fendaient le bois avec des coins) ; alors vinrent les différents arts. Tous les obstacles furent vaincus par un travail acharné et par le besoin pressant en de dures circonstances. » (p. 101).

Le travail permet donc un dépassement de soi, il améliore l'homme en développant son potentiel héroïque.

Le paysan semble aux ordres du poète qui ne cesse de le conseiller et d'émettre des injonctions, comme on peut le voir dans ces passages : « exercez vos taureaux, laboureurs, semez l'orge dans les campagnes jusqu'à l'époque des pluies de l'intraitable solstice. » (p. 103) ; « Au travail donc, cultivateurs ! apprenez les procédés de cultures propres à chaque espèce ; adoucissez, en les cultivant, les fruits sauvages ; que vos terres ne restent pas en friche. » (p. 116).

Mais comme nous n'avons pas de réponse des intéressés, nous pouvons imaginer que ce paternalisme virgilien n'est pas mal considéré.

Souvenons-nous également du modèle proposé à la fin du livre IV par les abeilles qui n'ont aucune liberté individuelle car elles agissent par instinct (merveilleux, d'après l'auteur) et sont entièrement dévouées à leur tâche imposée et « passent leur vie sous de puissantes lois » (p. 159) : « Toutes se reposent de leurs travaux en même temps, toutes reprennent leur travail en même temps. Le matin, elles se ruent hors des portes ; aucune ne reste en arrière ; puis quand le soir les invite à quitter enfin les plaines où elles butinent, alors elles regagnent leurs logis, alors elles réparent leurs forces. » (p. 161). L'idéal ainsi présenté par Virgile est bien celui d'une société en ordre, quasi-militaire (on se croirait dans une légion romaine), qui marche comme un seul homme sous la domination parfaitement acceptée d'un *imperator*…

Ainsi, au niveau politique, il y a peu de marge de manœuvre accordée au travailleur, qui n'a pas vraiment d'autre choix que de révérer l'empereur. En effet, sous le principat d'Auguste, la liberté n'est pas vraiment de mise et on note également que Virgile, qui écrit *Les Géorgiques* à la demande du bon Mécène, ne se caractérise pas non plus par son indépendance vis-à-vis du pouvoir politique (il en est même le serviteur le plus zélé) : « Cependant entrons dans les forêts des Dryades et dans les fourrés vierges ; tes ordres, Mécène, ne sont pas faciles à exécuter. Mais sans toi mon esprit n'entreprend rien de haut. » (p. 136).

Il montre un franc soutien à la politique et à la propagande augustéenne et ne se prive pas de représenter l'empereur en héros et en le recommandant aux dieux : « Dieux de nos pères, dieux Indigètes, et toi Romulus, et toi Vesta notre mère, qui veilles sur le Tibre toscan et sur le Palatin de Rome, n'empêchez pas au moins ce jeune héros de relever les ruines de ce siècle. » (p. 112). La fin du livre IV est exemplaire de cet hommage permanent de Virgile envers Auguste : « Voilà ce que je chantais sur les soins à donner aux guérets et aux troupeaux, ainsi que sur les arbres, pendant que le grand César lançait ses foudres guerrières contre l'Euphrate profond, et, vainqueur, donnait des lois aux peuples soumis, et se frayait un chemin vers l'Olympe. » (p. 172).

Ces flagorneries de poète-courtisan peuvent paraître excessives pour un lecteur contemporain mais il ne faut pas oublier qu'il n'y a pas à l'époque de réelle indépendance des écrivains et que presque tous cherchent la protection et le soutien financier de personnages puissants (et ce jusqu'au dix-neuvième siècle). Autre temps, autres mœurs…

2. Simone Weil

La question des rapports entre travail et liberté s'avère cruciale dans *La Condition ouvrière.* En effet, la philosophe montre, après son immersion en usine, que le propre de la condition ouvrière c'est non seulement l'aliénation, déjà analysée par Karl Marx au dix-neuvième siècle, mais aussi un rétablissement insidieux d'un esclavage moderne : « Cette situation pèse parfois sur le cœur, n'est-il pas vrai ? Elle donne parfois le sentiment d'être une simple machine à produire. Ce sont là les conditions du travail industriel. » (p. 206).

Elle parle carrément de servitude dès les premiers écrits du recueil, comme elle l'avoue à son amie Albertine : « J'ai beaucoup souffert de ces mois d'esclavage, mais je ne voudrais pour rien au monde ne pas les avoir traversés. Ils m'ont permis de m'éprouver moi-même et de toucher du doigt tout ce que je n'avais pu qu'imaginer. J'en suis sortie bien différente de ce que j'étais quand j'y suis entrée – physiquement épuisée, mais moralement endurcie (tu comprendras en quel sens je dis ça). » (p. 56). La description du travail en usine, notamment le passage devant le four, prend même une coloration infernale sous la plume de la penseuse.

Plus loin dans le recueil, Simone Weil compare l'esclave antique et l'esclave moderne qui n'a plus ce nom mais qui ne semble guère mieux loti : « En échange de la vie qu'on lui laissait, il [l'esclave dans l'Antiquité] devait dans l'esclavage épuiser son énergie en efforts, tout le long du jour, tous les jours, sans rien pouvoir espérer, sinon de n'être pas tué ou fouetté. Il ne pouvait plus poursuivre aucun bien sinon d'exister. Les anciens disaient que le jour qui l'avait fait esclave lui avait enlevé la moitié de son âme. [...] Mais toute condition où l'on se trouve nécessairement dans la même situation au dernier jour d'une période d'un mois, d'un an, de vingt ans d'efforts qu'au premier jour a une ressemblance avec l'esclavage. La ressemblance est l'impossibilité de désirer une chose autre que celle qu'on possède, d'orienter l'effort vers l'acquisition d'un bien. On fait effort seulement pour vivre. » (p. 420).

Ainsi, l'esclavage ne semble pas vraiment avoir de fin car tous les ouvriers redoutent le chômage à cette époque de crise économique. Dès lors, le travailleur est réifié, transformé en machine car il est soumis à une cadence inhumaine et toujours plus intense, ce qui nie la fatigue de l'ouvrier : « Il y a deux facteurs, dans cet esclavage : la vitesse et les ordres. La vitesse : pour « y arriver » il faut répéter mouvement après mouvement à une cadence qui, étant plus rapide que la pensée, interdit de laisser cours non seulement à la réflexion, mais même à la rêverie. Il faut, en se mettant devant sa machine, tuer son âme pour 8 heures par jour, sa pensée, ses sentiments, tout. Est-on irrité, triste ou dégoûté, il faut ravaler, refouler tout au fond de soi, irritation, tristesse ou dégoût : ils ralentiraient la cadence. Et la joie de même. » (p. 60).

De plus, c'est la déshumanisation qui constitue l'essentiel de la servitude car il n'y a plus de relation humaine : tout est mécanisé, comme on le voit dans cet extrait : « depuis qu'on pointe en entrant jusqu'à ce qu'on pointe en sortant, on peut à chaque moment recevoir n'importe quel ordre. Et toujours il faut se taire et obéir. L'ordre peut être pénible ou dangereux à exécuter, ou même inexécutable ; ou bien deux chefs donner des ordres contradictoires ; ça ne fait rien : se taire et plier. Adresser la parole à un chef – même pour une chose indispensable – c'est toujours, même si c'est un brave type (même les braves types ont des moments d'humeur) s'exposer à se faire rabrouer ; et quand ça arrive, il faut encore se taire. » (p. 60). La négation de la parole équivaut à une déshumanisation, car sans communication, il ne peut y avoir de progrès possible.

Pour Simone Weil, cette servitude semble encore plus marquée dans le travail féminin, où les ouvrières semblent encore plus exploitées et soumises que les hommes : « En revanche, une ouvrière qui est à la chaîne, et avec qui je suis rentrée en tram, m'a dit qu'au bout de quelques années, ou même d'un an, on arrive à ne plus souffrir, bien qu'on continue à se sentir abrutie. C'est à ce qu'il me semble le dernier degré de l'avilissement. Elle m'a expliqué comment elle et ses camarades étaient arrivées à se laisser réduire à cet esclavage (je le savais bien, d'ailleurs). Il y a 5 ou 6 ans, m'a-t-elle dit, on se faisait 70 F par jour, et « pour 70 F on aurait accepté n'importe quoi, on se serait crevé » (p. 75).

Cependant, si le constat de la philosophe semble particulièrement désespéré, elle propose des réformes qui permettraient d'améliorer la situation, notamment à la fin du recueil, dans le dernier texte au programme qui propose une libération de l'ouvrier par la machine, alors qu'il avait été asservi par la machine auparavant, comme on peut le voir dans ce passage : « cet endroit morne où on ne fait qu'obéir, briser sous la contrainte tout ce qu'on a d'humain, se courber, se laisser abaisser au-dessous de la machine. » (p. 57).

En effet, la penseuse chrétienne envisage un saut technologique et un progrès dans l'automatisation qui rendrait caduc le travail à la chaîne (c'est d'ailleurs ce qui a été réalisé dans l'après-guerre, même si cela a aussi conduit à une destruction massive d'emplois dans l'industrie !) : « J'imagine une économie décentralisée où nos bagnes industriels seraient remplacés par des ateliers disséminés un peu partout. Dans ces ateliers se trouveraient des machines automatiques extrêmement souples, qui permettraient de satisfaire dans une large mesure les besoins industriels de la région. Les ouvriers, tous très hautement qualifiés, passeraient le meilleur de leur temps au réglage. » (p. 259).

Ainsi, la libération du travailleur ne semble pas impossible pour la philosophe, même si elle est très réservée quant au sort d'un ouvrier dans un régime communiste qui n'abolirait pas la servitude mais risquerait de la renforcer, comme l'a montré la mise en place du modèle stakhanoviste sous Staline en Union soviétique dans les années 1930. Elle est déjà sceptique en 1935 quand elle écrit : « quand je pense que les grands chefs bolcheviks prétendaient créer une classe ouvrière libre et qu'aucun d'eux – Trotsky sûrement pas, Lénine je ne crois pas non plus – n'avait sans doute mis le pied dans une usine et par suite n'avait la plus faible idée des conditions réelles qui déterminent la servitude ou la liberté pour les ouvriers – la politique m'apparaît comme une sinistre rigolade. » (p. 52-53). Elle deviendra carrément méfiante quelques années après : « Si demain on chasse les patrons, si on collectivise les usines, cela ne changera en rien ce problème fondamental qui fait que ce qui est nécessaire pour sortir le plus grand nombre de produits possibles, ce n'est pas nécessairement ce qui peut satisfaire les hommes qui travaillent dans l'usine. » (p. 307).

Mais la philosophe, réaliste et absolument pas naïve, ne renonce pas à tout espoir de réforme, même si elle voit de plus en plus s'éloigner le grand soir : « La solution idéale, ce serait une organisation du travail telle qu'il sorte chaque soir des usines à la fois le plus grand nombre possible de produits bien faits et des travailleurs heureux. Si, par un hasard providentiel, on pouvait trouver une telle méthode de travail, assez parfaite pour rendre le travail joyeux, la question ne se poserait plus. Mais cette méthode n'existe pas, et c'est même tout le contraire qui se passe. » (p. 307).

3. Michel Vinaver

Dans *Par-dessus bord*, les employés de l'entreprise ne sont pas présentés comme des individus ouvertement aliénés ou maltraités comme dans l'œuvre de Simone Weil. Au contraire, ils ne semblent pas prisonniers mais en réalité, ils subissent une pression constante et invisible, qui est celle de la loi de la concurrence ou la loi du marché.

En effet, la concurrence est ce qui explique tous les changements apportés à l'entreprise par Benoît : « Olivier veut faire de Ravoire et Dehaze un monument consacré à la mémoire de son père et de son grand-père avec pour résultat probable qu'il n'y aura plus de Ravoire et Dehaze dans quelques mois sinon dans le souvenir attendri de quelques bons vieux employés d'ailleurs au chômage le redressement est encore possible mais il exige une attitude absolument nouvelle partir de zéro vivre une aventure avec tout ce que cela comporte de rigueur de don de soi parce que le potentiel de ce marché est immense parce qu'il y a plus de place qu'il n'en faut et pour nous et pour les Américains parce que nous avons des atouts qui doivent nous permettre de battre les Américains à leur propre jeu [...] la seconde condition c'est que j'aie les coudées franches autrement dit tous les pouvoirs de décision » (p. 302). Ainsi la loi du marché s'impose à ce jeune patron qui veut prospérer et qui ne veut plus se contenter de reproduire les méthodes du passé et de survivre en vivotant.

C'est donc pour exercer une certaine volonté de puissance et pour mieux résister à la concurrence exercée par les Américains que le jeune fils de Dehaze veut réorganiser la maison familiale, en adoptant les méthodes modernes défendues par Jack et Jenny qui imposent un nouveau fonctionnement mais sans violence visible. Ils procèdent en secret, derrière des sourires hypocrites et des réunions apparemment innocentes et – il faut bien l'avouer – un peu ridicules, mais les vieux employés comme Cohen sentent bien leur manœuvre. Ce sont ces réformes qui vont entraîner la compression de personnel, dont la mise à la retraite anticipée de Mme Bachevski est la partie la plus visible.

Cette pression amène les « chefaillons » comme dit Mme Alvarez ou bien les « bâtards » pour reprendre les mots de Lubin à prendre le pouvoir dans la maison Ravoire et Dehaze et à tyranniser mais sans violence apparente le personnel. Chacun est soumis à la nécessité de remplir ses objectifs (Passemar notamment), tous sont en concurrence les uns avec les autres (dont les deux femmes ennemies, Mme Alvarez et Mme Bachevski, qui occupent toutes deux des postes à responsabilité dans des univers plutôt masculins, ce qui les pousse peut-être à une certaine dureté dans leurs comportements).

Notons par ailleurs que la structure de l'entreprise est extrêmement pyramidale et hiérarchique, comme on peut le voir au début de l'œuvre et chacun a bien conscience de ce qu'il doit faire devant son « n+1 », comme le dit Passemar : « je dépendais je dépends toujours de madame Alvarez [...] l'an prochain elle prend sa retraite et mon Dieu si les événements ne prennent pas une autre tournure du fait de l'entrée en scène des Américains j'ai l'impression que je ne suis pas mal placé pour la succession » (p. 251). On le voit bien, Passemar ne résiste pas à Mme Alvarez, il ne lutte pas contre lui, mais lui obéit en espérant la remplacer automatiquement, ce que Benoît lui reprochera ensuite car cela fait un peu trop « fonctionnaire » d'après lui.

En outre, quelques personnages renoncent à leur liberté volontairement pour entrer dans l'entreprise car ils ont besoin d'argent pour soutenir leur famille : c'est le cas du jeune gendre de Lubin qui renonce à son activité artistique, tout comme ce fut le cas de Passemar qui a dû se mettre à chercher du travail après sa licence de lettres, comme il le dit au début de la pièce : « Je suis l'auteur de cette pièce dès le plus jeune âge se manifestait mon don d'écrire à neuf ans j'avais composé une pièce en un acte qui s'appelle *La révolte des légumes* mais il fallait vivre alors ç'a été cette petite annonce jeune licencié ès lettres présentant bien et ils m'ont embauché chez Ravoire et Dehaze pour succéder à un chef de section au service facturation qui s'était suicidé sans raison apparente. [...] chez Ravoire et Dehaze ils ne connaissaient pas mon activité littéraire pour eux j'étais un cadre qui faisait à peu près correctement son boulot » (p. 251).

Le travail est senti comme une perte de liberté et l'entrée dans une vie inintéressante, comme le montre cette réplique du jeune Alex qui montre une véritable mort symbolique : « Mon père est mort en tombant en arrière dans une fosse à merde poussé par un SS maintenant moi [...] J'entre dedans je m'avance je tombe en avant [...] Pas en chute libre ce serait monotone je rebondis de paroi en paroi j'entre dans la vie normale la vie normale qui m'était interdite je n'ai pas résisté à la tentation ah paysage hallucinant » (p. 406-407).

Les seuls travailleurs libres sont ceux qui allient passion et activité rémunérée comme l'antiquaire Toppfer et le professeur Onde. Par ailleurs, la liberté octroyée par la fin du travail rémunéré semble insupportable pour certains personnages hyperactifs comme Mme Bachevski qui fait une attaque après sa mise en retraite et se lance dans le jardinage qui lui prend tout son temps.

Les moments de liberté et de vie privée que sont les fêtes organisées comme celle du mariage final sont souvent parasités par le monde du travail car elles réunissent des collègues qui ne peuvent s'empêcher de « parler boutique ».

Enfin, certains personnages féminins arrivent à concilier liberté, travail et un certain goût de puissance : c'est le cas de Jenny, manageuse fringante et dominatrice qui s'impose auprès de Benoît et le conduit à liquider sa boîte pour partir sur un nouveau projet avec elle. C'est également ce que l'on retrouve avec le personnage de Margerie qui domine totalement son mari puis son amant Olivier et qui leur impose ses volontés, sans jamais exercer d'activité salariée. Elle travaille à sa propre promotion et pour acquérir une liberté toujours plus grande, ce qui passe par l'argent et le pouvoir (elle met la main sur les tabatières de « Daddy » Dehaze).

Fiche 15

Le travail de l'écrivain

1. Virgile

Les Géorgiques sont un poème didactique clairement présenté comme un travail accompli à la demande de Mécène, ami personnel et protecteur influent de Virgile. Le livre est donc une œuvre de commande qui doit répondre à un certain nombre de contraintes et de passages obligés. Nous sommes aujourd'hui habitués à considérer l'écrivain comme un être indépendant qui n'a pas besoin de flatter les puissants pour survivre et prospérer, mais il faut bien se souvenir qu'avant la fin du dix-huitième siècle, les écrivains ne sont pas autonomes et ont besoin de protecteurs influents qui les appuient et les financent (songez à Molière protégé par Louis XIV par exemple).

Ainsi, Virgile travaille pour Mécène et aussi pour Auguste et non pas seulement pour la gloire ou pour l'amour de l'art ! Cela se voit notamment dans les nombreuses adresses à Mécène, comme au début du livre I (« Quel art fait les grasses moissons ; sous quel astre, Mécène, il convient de retourner la terre et de marier aux ormeaux les vignes ; quels soins il faut donner aux bœufs, quelle sollicitude apporter à l'élevage du troupeau ; quelle expérience à celle des abeilles économes, voilà ce que maintenant je vais chanter. » p. 97) mais aussi plus loin (« Cependant entrons dans les forêts des Dryades et dans les fourrés vierges ; tes ordres, Mécène, ne sont pas faciles à exécuter. Mais sans toi mon esprit n'entreprend rien de haut. » p. 136) et au début du livre IV (« Poursuivant mon œuvre, je vais chanter le miel aérien, présent céleste : tourne encore tes regards, Mécène, de ce côté. Je t'offrirai en de petits objets un spectacle admirable : je te dirai les chefs magnanimes, et tour à tour les mœurs de la nation entière, ses passions, ses peuples, ses combats. Mince est le sujet, mais non mince la gloire, si des divinités jalouses laissent le poète chanter et si Apollon exauce ses vœux. » p. 155). On le voit, à chaque fois, Mécène est remercié de donner une occasion à Virgile d'exercer ses talents : il est le soutien mais aussi un tremplin car il propose de nouveaux défis au poète qui prouve sa virtuosité en les relevant brillamment. Toutefois, il n'est pas question d'argent et de rétribution apportée au poète (ces choses sont considérées comme trop vulgaires dans l'Antiquité, et ce jusqu'au dix-neuvième siècle).

De plus, Virgile se place aussi au service d'Auguste, maître de Mécène et, comme tous les poètes adoubés par le dirigeant romain, il ne cesse d'adresser des éloges à l'empereur : « Et toi enfin, qui dois un jour prendre place dans les conseils des dieux à un titre qu'on ignore, veux-tu, César, visiter les villes ou prendre soin des terres et voir le vaste univers t'accueillir comme l'auteur des moissons et le maître des saisons, en te ceignant les tempes du myrte maternel ? » (p. 98) et à la fin du poème : « Voilà ce que je chantais sur les soins à donner aux guérets et aux troupeaux, ainsi que sur les arbres, pendant que le grand César lançait ses foudres guerrières contre l'Euphrate profond, et, vainqueur, donnait des lois aux peuples soumis, et se frayait un chemin vers l'Olympe. » (p. 172). Ces flagorneries nous étonnent mais elles sont tout à fait de mise à l'époque et font partie du service du poète courtisan. Virgile rend à César ce qui est à César, pourrait-on dire, comme on peut le voir dans ce passage flatteur pour Auguste mais pour Virgile lui-même aussi : « Bientôt pourtant je me préparerai à dire les ardentes batailles de César et à faire vivre son nom pendant autant d'années qu'il s'en est écoulé depuis l'origine première de Tithon jusqu'à César. » (p. 136).

N'oublions pas que la valorisation du travail agricole rentre dans la stratégie politique de restauration de l'ordre traditionnel proposé par le premier empereur de Rome, il est donc nécessaire qu'Auguste soit présenté de manière positive comme celui qui apporte la paix à l'empire, condition indispensable pour la prospérité des récoltes et des élevages.

En outre, Virgile se présente aussi comme un poète inspiré, dans la grande tradition de la poésie antique (cela perdurera jusqu'au dix-neuvième siècle). En effet, on considère à l'époque le poète comme un « maître de vérité » pour reprendre une expression popularisée par le critique Marcel Détienne : il dit la vérité et sa parole a du poids car elle ne vient pas seulement de lui mais d'un au-delà, d'au-dessus, des muses qui lui soufflent les mots ou des dieux de la poésie comme Apollon. L'auteur n'est donc pas simplement un artisan des mots, un technicien mais un passeur, un personnage sacré qui doit demander l'inspiration à la muse qui donnera du prestige et de la force à sa création. C'est ce que fait l'auteur des *Géorgiques* au début du livre dans un passage obligé qu'on nomme l'invocation, mais aussi au début des autres livres par exemple dans ce passage : « Pour moi, veuillent d'abord les Muses, dont la douceur, avant tout m'enchante et dont je porte les insignes sacrés dans le grand amour que je ressens pour elles, accueillir mon hommage et me montrer les routes du ciel et les constellations, les éclipses variées du soleil et les tourments de la lune » (p. 129-130).

Le poète a une parole sacrée et il connaît une forme d'élévation quand il est soulevé par l'enthousiasme de l'inspiration, comme le décrit notre auteur dans ce passage : « Il me faut tenter une route où je puisse moi aussi m'élancer loin de la terre et voir mon nom vainqueur voler de bouche en bouche. » (p. 135). Cela renforce son prestige et cet appel aux Muses, s'il n'est pas forcément sincère et à prendre au pied de la lettre, fonctionne comme un rite de passage dans la poésie ancienne.

Enfin, Virgile se présente comme un homme au travail qui n'économise pas sa peine pour produire une belle œuvre ; en cela, il se rapproche fortement des paysans qu'il décrit et à qui il donne des recommandations bien précises : « Maintenant je dirai de quelle façon tu pourras reconnaître chaque terrain. Veux-tu savoir si une terre est légère ou si elle est d'une densité peu ordinaire (parce que l'une est favorable au froment, l'autre à Bacchus, la plus dense à Cérès, la plus légère à Lyée) ? Tu choisiras d'abord des yeux un emplacement, et tu y feras creuser profondément un puits en terrain solide, où tu refouleras toute la terre en nivelant la surface sableuse avec tes pieds. » (p. 122).

Le poète didactique mobilise des connaissances réelles en agriculture et instruit ses lecteurs comme un classique avec un ton assez docte (et paternaliste, diront certains) : « C'est assez parler des grands troupeaux ; reste la seconde partie de ma tâche : traiter des troupeaux porte-laine et des chèvres au long poil. C'est un travail ; mais espérez-en de la gloire, courageux cultivateurs. [...] Pour commencer, je prescris qu'on laisse les brebis brouter leur herbe dans de douces étables, jusqu'au retour de l'été et de ses frondaisons ; qu'on étende sur le sol rude une couche épaisse de paille et des bottes de fougères, pour préserver de la froidure du gel le délicat troupeau et le sauver de la gale et de la goutte déformante. » (p. 144). Ce propriétaire terrien et poète de cour ne semble rien ignorer du travail de la terre à en croire l'ouvrage.

Cependant, ne soyons pas naïfs car il est fort à parier que cette volonté d'instruction des bons paysans ne relève que de la pure fiction, car ce sont les nobles, les lettrés qui ne travaillent pas de leurs mains, qui auront l'occasion de lire l'œuvre et non les exploitants de la terre.

Ce qui compte pour l'auteur, c'est de donner une belle image de lui-même pour la postérité : il se présente donc à plusieurs reprises dans son œuvre, et construit sa propre statue : il se dépeint comme un écrivain inspiré et savant capable de développer encore bien davantage, s'il n'aspirait pas aussi au repos bien mérité et au loisir lettré (l'*otium*, qui s'oppose au *negotium* désignant les affaires, est une valeur suprême dans cette culture antique) : « Pour moi, si, bientôt à la fin de mes peines, je ne pliais mes voiles et n'avais hâte de tourner ma proue vers la terre, peut-être chanterais-je l'art d'embellir et d'orner les fertiles jardins, et les roseraies de Pestum qui fleurissent deux fois l'an. » (p. 158-159). Cette posture du poète se promenant dans les champs pour composer se retrouve à la fin du livre : « Voilà ce que je chantais sur les soins à donner aux guérets et aux troupeaux, ainsi que sur les arbres, pendant que le grand César lançait ses foudres guerrières contre l'Euphrate profond, et, vainqueur, donnait des lois aux peuples soumis, et se frayait un chemin vers l'Olympe. En ce temps-là, la douce Parthénope me nourrissait, moi, Virgile, florissant aux soins d'un obscur loisir, moi qui ai dit par jeu les chansons des bergers, et qui, audacieux comme la jeunesse, t'ai chanté, ô Tityre, sous le dôme d'un vaste hêtre. » (p. 172). Naturellement, cette conclusion élogieuse où Virgile rappelle son premier livre, *Les Bucoliques*, en s'adressant à Tityre, personnage important de ce premier poème, ne doit bien sûr pas être prise au pied de la lettre, car elle fait partie d'une stratégie d'auto-valorisation qui n'est pas liée forcément à un orgueil démesuré de Virgile lui-même mais à la nécessité de paraître en majesté et avec le maximum de prestige et de dignité pour un grand auteur souhaitant traverser les siècles.

Quant au travail poétique à proprement parler, il est présenté comme une recréation totale de la nature, qui est le vrai sujet des *Géorgiques*, par-delà les conseils agricoles. En effet, Virgile chante la terre domestiquée par l'homme, la nature adoucie et idéalisée, humanisée et présentée comme le cadre parfait de la vie simple du paysan romain typique : comme dans *Les Bucoliques* auparavant, il construit un *locus amoenus* (lieu agréable) qui n'a aucune prétention au réalisme, déjà présent chez les Grecs et repris ensuite par toute la poésie jusqu'au dix-neuvième siècle.

Tout n'est que luxe, calme et volupté chez le doux Virgile et même les tempêtes et les maladies des bêtes ne portent pas vraiment à conséquence. Le poète propose une alchimie, une transformation embellie du monde.

Pour réaliser cette alchimie, Virgile use de techniques poétiques éprouvées : les métaphores et les comparaisons ou les périphrases mythologiques sont fréquentes et permettent de donner du relief à la nature modifiée. Ainsi, le paysan est comparé à un guerrier luttant avec des armes contre la terre, les abeilles sont assimilées aux cyclopes travaillant dans les forges de Vulcain, Aristée est présenté à la fin comme un modèle de dévouement pour ses abeilles car il va jusqu'aux enfers pour comprendre comment les soigner. De beaux morceaux de bravoure (des passages très réussis et attendus par les lecteurs) jalonnent l'ensemble comme l'éloge de l'ancienne Rome des Sabins qui donne une saveur utopique et archaïque à la description champêtre, ou bien l'évocation de la tempête ou d'une épidémie qui frappe les bêtes.

On l'aura compris, *Les Géorgiques* valent sans doute plus par leur travail de recréation poétique du monde que par l'acuité de la vision du travail agricole qu'elles proposent.

2. Simone Weil

La Condition ouvrière est un recueil de textes assez divers, de formats très différents et qui ne s'adressent pas au même public. Il est donc parfaitement attendu que le style et le ton changent de texte à texte.

En effet, dans ses lettres à ses ami(e)s, Simone Weil retrace son expérience de manière directe, sincère, sans se soucier vraiment de démontrer quoi que ce soit. Elle emploie un vocabulaire assez relâché, voire parfois familier, quand elle avoue à Lazarévitch ne pas avoir « tenu le coup ». L'émotion transparaît parfois et le ton devient pathétique mais il faut aussi voir que la jeune femme a parfois du mal à trouver les mots justes car elle veut transcrire ses souffrances au plus près, comme elle l'écrit à son amie Albertine au début du livre : « il me semble qu'il me faudrait pour traduire ce qui importe un autre langage. Cette expérience, qui correspond par bien des côtés à ce que j'attendais, en diffère quand même par un abîme : c'est la réalité, non plus l'imagination. Elle a changé pour moi non pas telle ou telle de mes idées (beaucoup ont été au contraire confirmées), mais infiniment plus, toute ma perspective sur les choses, le sentiment même que j'ai de la vie. » (p. 52). Cette idée que le langage est impuissant face à l'inexprimable (que l'on retrouvera sous une autre forme dans les témoignages sur les camps de concentration après la guerre) s'avère capitale dans le récit d'une expérience fondatrice et presque initiatique.

Simone Weil retrouve même parfois des accents poétiques faisant penser à la descente aux enfers, notamment lorsqu'elle décrit son travail (dantesque) devant le four, décrit comme un élément infernal : « Une fois j'ai senti pleinement, dans l'usine, ce que j'avais pressenti, comme toi, du dehors. À ma première boîte. Imagine-moi, devant un grand four, qui crache au-dehors des flammes et des souffles embrasés que je reçois en plein visage. Le feu sort de cinq ou six trous qui sont dans le bas du four. Je me mets en plein devant pour enfourner une trentaine de grosses bobines de cuivre qu'une ouvrière italienne, au visage courageux et ouvert, fabrique à côté de moi ; c'est pour les trams et les métros, ces bobines. Je dois faire bien attention qu'aucune des bobines ne tombe dans un des trous, car elle y fondrait ; et pour ça, il faut que je me mette en plein en face du four, et que jamais la douleur des souffles enflammés sur mon visage et du feu sur mes bras (j'en porte encore la marque) ne me fasse faire un faux mouvement. » (p. 57-58). N'oublions pas que l'ancienne disciple d'Alain, normalienne et agrégée, maîtrisait parfaitement toute la culture classique des jeunes lettrés du début du vingtième siècle…

Mais la penseuse est capable de changer de ton quand elle s'adresse à des patrons comme Bernard ou Detoeuf : elle devient plus déférente, plus polie, sans pour autant s'écraser, car elle essaie de convaincre ces hommes d'améliorer le sort des ouvriers. Formée à la rhétorique, Simone Weil sait parfaitement trouver les mots pour toucher le public et elle sait aussi parfaitement s'adapter aux différentes cibles de son discours.

Ainsi, lorsqu'elle s'adresse aux ouvrières de Rosières, elle n'hésite pas à les interpeller pour créer un effet de proximité : « Mais est-ce qu'il n'y a pas aussi certains jours où cela vous pèse de ne jamais pouvoir vous exprimer, de toujours devoir garder pour vous ce que vous avez sur le cœur ? C'est à ceux qui connaissent cette souffrance-là que je m'adresse. Peut-être que quelques-uns d'entre vous ne l'ont jamais éprouvée. Mais quand on l'éprouve, c'est une vraie souffrance. […] Cette situation pèse parfois sur le cœur, n'est-il pas vrai ? » (p. 206).

Mais la philosophe n'est pas que dans l'habileté oratoire, elle s'intéresse vraiment à leur sort et leur demande de témoigner avec leurs mots à elles, anonymement : « Voici ce que je vous demande. Si un soir, ou bien un dimanche, ça vous fait tout d'un coup mal de devoir toujours renfermer en vous-mêmes ce que vous avez sur le cœur, prenez du papier et une plume. Ne cherchez pas des phrases bien tournées. Employez les premiers mots qui vous viendront à l'esprit. Et dites ce que c'est pour vous que votre travail. » (p. 207). Son style donne d'ailleurs une impression de franchise, de simplicité, et affiche une certaine proximité.

Elle cherche à libérer la parole de ses camarades, à défaut de ne pouvoir les soulager de leurs souffrances : « Surtout dites tout ce qui vous viendra à l'esprit, tout ce qui vous pèse sur le cœur. [...] Exprimez-vous bien sincèrement. N'atténuez rien, n'exagérez rien, ni en bien ni en mal. Je pense que cela vous soulagera un peu de dire la vérité sans réserves. » (p. 208-209).

Pour Simone Weil, ce langage de vérité qu'elle prétend reprendre et diffuser doit avoir un impact réel sur les lecteurs, quelle que soit leur position sociale : « Vos camarades vous liront. S'ils sentent comme vous, ils seront bien contents de voir imprimées des choses qui peut-être remuaient au fond de leur cœur sans pouvoir se traduire par des mots ; ou peut-être des choses qu'ils auraient su exprimer, mais taisaient par force. [...] Vos chefs aussi vous liront. Ce qu'ils liront ne leur fera peut-être pas toujours plaisir. Ça n'a pas d'importance, Ça ne leur fera pas de mal d'entendre des vérités désagréables. Ils vous comprendront bien mieux après vous avoir lus. Bien souvent des chefs qui au fond sont des hommes bons se montrent durs, simplement parce qu'ils ne comprennent pas. » (p. 209). Elle semble donc viser l'efficacité par l'émotion, ce qui témoigne de sa culture rhétorique et aussi de la sincérité de son engagement social et politique.

Cette empathie de la philosophe vient sans doute d'une réelle compassion éprouvée à l'égard de ses camarades de souffrance mais cela renvoie aussi à une technique rhétorique ancienne (la fameuse *captatio benevolentiae*), qui consiste à chercher la bienveillance du public pour mieux le convaincre ou le persuader ensuite. Elle se présente comme une potentielle porte-parole des opprimées et des humbles, ce qui est très sincère chez elle comme l'ont montré son immersion en usine et sa conversion au christianisme, qui était la religion des persécutés et des opprimés au début de l'empire romain. Elle pourra parler à leur place, car elle maîtrise les codes de la rhétorique, du beau langage et peut écrire efficacement.

Enfin, la philosophe change de style quand elle veut démontrer et les deux derniers textes du recueil, « La condition ouvrière » et « Condition première d'un travail non servile » présentent une écriture très différente, beaucoup plus argumentée, resserrée, sans pathétique et distancée. Le dernier texte, qui date de la période mystique de la penseuse, manifeste quant à lui un certain lyrisme, une écriture poétique, imagée propre à l'expression mystique qui essaie de cerner le divin, l'invisible, l'évanescent, ce qui ne peut se faire dans une langue claire et précise, naturellement : « Puisque le peuple est contraint de porter tout son désir sur ce qu'il possède déjà, la beauté est faite pour lui et il est fait pour la beauté. La poésie est un luxe pour les autres conditions sociales. Le peuple a besoin de poésie comme de pain. Non pas la poésie enfermée dans les mots ; celle-là, par elle-même, ne peut lui être d'aucun usage. Il a besoin que la substance quotidienne de sa vie soit elle-même poésie. [...] Une telle poésie ne peut avoir qu'une source. Cette source est Dieu. Cette poésie ne peut être que religion. [...] La condition des travailleurs est celle où la faim de finalité qui constitue l'être même de tout homme ne peut pas être rassasiée, sinon par Dieu. » (p. 424).

Le style devient proprement poétique ensuite : « Le soleil et la sève végétale parlent continuellement, dans les champs, de ce qu'il y a de plus grand au monde. Nous ne vivons pas d'autre chose que d'énergie solaire ; nous, la mangeons, et c'est elle qui nous maintient debout, qui fait mouvoir nos muscles, qui corporellement opère en nous tous nos actes. » (p. 427). Cela n'a plus rien à voir avec la sécheresse et la précision des analyses précédentes datant de la période marxiste de Simone Weil.

3. Michel Vinaver

Dans *Par-dessus bord*, Michel Vinaver va réfléchir à son propre art en se représentant lui-même dans la pièce sous les traits de Passemar, son double fictionnel. En effet, Passemar a le même parcours que Michel Vinaver, comme le personnage l'avoue lui-même en début d'œuvre : « Je suis l'auteur de cette pièce dès le plus jeune âge se manifestait mon don d'écrire à neuf ans j'avais composé une pièce en un acte qui s'appelle *La révolte des légumes* mais il fallait vivre alors ç'a été cette petite annonce jeune licencié ès lettres présentant bien et ils m'ont embauché chez Ravoire et Dehaze pour succéder à un chef de section au service facturation qui s'était suicidé sans raison apparente » (p. 251). Passemar montre bien également que ses activités dramaturgiques sont bien séparées de sa carrière et qu'il veille bien à garder une saine distance entre le domaine professionnel et la création littéraire, ce qui lui assure une certaine indépendance et également une forme de liberté d'esprit et de création : « chez Ravoire et Dehaze ils ne connaissaient pas mon activité littéraire pour eux j'étais un cadre qui faisait à peu près correctement son boulot » (p. 251).

À plusieurs reprises, Passemar s'interroge sur le déroulement de la pièce et il a bien conscience des longueurs à enlever : n'oublions pas que la première version de *Par-dessus bord* était absolument considérable et devait durer près de six heures sur scène. La version que nous avons au programme a été considérablement allégée (elle est qualifiée d'« hyperbrève » par l'auteur lui-même).

Ainsi, Passemar se présente comme un auteur qui porte un regard critique sur son œuvre, qui en jauge les faiblesses et qui est prêt à la retravailler : « Décidément je vais supprimer ces intermèdes qui grèvent inutilement le coût de la production » (p. 321). Ce n'est pas uniquement pour des raisons esthétiques ou d'efficacité dramatique que Passemar veut écourter sa pièce mais aussi pour en faire un produit plus séduisant, plus adapté au public, en un mot, plus « vendable ». On voit donc que la démonstration de la campagne marketing qui est faite sur scène s'applique aussi dans le domaine littéraire : l'œuvre est un produit qui doit plaire, répondre à des critères, elle est conçue pour être montée sur scène, c'est-à-dire « vendue » à un public qui vient la voir.

Mais Vinaver n'est pas seulement un travailleur littéraire réorganisant sa matière, il est surtout un théoricien qui porte un regard lucide sur sa création et qui la commente devant le public, dans une démarche proche de la distanciation brechtienne, où la fiction théâtrale se présente comme telle devant les spectateurs.

Ainsi, Passemar déclare ses hésitations stylistiques au public : « la vérité est que j'oscille entre deux formes de théâtre le théâtre sauvage où tout est permis […] et le théâtre qui se situe dans la grande tradition ce qui n'exclut pas l'audace et l'innovation mais dans la crise actuelle il faut bien admettre que le seul théâtre qui fasse des recettes est un théâtre qui répond à la demande d'un public qui est le public de la société de consommation alors il faut lui offrir le produit qu'il désire c'est-à-dire le marketing mix qui fait tilt » (p. 321). On le voit, l'alternative est posée entre l'avant-garde audacieuse et la tradition, c'est-à-dire que Michel Vinaver reprend exactement les choix qui se posent à l'entreprise Ravoire et Dehaze entre une gestion « à la papa » proposée par Olivier et une réorganisation moderniste et managériale, portée par « Ben » et ses acolytes américains. L'art n'échappe pas au marketing, visiblement.

Au début de la pièce, Passemar manifeste également des interrogations sur son style de théâtre : « En vérité je suis tenté par le théâtre total où toutes les formes d'art concourent au spectacle le ballet le cirque le cinéma l'opéra c'est assez exaltant d'imaginer un théâtre sans plus aucune limite au niveau des moyens d'expression évidemment ce sera un spectacle coûteux à monter est-ce que je ne diminue pas d'autant mes chances d'être représenté ? » (p. 265). Là encore, l'exigence économique et pragmatique vient tarauder l'esprit du créateur qui n'est pas un pur esthète avant-gardiste déconnecté du réel, loin de là.

Enfin, *last but not least*, n'oublions pas de rappeler que Michel Vinaver travaille pour ouvrir les yeux du public sur la réalité du travail en entreprise et pour lui montrer ce qu'on n'a jamais représenté sur scène avant lui, c'est-à-dire le monde du travail moderne présenté dans toute sa crudité, voire sa cruauté (pensons au limogeage de Mme Bachevski, à la fin de Lubin, au mariage d'Alex et à son entrée désespérée dans l'entreprise, ainsi qu'à la recherche d'emploi de Passemar à la fin de l'œuvre).

Partie 3

Conseils méthodologiques et exemples pour aborder les concours

Fiche 16

Méthodologie du résumé

Le résumé ou contraction de texte est un exercice totalement nouveau pour vous : il n'a absolument rien à voir avec l'explication de texte ou le commentaire composé pratiqués au lycée, ni même avec la dissertation.

C'est un exercice présent à de nombreux concours, il est donc essentiel de s'y préparer sérieusement. Fondamentalement, il y a deux types de résumé aux concours : le résumé court (100 mots ou 130 mots pour les concours communs Polytechnique) ou long (200 mots pour le concours CCS concours centrale Supélec). À chaque fois, on réduit le texte à un dixième avec une marge de + ou – 10 % par rapport au nombre de mots demandé.

1. Les grands principes méthodologiques

Voici quelques grands principes méthodologiques pour se familiariser avec cet exercice.

1. Le résumé ou contraction de texte vise à mettre en valeur les grandes idées d'un texte argumentatif : il faut y passer maximum 1 heure, 1 h 10 car l'épreuve de 4 heures comprend dissertation et résumé. Le résumé est une épreuve de rapidité, de compréhension et d'expression. Il ne faut donc pas se laisser distancer par le temps et bien choisir ses mots pour qu'ils reflètent la pensée du texte source. Souvent, un mot mal choisi peut amener à un contresens. Il est impératif que tout soit clair, qu'il n'y ait pas d'ambiguïté. On doit pouvoir bien comprendre le texte rien qu'en lisant le résumé.

2. Première règle du résumé : il faut ABSOLUMENT respecter le nombre de mots. Tout dépassement par le haut ou par le bas est fortement sanctionné aux concours. Comment compter les mots ? La règle est simple : est considérée comme mot toute unité sémantique signifiante autonome séparée par un signe de ponctuation ou un espace, c'est-à-dire, pour être plus clair, que dès qu'un mot a un sens de manière indépendante, il est bien compté pour un mot.

3. Voici quelques exemples simples : l'expression « c'est-à-dire » compte pour quatre mots car chaque élément signifie quelque chose en lui-même. En revanche, « aujourd'hui » compte pour un mot car « aujourd » ni « hui » n'existent pas seuls. De même, « socio-économique » compte pour un mot car « socio » tout court ne signifie pas, même si on peut le retrouver dans d'autres mots composés comme « socio-linguistique ». Par ailleurs, les articles comptent pour un mot, même lorsqu'il y a une apocope : ainsi, les l' et d' comptent pour un mot, de même que n', m', qu'... Pour les noms de famille composés ou à particule, cela dépend des cas. Par exemple, « De Gaulle » compte pour un mot car Gaulle n'existe pas seul. En revanche le « t » dans « combien y a-t-il » ne compte pas pour un mot car il ne signifie rien et il ne sert qu'à faciliter la prononciation, pour éviter un hiatus (a il est plus difficile à prononcer).

4. Le résumé doit être neutre et objectif : vous ne devez jamais donner votre avis sur le texte, vous ne pouvez jamais le commenter, quoi que vous en pensiez par ailleurs. Vous avez à vous mettre dans la situation d'énonciation de l'auteur, c'est-à-dire à la place de l'auteur. Ainsi, si l'auteur écrit majoritairement à la première personne, vous devez reprendre la première personne. Si l'auteur écrit à la 3e personne, ce qui correspond à la majorité des cas, il faut faire pareil dans votre résumé. Vous devez adopter le temps utilisé par l'auteur. Par ailleurs, il ne faut jamais écrire dans votre résumé de formules montrant un détachement par rapport au texte ou bien un commentaire : il ne faut donc jamais écrire « dans ce texte, l'auteur dit que ». De plus, il ne faut jamais marquer de distance ironique ou de désaccord vis-à-vis du texte. En outre, il est strictement interdit de citer le texte : tout doit être reformulé. Enfin, on vous demande de respecter le ton du texte et le niveau de langue de l'auteur, dans la mesure du possible. Il

est cependant impératif d'être clair et précis (ne cherchez donc pas à faire du style si cela vous amène à ne pas être clair).

5. Le résumé doit reprendre le schéma argumentatif du texte d'origine : vous devez suivre l'ordre du texte et reprendre les principales idées au fur et à mesure. Ne réorganisez pas le texte, suivez sa progression logique et utilisez des connecteurs logiques pour montrer la structure argumentative de l'ensemble dans votre propre résumé.

2. Comment procéder concrètement face au texte ?

Il faut lire le texte une première fois lentement pour comprendre l'ensemble de l'argumentation. Dès la première lecture, demandez-vous ce que veut prouver l'auteur (la thèse).

Relisez ensuite en détail et identifiez les grandes étapes de la réflexion : souvent les changements de paragraphes indiquent un changement d'idée. Appuyez-vous donc sur l'organisation formelle du texte en paragraphes pour mieux saisir la logique d'ensemble.

Attention

Le résumé doit se présenter sous la forme d'un ensemble de 2, 3, 4 ou 5 paragraphes commençant par un alinéa et il ne faut pas reprendre exactement le même nombre de paragraphes que dans le texte source. Il faut changer de paragraphe quand on passe à une autre grande idée.

Il faut donc faire le plan argumentatif du texte en essayant de reformuler au fur et à mesure de manière condensée les principaux arguments.

Il est nécessaire de distinguer les arguments et les exemples. Que faire des exemples ? Il y en a parfois beaucoup dans un texte long.

Deux cas sont à distinguer : soit l'exemple est illustratif (on peut bien comprendre l'argumentation sans lui) dans ce cas, il n'est pas repris dans le résumé, soit il est essentiel et apporte quelque chose à la progression argumentative (exemple argumentatif) et il faut le reprendre de manière condensée.

Souvent, les exemples longuement développés sont argumentatifs et donc à reprendre.

Si un texte multiplie des exemples très rapidement traités, on ne les reprend pas tous.

Il faut bien montrer les liens logiques entre les idées grâce aux connecteurs logiques (les repérer dans la lecture, ils sont en général en début de paragraphe). Un résumé qui accumule des phrases sans lien logique est très fortement sanctionné.

Une fois que le plan du texte est prêt, il faut relire le texte en essayant de penser aux reformulations possibles.

Les principales erreurs à éviter

- Le résumé ne prend pas en compte la fin du texte car tous les mots ont été utilisés.
- Le résumé oublie toute une partie du texte importante sur le plan des idées mais plus difficile à comprendre que le reste.
- Le résumé est inachevé : c'est très sévèrement sanctionné aux concours.
- Le résumé met bout à bout des morceaux importants du texte non reformulés.

3. Les étapes du résumé

1. Reformulation

Il faut tout d'abord reformuler en évitant de reprendre les mots importants du texte (ce que l'on appelle un calque). Toute reprise de fragments du texte est fortement sanctionnée.

Quelles sont les principales techniques pour reformuler ?

- Vous pouvez utiliser des synonymes ou bien des périphrases, c'est-à-dire des expressions qui disent autrement (à condition que ce ne soit pas trop long).
- Il est possible de faire des phrases complexes pour éviter de répéter toujours les mêmes sujets.
- On peut utiliser des pronoms pour éviter les répétitions.
- Il ne faut pas oublier les connecteurs logiques qui montrent le lien entre les idées.

Une fois que le premier jet du résumé est rédigé, il faut relire le texte pour vérifier que :

- tout y est ;
- il n'y a pas de calque ;
- le nombre de mots est bon ;
- il n'y a pas (trop) de fautes d'orthographe.

2. Rédaction

Présentation du résumé sur la copie : il faut bien écrire, sauter une ligne entre chaque paragraphe, ne pas oublier les alinéas. Tous les 50 mots ou 20 mots suivant le format court ou long du résumé, vous devez écrire // et ajouter entre parenthèses le compte : // (50)…// (100). L'énoncé du résumé vous indiquera clairement quelle mesure adopter.

À la fin du résumé, vous devez indiquer le nombre exact de mots entre parenthèses. C'est très important que ce nombre soit précis et mentionné car cela montre que vous avez eu le temps de bien finir l'exercice. Cela aide aussi le correcteur, tout comme les doubles barres et le décompte progressif.

S'il y a des erreurs ou des oublis à ce niveau-là, des sanctions s'ensuivent.

Le devoir doit être impérativement relu pour corriger les fautes.

Enfin, une copie mal écrite, mal présentée (avec des ratures, du blanc partout) est très mal notée. N'oubliez pas qu'une copie est vue avant d'être lue et que ce premier contact est essentiel : vos correcteurs ne sont (heureusement) pas des robots !

Fiche 17

Le résumé pas à pas

Voici un exemple de texte à résumer en 100 mots avec + ou – 10 %.

> Le travail est de prime abord un acte qui se passe entre l'homme et la nature. L'homme y joue lui-même vis-à-vis de la nature le rôle d'une puissance naturelle. Les forces dont son corps est doué, bras et jambes, tête et mains, il les met en mouvement afin de s'assimiler des matières en leur donnant une forme utile à sa vie. En même temps qu'il agit par ce mouvement sur la nature extérieure et la modifie, il modifie sa propre nature, et développe les facultés qui y sommeillent. Nous ne nous arrêtons pas à cet état primordial du travail où il n'a pas encore dépouillé son mode purement instinctif. Notre point de départ c'est le travail sous une forme qui appartient exclusivement à l'homme. Une araignée fait des opérations qui ressemblent à celle du tisserand, et l'abeille confond par la structure de ses cellules de cire l'habileté de plus d'un architecte. Mais ce qui distingue dès l'abord le plus mauvais architecte de l'abeille la plus experte, c'est qu'il a construit la cellule dans sa tête avant de la construire dans la ruche. Le résultat auquel le travail aboutit préexiste idéalement dans l'imagination du travailleur. Ce n'est pas qu'il opère seulement un changement de forme dans les matières naturelles ; il y réalise du même coup son propre but dont il a conscience, qui détermine comme loi son mode d'action, et auquel il doit subordonner sa volonté. Et cette subordination n'est pas momentanée. L'œuvre exige pendant toute sa durée, outre l'effort des organes qui agissent, une attention soutenue, laquelle ne peut elle-même résulter que d'une tension constante de la volonté. Elle l'exige d'autant plus que par son objet et son mode d'exécution, le travail entraîne moins le travailleur, qu'il se fait moins sentir à lui comme le libre jeu de ses forces corporelles et intellectuelles ; en un mot, qu'il est moins *attrayant*.

Voici les éléments simples dans lesquels le *procès de travail* se décompose : 1° activité personnelle de l'homme, ou travail proprement dit ; 2° objet sur lequel le travail agit ; 3° moyen par lequel il agit.

La terre (et sous ce terme, au point de vue économique, on comprend aussi l'eau), de même qu'elle fournit à l'homme, dès le début, des vivres tout préparés, est aussi l'objet universel de travail qui se trouve là sans son fait. Toutes les choses que le travail nc fait que détacher de leur connexion immédiate avec la terre sont des objets de travail de par la grâce de la nature. Il en est ainsi du poisson que la pêche arrache à son élément de vie, l'eau ; du bois abattu dans la forêt primitive ; du minerai extrait de sa veine. L'objet déjà filtré par un travail antérieur, par exemple, le minerai lavé, s'appelle matière première. Toute matière première est objet de travail, mais tout objet de travail n'est point matière première ; il ne le devient qu'après avoir subi déjà une modification quelconque effectuée par le travail.

Le moyen de travail est une chose ou un ensemble de choses que l'homme interpose entre lui et l'objet de son travail comme constructeurs de son action. Il se sert des propriétés mécaniques, physiques, chimiques de certaines choses pour les faire agir comme forces sur d'autres choses, conformément à son but. Si nous laissons de côté la prise de possession de subsistances toutes trouvées la cueillette des fruits par exemple, où ce sont les organes de l'homme qui lui servent d'instrument, nous voyons que le travailleur s'empare immédiatement, non pas de l'objet, mais du moyen de son travail. Il convertit ainsi des choses extérieures en organes de sa propre activité, organes qu'il ajoute aux siens de manière à allonger, en dépit de la Bible, sa stature naturelle. Comme la terre est son magasin de vivres primitif, elle est aussi l'arsenal primitif de ses moyens de travail. Elle lui fournit, par exemple, la pierre dont il se sert pour frotter, trancher, presser, lancer, etc. La terre elle-même devient moyen de travail, mais ne commence pas à fonctionner comme tel dans l'agriculture, sans que toute une série d'autres moyens de travail soit préalablement donnée. Dès qu'il est tant soit peu développé, le travail ne saurait se passer de moyens déjà travaillés. Dans les plus anciennes cavernes on trouve des instruments et des armes de pierre. À côté des coquillages, des pierres, des bois et des os façonnés, on voit figurer au premier rang parmi les moyens de travail primitifs l'animal dompté et apprivoisé, c'est à dire déjà modifié par le travail. L'emploi et la création de moyens de

> travail, quoiqu'ils se trouvent en germe chez quelques espèces animales, caractérisent éminemment le travail humain. Aussi Franklin donnetil cette définition de l'homme : l'homme est un animal fabricateur d'outils « a toolmaking animal ». Les débris des anciens moyens de travail ont pour l'étude des formes économiques des sociétés disparues la même importance que la structure des os fossiles pour la connaissance de l'organisation des races éteintes. Ce qui distingue une époque économique d'une autre, c'est moins ce que l'on fabrique, que la manière de fabriquer, les moyens de travail par lesquels on fabrique.
>
> Karl Marx, *Le Capital* (1867)

Ce texte d'un peu moins de mille mots, bien connu des philosophes, est absolument incontournable sur le travail et Marx s'avère central pour la pensée politique et économique du dix-neuvième siècle. Auteur marquant s'il en est, le théoricien du communisme est naturellement une référence marquante pour Simone Weil et pour Michel Vinaver.

Nous allons procéder pas à pas pour parvenir à réaliser un résumé de 100 mots avec une marge de 10 %. Les premières étapes seront celles que vous réaliserez au brouillon. Dans l'idéal, le résumé doit se faire en une heure voire une heure dix minutes : il faut donc être rapide et efficace.

1. Quelle est la thèse du texte ?

Il s'agit de redire très vite et très simplement les idées principales du texte une fois qu'on l'a lu une première fois. Cette première reformulation permet de cerner l'enjeu du texte et de voir où l'argumentation va.

On pourrait arriver à ceci :

> Le travail est une activité humaine de transformation de la nature, mais l'être humain se transforme aussi en travaillant. Cette activité mobilise l'esprit de l'ouvrier et nécessite son attention permanente. La terre est l'objet principal du travail, ; quant au moyen utilisé, c'est un objet naturel transformé en outil par l'ouvrier, ce qui fait que l'homme peut être défini comme un fabricant d'outil.

2. Mettre à jour la structure argumentative du texte

Le texte de Marx se décompose en quatre paragraphes et est écrit dans une langue claire et précise. L'argumentation procède très logiquement et il y a relativement peu d'exemples.

1er paragraphe du texte :

Thèse du texte : première phrase du texte : « Le travail est de prime abord un acte qui se passe entre l'homme et la nature. »
- L'homme est un transformateur de la nature grâce à ses membres.
- **CONSÉQUENCE** : Ce faisant, il évolue lui-même et son action le transforme.
- Recentrage de l'analyse sur le travail humain. Sa première caractéristique : le résultat prévu est conçu par avance dans l'esprit du travailleur.
- L'action nécessite donc de l'attention et de la concentration, d'autant plus si l'exécution du travail est pénible.

2e paragraphe du texte : annonce des éléments constitutifs du travail : l'action, l'objet, le moyen.

3e paragraphe du texte : La terre est le premier objet du travail car elle fournit la matière à transformer et sert à faire des outils.

Ex : les ressources fournies par la nature comme le bois, le minerai…

4e paragraphe du texte : Le moyen de travail est ce qui sert à transformer la nature, un outil, un intermédiaire.

Ex : la pierre, la terre.
Ex : les premiers outils trouvés dans les grottes préhistoriques.
D'où la définition de Franklin de l'homme comme fabricant d'outils.
Les types d'outils changent en fonction des différentes époques économiques.

Après ces deux phases, on a déjà vu où Marx voulait aller et on a pu distinguer les arguments principaux, les éléments plus secondaires et les exemples.

Ici, les exemples ne sont pas argumentatifs mais illustratifs, on ne les reprendra donc pas dans le résumé.

De plus, on ne reprendra pas le deuxième paragraphe qui sert de transition.

3. Rédaction du premier jet du résumé

C'est par l'activité manuelle que l'être humain agit sur son environnement naturel. Il lui fait subir des // (20) modifications, et, ce faisant, il se transforme aussi lui-même. Quand il est proprement humain, le travail implique que l' // (40) acteur ait déjà pensé au résultat : il le fait sciemment, volontairement, et la réalisation implique une concentration constante, notamment quand // (60) le travail n'est pas très attirant.

C'est la nature qui constitue la première cible de l'homme laborieux // (80) car elle propose des matériaux qui seront ensuite transformés par l'humain et qui lui permettront aussi de confectionner des // (100) outils, qui servent d'intermédiaire entre l'homme et la nature. Comme le montrent les vestiges préhistoriques, l'être humain // (120) semble fondamentalement créer des instruments de travail et à chaque époque, il y a des outils correspondants. (137 mots)

On le voit, le premier jet a permis de construire un résumé organisé qui a réduit les exemples et les éléments secondaires et qui se concentre sur les arguments principaux, tout en commençant à reformuler.

Cependant, il est trop long et il va donc falloir gagner des mots pour rester dans la limite imposée par l'exercice.

Pour ce faire, on peut réduire encore quelques éléments, notamment sur la fin, mais il faut surtout fondre les phrases et éliminer les lourdeurs ou les répétitions.

4. Résumé définitif

C'est en travaillant que l'être humain agit sur son environnement naturel. Il le modifie et, ce faisant, se // (20) transforme aussi lui-même. Contrairement à l'animal inconscient, le travailleur anticipe le résultat : il le fait sciemment et la // (40) réalisation implique une concentration constante et volontaire, notamment quand le travail n'est pas très attirant.

La nature constitue la // (60) première ressource du laborieux car elle propose des matériaux qui seront ensuite transformés par l'humain qui confectionnera des outils // (80) pour agir sur le monde. Ainsi, dès la préhistoire, l'humain semble fondamentalement créer des instruments de travail et chaque // (100) époque se distingue par des outils correspondants. (107 mots)

Fiche 18

Méthodologie de la dissertation

La dissertation est un exercice que vous retrouverez dans tous vos concours. Il est donc indispensable que vous le maîtrisiez et que vous connaissiez les attentes du jury face à cet exercice canonique. Ce n'est pas l'occasion d'une expression personnelle mais un exercice scolaire d'argumentation qui doit respecter certaines règles. On ne doit pas juger les œuvres mais montrer comment elles s'adaptent plus ou moins aux sujets proposés. Plus vous montrerez que vous connaissez bien les œuvres, plus vous serez capable de développer des exemples fins et précis, plus votre copie sera appréciée.

Dans l'écrasante majorité des cas, les sujets se présentent sous la forme de citations (extraites des textes que vous aurez à résumer ou bien présentées indépendamment dans les épreuves de français sans résumé) plus ou moins longues que vous devez expliquer et discuter en les mettant en rapport avec les œuvres. Quel que soit le sujet, il est essentiel pour réussir l'exercice d'analyser les mots, les notions et leurs rapports.

Les deux sujets que nous allons examiner doivent donc vous permettre de comprendre comment procéder mais ne sont pas destinés à fournir des plans directement recyclables dans n'importe quel sujet, car il est essentiel de partir des mots de la citation pour problématiser, analyser et discuter. On ne peut pas réussir la dissertation en « plaquant » des corrigés ou des plans tout prêts.

1. Quelle problématique adopter ?

Vous devez obligatoirement axer votre réflexion sur une problématique mais elle ne doit pas paraître plaquée ou trop générale et peu adaptée à la singularité du sujet à traiter.

Une chose est certaine : il n'y a pas une liste de problématiques toutes prêtes qui pourraient être recyclées pour un sujet précis.

En effet, la problématique doit être tirée du sujet même (c'est ce qui pose problème dans la citation, ce qui paraît trop restrictif ou peu adapté aux œuvres dans leur détail) et naît parfois d'un apparent paradoxe soulevé par le sujet ou bien d'une vision polémique ou peu conforme à l'opinion commune (la citation choisie par les concepteurs de l'épreuve n'est jamais tenue pour évidente ou incontestable). Elle peut également venir de la difficile articulation de plusieurs thèses proposées par l'auteur ou du caractère parfois trop abstrait ou absolu du propos, peu adapté à la réalité concrète des œuvres qui amène donc à des nuances.

2. Quel plan adopter ?

C'est la question qui revient tout le temps mais il n'y a pas énormément de plans possibles. Il y en a deux en réalité.

On peut choisir un plan dialectique (thèse, antithèse, synthèse) ou bien un plan plus analytique, notamment quand la citation est longue et complexe (illustration du sujet en deux parties puis critique et prise de distance par rapport à la citation). Par ailleurs, certains concours autorisent le plan en deux parties, mais le plan tripartite reste majoritaire. Quel que soit le type de plan adopté, l'essentiel est de commencer par illustrer la citation, de montrer son adaptabilité aux œuvres pour ensuite nuancer et montrer que certains points sont contestables ou non adaptables aux œuvres. Il est important qu'il y ait un équilibre entre les grandes parties : il faut éviter de faire une troisième partie peu développée par rapport aux deux autres.

Le but n'est pas d'écraser la singularité de chaque œuvre mais au contraire de montrer les différences entre les trois textes via des comparaisons.

Rappelons aussi que la dissertation s'inscrit dans une épreuve de français et que la qualité de la langue et la correction de la rédaction sont des critères importants de l'évaluation. Vous n'êtes pas tenus de « faire du style » mais d'écrire clairement et distinctement, sans faute et sans confusion.

3. Les points essentiels de la rédaction de la dissertation

- **L'introduction** : constituée d'un bloc, elle doit commencer par une phrase générale permettant d'amener la citation (évitez les phrases banales, toutes faites, ou les citations qui seraient peu adaptées au sujet à traiter), puis il faut citer intégralement le sujet (même si la citation est un peu longue, car si vous oubliez un morceau important du sujet, cela envoie un mauvais signal au correcteur). Ensuite vous devez reformuler le sujet en mettant en avant les concepts clés et vous devez le problématiser sous la forme d'une ou deux questions (il faut montrer que le sujet ne va pas de soi, mais pose problème notamment dans son application par rapport aux œuvres au programme) ; enfin, il faut énoncer le plan en une phrase articulée en trois temps.
- **Le développement** : en début de chaque grande partie, faites une petite introduction qui annonce en une phrase les sous-parties. C'est l'affaire de quelques lignes et cela permet de guider le correcteur dans sa lecture. Entre chaque grande partie, il ne faut pas oublier de faire une phrase de transition qui appuie la logique de votre argumentation. N'oubliez pas non plus que chaque paragraphe commence par un alinéa, que chaque argument doit être corroboré par au moins un exemple. N'oubliez jamais l'élément général avant d'aborder les exemples. La dissertation ne doit pas dériver vers un catalogue d'exemples mal traités ou allusifs.
- **La conclusion** : elle doit reprendre rapidement les grandes étapes de votre réflexion. Il n'est pas requis de faire une ouverture à la fin de ce passage. Il peut être utile de la rédiger au brouillon juste après l'introduction pour assurer la cohérence de l'ensemble du devoir.

Fiche 19

Un sujet court de dissertation traité

Dans son livre *Aurore*, le philosophe allemand Friedrich Nietzsche écrit en 1881 :
« On sent aujourd'hui, à la vue du travail – on vise toujours sous ce nom le dur labeur du matin au soir -, qu'un tel travail constitue la meilleure des polices, qu'il tient chacun en bride et s'entend à entraver puissamment le développement de la raison, des désirs, du goût de l'indépendance. »
Cette réflexion éclaire-t-elle votre lecture des œuvres au programme ?

Friedrich Nietzsche est un philosophe et écrivain allemand majeur de la fin du dix-neuvième siècle. Musicien, poète, fin connaisseur des cultures antiques et modernes, esthète, écrivain et penseur distingué, nommé très jeune professeur de littérature grecque à l'université, Nietzsche va très vite arrêter d'enseigner et va voyager en Europe du sud, en Italie, notamment, pour des raisons de santé. Il ne vit que d'une maigre pension accordée par son université et des (faibles) revenus tirés des ventes de ses ouvrages.

On comprend qu'il ait une vision aussi sombre du travail, lui qui a pris sa retraite à un peu plus de trente ans, mais il faut aussi se rappeler que Nietzsche, contemporain de Marx, a vécu à l'époque de la généralisation du travail en usine particulièrement humiliant, épuisant et destructeur pour les ouvriers.

1. Analyse du sujet

La citation est un aphorisme présenté comme un jugement et non comme un simple constat de fait : en effet, l'auteur montre une certaine subjectivité à peine déguisée sous un « on » collectif présent au début. On pourra s'en souvenir quand il s'agira de critiquer la position de l'auteur ou de la nuancer.

Le jugement sur le travail est de plus en plus sévère et si la première partie de la phrase semble objective et neutre, la deuxième partie se révèle quant à elle assassine mais aussi très lucide : pour Nietzsche, le travail prive de liberté les individus qui sont niés dans leur personnalité : si le travail fonctionne comme une police, et comme la meilleure, c'est qu'il exerce un contrôle, une force sur le travailleur.

Mieux, le travailleur pourrait avoir intériorisé cette « police » et s'auto-punirait en se consacrant au travail, se condamnerait lui-même à s'emprisonner.

Le travailleur, tenu « en bride », est animalisé, et il semble fortement lié (« entraver puissamment ») à la fois dans sa vie professionnelle mais aussi peut-être ensuite dans ses activités personnelles après sa journée de travail : si le travail empêche vraiment « le développement de la raison, des désirs, du goût de l'indépendance. », cela signifie que le travailleur est déshumanisé, abruti par le labeur, privé de toute joie et de toute force de vivre.

Ce n'est guère étonnant quand on connaît la posture d'aristocratisme de l'esprit typique de Nietzsche et son opposition aux « esclaves » qui n'ont pas le courage de penser par eux-mêmes.

2. Problématisation

Si l'on se rapporte à nos œuvres, notamment aux deux plus récentes, le propos de Nietzsche trouve un certain écho, mais il reste peut-être excessif et il faudrait le nuancer : tout type de travail entraîne-t-il de telles conséquences ? N'y a-t-il pas des travaux qui ne rendent pas esclaves et qui permettent un libre développement, voire un plaisir ? Enfin, cet abrutissement évoqué par le philosophe est-il permanent ou temporaire ? Le travailleur ne peut-il pas préserver une certaine liberté personnelle et conserver de l'énergie pour ses loisirs ?

3. Plan

I. Le travail domine l'homme, l'abrutit et l'animalise

A) *Le travail embrigade les individus et les domine*

Nietzsche définit le travail comme une activité pénible et durable : « le dur labeur du matin au soir ».

On retrouve cela chez Simone Weil : le travail occupe une grande partie de la journée et l'épuise totalement.

> « Il faut, en se mettant devant sa machine, tuer son âme pour 8 heures par jour, sa pensée, ses sentiments, tout. Est-on irrité, triste ou dégoûté, il faut ravaler, refouler tout au fond de soi, irritation, tristesse ou dégoût : ils ralentiraient la cadence. Et la joie de même. » p. 60

Chez Virgile, la journée du paysan est parfois fort longue (même si le poète ne donne pas de précision exacte sur la durée car elle n'est pas régulée à l'époque) et le travail peut même se dérouler de nuit, pendant les grandes chaleurs en Italie, ou pendant les fêtes religieuses également.

> « Oui, même aux jours de fête, il est des travaux auxquels les lois divines et humaines permettent de se livrer. » p. 105

> « Beaucoup de travaux nous sont rendus plus faciles par la fraîcheur de la nuit ou lorsque l'Étoile du matin, au lever du soleil, humecte les terres de rosée. La nuit, les chaumes légers sont plus faciles à faucher, les prairies desséchées se fauchent mieux ; la nuit, l'humidité qui assouplit les plantes ne fait jamais défaut. » p. 105-106

Pour Nietzsche, le travail est aussi un agent de contrainte, de domination sur les individus : « un tel travail constitue la meilleure des polices, qu'il tient chacun en bride ». Les images de police et de bride sont très parlantes et nous amènent à considérer le travailleur comme une victime, un prisonnier voire un animal domestique bridé.

Chez Simone Weil, le travailleur est sans cesse encadré et rappelé à l'ordre par les contremaîtres qui lui crient dessus et l'humilient en permanence. C'est notamment le cas des ouvrières encore plus dévalorisées d'après la philosophe :

> « Adresser la parole à un chef – même pour une chose indispensable – c'est toujours, même si c'est un brave type (même les braves types ont des moments d'humeur) s'exposer à se faire rabrouer ; et quand ça arrive, il faut encore se taire. Quant à ses propres accès d'énervement et de mauvaise humeur, il faut les ravaler ; ils ne peuvent se traduire ni en paroles ni en gestes, car les gestes sont à chaque instant déterminés par le travail. Cette situation fait que la pensée se recroqueville, se rétracte, comme la chair se rétracte devant un bistouri. On ne *peut pas* être « conscient ». [...] Tout ça, c'est pour le travail non qualifié, bien entendu. (Surtout celui des femmes.) » p. 60

Chez Michel Vinaver, il y a de vraies relations de domination : Passemar est aux ordres de Mme Alvarez qui ne se gêne pas pour le tancer vertement, Dutôt est congédié pour refus d'obéissance par le vieux Fernand Dehaze qui trouve qu'il « ne vaut pas un clou ».

Chez Virgile, le paysan doit suivre les saisons et être révérent envers les dieux : « Avant tout, honore les dieux, et offre à la grande Cérès un sacrifice annuel en accomplissant les rites sur de gras herbages, quand le déclin de l'extrême hiver fait déjà place au printemps serein. » p. 107

B) *Le travail abrutit*

C'est que dit Nietzsche quand il écrit « entraver puissamment le développement de la raison ». Le travailleur est progressivement dépouillé de son sens critique, de sa raison et il devient un robot décérébré.

Chez Simone Weil, c'est un élément essentiel : elle se sent devenir machine elle-même. Elle avoue ne plus avoir l'énergie de réfléchir après ses heures d'usine. Elle se sent dégradée totalement par cet emploi :

> « C'est seulement le samedi après-midi et le dimanche que je respire, me retrouve moi-même, réacquiers la faculté de rouler dans mon esprit des morceaux d'idées. D'une manière générale, la tentation la plus difficile à repousser, dans une pareille vie, c'est celle de renoncer tout à fait à penser : on sent si bien que c'est l'unique moyen de ne plus souffrir ! » p. 53

Chez Michel Vinaver, les employés de Ravoire et Dehaze sont parfois représentés comme des imbéciles dans des scènes comiques comme le fameux passage de « brainstorming » où les deux Américains essaient de faire émerger le « potentiel érotique » du papier toilette !

C) *Le travail fait perdre tout désir et tout goût à la vie*

Pour Nietzsche, le travail va déshumaniser les individus et leur ôte toute leur individualité mais aussi la capacité de sortir de cet enfer : « entraver puissamment le développement [...] des désirs, du goût de l'indépendance. »

Simone Weil met bien en avant le fait que l'abrutissement qui entraîne non la révolte mais la soumission et la passivité la plus absolue. L'ouvrier devient une chose, une machine sans goût qui ne travaille que pour survivre et non pour vivre :

> « J'ai tiré en somme deux leçons de mon expérience. La première, la plus amère et la plus imprévue, c'est que l'oppression, à partir d'un certain degré d'intensité, engendre non une tendance à la révolte, mais une tendance presque irrésistible à la plus complète soumission. Je l'ai constaté sur moi-même, moi qui pourtant, vous l'avez deviné, n'ai pas un caractère docile ; c'est d'autant plus concluant. » p. 223.

Michel Vinaver montre que le travail est désespérant pour le jeune Alex qui compare son entrée dans l'entreprise à la mort de son père dans un camp de concentration. Cohen et Mme Alvarez sont également très critiques sur la révolution apportée par « Ben » car elle en vient à sacrifier les individus.

II. Le travail n'est pas forcément aussi aliénant

A) *La possibilité d'un travail personnel épanouissant où on est son propre maître*

Il y a des alternatives au travail aliénant décrit par Nietzsche, soit au vingtième siècle, soit dans l'Antiquité.

Chez Michel Vinaver, certains ont des métiers intellectuels stimulants et ils ne sont pas soumis à des contraintes extérieures fortes, comme l'antiquaire Toppfer qui adore son métier qui est aussi sa passion ou le professeur Onde qui se délecte (un peu solitairement) de ses héros scandinaves.

Chez Virgile, les paysans ne sont pas soumis à des ordres d'un supérieur et ils travaillent dans leur propre intérêt, artisanalement, en suivant les saisons et en harmonie avec la nature.

B) *Le travail peut aussi stimuler l'esprit et les désirs*

Chez Michel Vinaver, certains utilisent leur esprit pour travailler : Benoît développe ses capacités managériales parce qu'il a une bonne intelligence des choses de l'entreprise, contrairement à Olivier qui est trop en dehors du présent et veut reproduire le modèle paternel. De même, les personnages féminins de la pièce, notamment Margerie et Jenny, travaillent avec leur tête et obtiennent des positions avantageuses par leur malice, leur art de la manipulation et aussi leurs charmes vis-à-vis des hommes. Leur désir d'ascension sociale est porté par le travail.

Chez Virgile, le paysan doit garder son esprit en alerte pour bien semer au bon moment. Il doit avoir des connaissances et du bon sens. Même si son travail peut être fatigant, il ne l'abrutit pas pour autant.

> « Mais avant de fendre avec le fer une campagne inconnue, qu'on ait soin d'étudier au préalable les vents, la nature variable du climat, les traditions de culture et les caractères des lieux, et ce que donne ou refuse chaque contrée. Ici les moissons viennent mieux ; là, les raisins ; ailleurs les fruits des arbres et les herbages verdoient d'eux-mêmes. » p. 98

Simone Weil conserve son intelligence même lorsqu'elle travaille en usine et elle prend conscience plus vite que ses camarades qu'elle est broyée par ce système :

> « Lentement, dans la souffrance, j'ai reconquis à travers l'esclavage le sentiment de ma dignité d'être humain, un sentiment qui ne s'appuyait sur rien d'extérieur cette fois, et toujours accompagné de la conscience que je n'avais aucun droit à rien, que chaque instant libre de souffrances et d'humiliations devait être reçu comme une grâce, comme le simple effet de hasards favorables. » p. 59

C) *Des évolutions sont possibles pour alléger la souffrance au travail*

Nietzsche présente la situation comme si elle était fixe et définitive. Or, des évolutions sont possibles pour limiter la souffrance au travail.

Simone Weil préconise à la fin du recueil d'utiliser des machines plus autonomes pour limiter la fatigue et l'aliénation de l'ouvrier :

> « La transformation des machines peut seule empêcher le temps des ouvriers de ressembler à celui des horloges ; mais cela ne suffit pas ; il faut que l'avenir s'ouvre devant l'ouvrier par une certaine possibilité de prévision, afin qu'il ait le sentiment d'avancer dans le temps, d'aller à chaque effort vers un certain achèvement. » p. 349

Le travail présenté dans la pièce de Michel Vinaver est tout de même moins aliénant que le travail en usine des années 30 décrit par la philosophe. Il y a eu des réformes sociales (congés payés, limitation du temps de travail, conventions collectives…) et des innovations technologiques (mécanisation, robotisation, informatisation) qui ont permis un allègement partiel des difficultés, même si d'autres problèmes se sont ajoutés.

Virgile ne veut pas la mort du travailleur : il recommande au paysan de bien se reposer quand le travail est fait.

III. Le travailleur a les moyens de résister à cette pression : il peut s'en affranchir secrètement

A) *Le travailleur peut résister à la pression et se sentir utile*

Nietzsche semble considérer le travail comme une malédiction dont on ne peut pas se sortir. Ce n'est pas tout à fait le cas.

Pour Michel Vinaver, il y a tout de même une vie après le travail (Mme Bachevski se reconstruit tant bien que mal) et surtout on peut résister à la pression en entreprise en développant des activités personnelles qui donnent du sens à la vie : c'est le cas de Passemar, le double fictionnel de l'auteur, qui écrit des pièces en secret.

Pour Simone Weil, on peut trouver une forme de rédemption après l'enfer du travail : on se comprend mieux, on réfléchit mieux sur soi, comme elle le dit à son amie Albertine.

Chez Virgile, le paysan ne se sent pas inutile et il endure les difficultés du labeur car il sait qu'il profitera du fruit de ses efforts.

> « Au printemps nouveau, quand fond la glace sur les monts chenus et que la glèbe amollie s'effrite au doux Zéphyr, je veux dès lors voir le taureau commencer de gémir sous le poids de la charrue, et le soc resplendir dans le sillon qu'il creuse. La récolte ne comblera les vœux

de l'avide laboureur que si elle a senti deux fois le soleil et deux fois les frimas : alors d'immenses moissons feront crouler ses greniers. » p. 98

« Si avec le hoyau tu ne fais pas une guerre assidue aux mauvaises herbes, si tu n'épouvantes à grand bruit les oiseaux, si la serpe en main tu n'élagues l'ombrage qui recouvre ton champ, si tu n'appelles la pluie par tes vœux, hélas ! tu en seras réduit à contempler le gros tas d'autrui et à secouer, pour soulager ta peine, le chêne dans les forêts. » p. 101-102

« Tels sont les instruments que tu auras soin de te procurer longtemps d'avance, si tu veux mériter la gloire d'une campagne divine. » p. 102

B) *Le travailleur peut se réaliser à travers son travail et dépasser la souffrance*

Contrairement à ce que suppose Nietzsche, le travail peut être aussi l'occasion d'une amélioration : on se surpasse au travail parfois, on se révèle.

Pour Simone Weil, le travailleur pourrait s'exprimer dans son travail si l'organisation était réformée et humanisée : les propositions du dernier texte montrent qu'on pourrait être heureux en travaillant, faire visiter l'usine à sa famille, participer à la vie de l'entreprise et à ses décisions.

Chez Virgile, l'homme se réalise dans le travail de la terre et Jupiter lui-même a poussé à ce développement, tout comme Cérès. Le paysan devient un héros, un guerrier triomphant du sol et de la nature. De plus, les abeilles, qui sont présentées comme un vrai modèle, ne sont pas malheureuses au travail, bien au contraire.

Michel Vinaver montre que les individus sans scrupule se réalisent totalement dans le travail, comme Dutôt, Jaloux, Grangier, et bien sûr les irrésistibles managers américains Jack et jenny qui prospèrent en aidant « Ben ».

C) *Travailler n'est pas une fin mais un moyen pour vivre*

On peut renverser la thèse de Nietzsche et voir qu'il arrive que le travail ne soit pas une fin mais un moyen pour avoir de l'argent et faire ce qui nous intéresse vraiment.

Chez Michel Vinaver, Margerie veut utiliser son goût pour les tabatières pour construire une affaire avec olivier et revenir chez elle aux États-Unis. Passemar ne semble pas obsédé par son avenir dans l'entreprise et se remet assez bien de ne pas avoir obtenu sa promotion. Alex, l'artiste, a aussi pu concilier travail et passion dans toute la pièce et ce n'est qu'à la fin, quand il se marie, qu'il cherche à se ranger.

Virgile présente des paysans qui travaillent non pour le profit, l'argent mais aussi pour embellir la nature et vivre en harmonie avec elle. Ils sont heureux dans leur travail car il a un sens pour eux et permet de nourrir leur famille et leurs concitoyens.

Simone Weil, dans le dernier texte du recueil, plus mystique, envisage un travail réorganisé dans des structures plus petites et elle imagine un moyen pour que l'ouvrier puisse contempler Dieu, penser à la beauté, à la joie dans son travail.

> « Il ne suffit pas de vouloir leur [les travailleurs manuels] éviter des souffrances, il faut vouloir leur joie. Non pas des plaisirs qui se paient, mais des joies gratuites qui ne portent pas atteinte à l'esprit de pauvreté. » p. 434

> « Si la vocation de l'homme est d'atteindre la joie pure à travers la souffrance, ils [les travailleurs manuels] sont placés mieux que tous les autres pour l'accomplir de la manière la plus réelle. » p. 434

Fiche 20

Un sujet long de dissertation traité

Dans son livre *Le capital*, Karl Marx, philosophe, économiste et militant politique, écrit en 1867 : « Le travail est de prime abord un acte qui se passe entre l'homme et la nature. L'homme y joue lui-même vis-à-vis de la nature le rôle d'une puissance naturelle. Les forces dont son corps est doué, bras et jambes, tête et mains, il les met en mouvement afin de s'assimiler des matières en leur donnant une forme utile à sa vie. En même temps qu'il agit par ce mouvement sur la nature extérieure et la modifie, il modifie sa propre nature, et développe les facultés qui y sommeillent. »
Cette réflexion éclaire-t-elle votre lecture des œuvres au programme ?

1. Analyse du sujet

La citation proposée est assez longue et procède en plusieurs temps de manière très logique.

Dans un premier temps, le philosophe définit le travail objectivement comme une action de transformation de la nature menée par l'homme.

Ensuite, le penseur développe l'action du travailleur ; il utilise ses membres comme des outils et apporte sa force de travail à l'élément naturel ; le résultat du processus est utile pour lui.

Enfin, le travailleur est lui-même modifié par son action car il développe des aptitudes en agissant sur le monde.

On voit ici un bon exemple de la dialectique chère à Marx : le travailleur est lui-même transformé par son œuvre.

La citation se présente comme une description objective, dépassionnée du processus même de travail : Marx ne critique pas le travail ouvrier, n'évoque pas d'aliénation. Il décrit la réalité, fidèle à sa méthode matérialiste. Le ton est catégorique, laisse peu de place à la nuance ou à l'objection car on est dans une définition.

On ne pourra donc pas attaquer la citation sur ses partis pris ou sur une vision subjective, comme c'était le cas avec Nietzsche.

2. Problématisation

La description du processus proposée par Karl Marx peut sembler pertinente, toutefois est-elle parfaitement applicable aux œuvres modernes qui présentent le travail comme une activité éloignée de la nature, tertiaire et aliénante ? Cette transformation naturelle et cette auto-transformation sont-elles encore de mise dans nos textes du vingtième siècle ? L'auto-transformation du travailleur est-elle toujours positive ou peut-elle être parfois négative ?

3. Plan

Compte tenu de la longueur de la citation, il peut être pertinent de construire un plan analytique qui prend le temps d'examiner chaque aspect du sujet mais on peut aussi proposer un plan dialectique en resserrant les éléments.

Nous proposons les deux pour que vous puissiez vous faire votre propre idée.

La difficulté du sujet vient de la limite de son application : en effet, le propos de Marx correspond parfaitement à ce que décrit Virgile dans son poème, mais on aura plus de difficultés à illustrer la citation par des exemples tirés de Simone Weil ou Vinaver. En revanche, la critique de la citation se fondera essentiellement sur les auteurs du vingtième siècle et peu sur le poète latin.

4. Première possibilité de plan : plan analytique

I. Le travail comme transformation de la nature

A) *Le travail est une action sur la nature*

C'est la définition même du travail : « Le travail est de prime abord un acte qui se passe entre l'homme et la nature. »

Virgile : le travail est en effet vu à travers le prisme de l'exploitation de la terre et des animaux. Pour le poète, l'homme transforme la nature brute, l'exploite mais il l'embellit, et ce avec la bénédiction des dieux :

> « Alors on connaît le durcissement du fer et la lame de la scie aiguë (car les premiers hommes fendaient le bois avec des coins) ; alors vinrent les différents arts. Tous les obstacles furent vaincus par un travail acharné et par le besoin pressant en de dures circonstances. » p. 101

> « La première, Cérès apprit aux mortels à retourner la terre avec le fer, lorsque déjà manquaient les glands et les arbouses de la forêt sacrée et que Dodone refusait toute nourriture. » p. 101

Simone Weil : le travail repose bien sur une transformation des matériaux en produits pour la philosophe. Elle se présente devant le four qui permet de fondre les métaux pour fabriquer des objets. Mais il n'y a plus de rapport immédiat à la nature.

Michel Vinaver : le travail conserve un lien avec la nature, dans le sens où il répond aussi à des besoins naturels : l'entreprise Ravoire et Dehaze fabrique du papier toilette.

B) *Le travailleur utilise ses membres comme outils mais peut forger aussi ses instruments*

Quand Marx écrit : « L'homme y joue lui-même vis-à-vis de la nature le rôle d'une puissance naturelle. Les forces dont son corps est doué, bras et jambes, tête et mains, il les met en mouvement », il décrit précisément l'action de l'ouvrier qui utilise son corps pour parvenir à ses fins.

Virgile : le paysan donne sa force physique pour cultiver les champs, il produit avec ses gestes (semer, faucher, récolter). Son travail est toujours très concret et physique ; le poète indique clairement comment fabriquer les outils utiles pour le labour (« les armes » du paysan d'après Virgile), au début du livre I.

Simone Weil : le travailleur utilise son corps et c'est pour cela qu'il est épuisé à la fin de la journée. Ainsi, la philosophe avoue que le travail épuise ses ressources physiques et qu'elle a du mal physiquement à mener à bien ses tâches.

> « Hier soir, en sortant, j'étais dans un état que vous pouvez imaginer (heureusement les maux de tête du moins me laissaient du répit) ; au vestiaire, j'ai été étonnée de voir que les ouvrières étaient encore capables de babiller, et ne semblaient pas avoir au cœur la rage concentrée qui m'avait envahie. Quelques-unes pourtant (2 ou 3) m'ont exprimé des sentiments de cet ordre. Ce sont celles qui sont malades, et ne peuvent pas se reposer. Vous savez que le pédalage exigé par les presses est quelque chose de très mauvais pour les femmes ; une ouvrière m'a dit qu'ayant eu une salpingite, elle n'a pas pu obtenir d'être mise ailleurs que sur les presses. Maintenant, elle est enfin ailleurs qu'aux machines, mais la santé définitivement démolie. » p. 74-75

> « En revanche, une ouvrière qui est à la chaîne, et avec qui je suis rentrée en tram, m'a dit qu'au bout de quelques années, ou même d'un an, on arrive à ne plus souffrir, bien qu'on continue à se sentir abrutie. C'est à ce qu'il me semble le dernier degré de l'avilissement. Elle m'a expliqué comment elle et ses camarades étaient arrivées à se laisser réduire à cet esclavage (je le savais bien, d'ailleurs). Il y a 5 ou 6 ans, m'a-t-elle dit, on se faisait 70 F par jour, et « pour 70 F on aurait accepté n'importe quoi, on se serait crevé » p. 75

Michel Vinaver : le travailleur moderne use moins de son corps qu'à l'époque de Virgile ou de Simone Weil, car le domaine envisagé par le dramaturge relève plus du tertiaire (ce sont les commerciaux chargés de vendre le produit qui sont montrés et non les fabricants de papier hygiénique en soi.)

C) *Le travailleur transforme la nature en objet utile pour lui*

Marx poursuit en mettant en avant la finalité du processus car il s'agit pour lui « de s'assimiler des matières en leur donnant une forme utile à sa vie. »

Virgile : le travail des champs et l'élevage servent à nourrir la population, le paysan est heureux de voir ses efforts récompensés par une bonne récolte. Il s'investit dans un labeur qui a bien du sens pour lui et sa communauté.

Simone Weil : le travail devrait justement permettre une satisfaction de l'ouvrier fier de l'ouvrage accompli mais c'est peu le cas dans les usines visitées par la philosophe.

Michel Vinaver : le travail doit amener à des résultats concrets et utiles mais c'est ce qui manque dans la pièce de Vinaver car le seul qui voit le produit fini, c'est Lubin (et encore).

II. Le travail comme réalisation de soi par le processus

A) *Le travailleur s'accomplit par le travail*

Marx montre l'impact du travail sur l'exécutant : « il modifie sa propre nature »

Virgile : grâce au travail des champs, l'homme devient héroïque et il est comparé à un guerrier. Les abeilles qui servent de modèle à Virgile accomplissent leur finalité, leur « merveilleux instincts » en s'adonnant à leurs tâches.

Simone Weil : le travail transforme l'ouvrier mais le dégrade en fantôme ou en machine.

Michel Vinaver : le travail permet à certains de révéler leurs dons. Ainsi Lubin dit qu'il est fait pour rencontrer la clientèle car il aime le contact avec les gens, comme le montrent ses discussions avec Mme Lépine.

B) *Il développe ses facultés cachées*

Pour le philosophe, le labeur permet de révéler l'homme car il « développe les facultés qui y sommeillent. »

Virgile : le travailleur devient un grand personnage. C'est Mécène qui pousse Virgile à l'excellence en lui demandant d'écrire sur des sujets difficiles comme l'apiculture.

Simone Weil : le travail devrait amener dans l'idéal à développer notre humanité et à chercher la beauté dans le monde si on suit le dernier texte du recueil.

Michel Vinaver : le travail doit pousser à l'excellence et à sortir de sa routine, comme le dit Benoît à Passemar en lui confiant un poste plus élevé mais aussi plus « challengeant » comme on dit en bon franglais... De plus, Mme Bachevski se réalise en partie en jardinant pendant sa retraite...

C) *Il se dépasse et s'améliore grâce à son action*

Virgile : Le travailleur va au bout de lui-même, tout comme Aristée qui va affronter le monstre Protée pour le bien de ses chères abeilles. Il devient ainsi héroïque.

Simone Weil : le travail devrait amener l'ouvrier à la joie et à la contemplation, à en croire le dernier texte de la philosophe :

> « Il ne suffit pas de vouloir leur [les travailleurs manuels] éviter des souffrances, il faut vouloir leur joie. Non pas des plaisirs qui se paient, mais des joies gratuites qui ne portent pas atteinte à l'esprit de pauvreté. » p. 434

> « Tout devrait être disposé pour que rien d'essentiel ne leur [les travailleurs manuels] manque. » p. 434

> « Si la vocation de l'homme est d'atteindre la joie pure à travers la souffrance, ils [les travailleurs manuels] sont placés mieux que tous les autres pour l'accomplir de la manière la plus réelle. » p. 434

Michel Vinaver : c'est par le travail que certains montent dans la société, comme Dutôt, Grangier (présentés comme des arrivistes) et même Cohen (qui se maintient comme homme de confiance et qui incarne une forme de sérieux dans la maîtrise des comptes de l'entreprise). D'autres ratent leur mue, comme Passemar, qui n'est pas assez dans le nouvel esprit managérial, comme il l'avoue lui-même après son entretien avec Benoît.

III. Le travail comme éloignement de la nature et dégradation de soi

A) *Le travail n'a parfois plus rien à voir avec la transformation de la nature mais lui tourne totalement le dos*

Simone Weil : le travail industriel moderne ne permet plus le contact direct avec la nature comme à l'époque de Virgile. En effet, l'ouvrier ne voit pas le monde, il est enfermé dans son usine comme un esclave. Il répète toujours les mêmes gestes, suivant le modèle tayloriste, et il ne peut donc pas s'épanouir et voir le produit fini comme le ferait un artisan.

> « Le travail du paysan obéit par nécessité à ce rythme du monde ; le travail de l'ouvrier, par sa nature même, en est dans une large mesure indépendant, mais il pourrait l'imiter. C'est le contraire qui se produit dans les usines. » p. 348

Michel Vinaver : le travail en entreprise n'a plus rien à voir avec la nature car il s'agit de créer le désir, via le marketing, et de faire travailler toujours plus les gens en tirant le maximum d'eux (c'est l'efficience) sans les augmenter, en les flattant ou en les menaçant. C'est à la naissance du management que nous assistons dans la pièce.

B) *Le travail transforme certes le travailleur mais il l'abrutit ou l'aliène*

Virgile : le travailleur peut être épuisé par la tâche mais rien n'est irrémédiable pour le poète car le paysan n'obéit qu'à la nature et non à un maître extérieur.

Simone Weil : le travail en usine est soumis à des cadences toujours plus fortes et inhumaines, ce qui fait que l'ouvrier est transformé peu à peu en esclave voire en machine qui ne pense plus car ce serait perte de temps.

Michel Vinaver : Lubin critique vivement la réorganisation menée par les hommes de main de Benoît qui liquident les vieux employés et les mettent à la retraite (comme Mme Bachevski). Alex rentre dans l'entreprise la mort dans l'âme à la fin de la pièce.

« LUBIN : Oh vous savez ma ça vous porte quand même un coup mais c'est normal qu'est-ce que vous voulez si monsieur Dehaze était encore là pour voir comment on mène à l'abattoir ses anciens représentants parce que le bâtard s'est entouré d'une bande de fumiers qui tueraient leur propre mère si ça pouvait servir leur carrière » p. 392.

« ALEX : Mon père est mort en tombant en arrière dans une fosse à merde poussé par un SS maintenant moi [...] J'entre dedans je m'avance je tombe en avant » p. 406.

« ALEX : Pas en chute libre ce serait monotone je rebondis de paroi en paroi j'entre dans la vie normale la vie normale qui m'était interdite je n'ai pas résisté à la tentation ah paysage hallucinant » p. 407.

C) *Le travail n'est pas toujours utile pour l'exécutant qui ne voit pas les fruits de son labeur*

Virgile : pour le poète, les fruits du travail ne sont pas toujours pour l'exploitant mais le travail n'est jamais présenté comme absurde.

Simone Weil : le travailleur ne voit jamais l'objet fini, il a donc l'impression d'agir mécaniquement, absurdement, ce qui le mène au désespoir.

Michel Vinaver : le travail mené par les managers américains est assez ridicule et on peut rire des scènes de brainstorming ainsi que de l'idée du papier toilette tricolore et patriotique ou des textes imprimés sur papier hygiénique. Vinaver se moque de ce travail purement publicitaire et coupé du monde, où tout n'est que merchandising, sponsoring…

5. Deuxième possibilité de plan : plan dialectique

L'avantage de ce plan est qu'il permet de traiter la citation de façon plus synthétique et de proposer une ouverture à la fin, pour éviter de terminer sur la pure critique. Nous ne reprenons pas les citations données dans le plan précédent mais vous pourrez naturellement les intégrer.

À vous de choisir…

I. Le travail comme transformation utile de la nature et de soi

A) *Le travail est une action sur la nature grâce à ses membres*

C'est la définition même du travail : « Le travail est de prime abord un acte qui se passe entre l'homme et la nature. »

Virgile : le travail est en effet vu à travers le prisme de l'exploitation de la terre et des animaux. Pour le poète, l'homme transforme la nature brute, l'exploite mais il l'embellit, et ce avec la bénédiction des dieux.

Simone Weil : le travail repose bien sur une transformation des matériaux en produits pour la philosophe. Elle se présente devant le four qui permet de fondre les métaux pour fabriquer des objets. Mais il n'y a plus de rapport immédiat à la nature.

Michel Vinaver : le travail conserve un lien avec la nature, dans le sens où il répond aussi à des besoins naturels : l'entreprise Ravoire et Dehaze fabrique du papier toilette.

Quand Marx écrit : « L'homme y joue lui-même vis-à-vis de la nature le rôle d'une puissance naturelle. Les forces dont son corps est doué, bras et jambes, tête et mains, il les met en mouvement », il décrit précisément l'action de l'ouvrier qui utilise son corps pour parvenir à ses fins.

Virgile : le paysan donne sa force physique pour cultiver les champs, il produit avec ses gestes (semer, faucher, récolter). Son travail est toujours très concret et physique ; le poète indique clairement comment fabriquer les outils utiles pour le labour, au début du livre I.

Simone Weil : le travailleur utilise son corps et c'est pour cela qu'il est épuisé à la fin de la journée. Ainsi, la philosophe avoue que le travail épuise ses ressources physiques et qu'elle a du mal physiquement à mener à bien ses tâches.

Michel Vinaver : le travailleur moderne use moins de son corps qu'à l'époque de Virgile ou de Simone Weil, car le domaine envisagé par le dramaturge relève plus du tertiaire (ce sont les commerciaux chargés de vendre le produit qui sont montrés et non les fabricants de papier hygiénique en soi.)

B) *Le travailleur transforme la nature en objet utile pour lui*

Marx poursuit en mettant en avant la finalité du processus car il s'agit pour lui « de s'assimiler des matières en leur donnant une forme utile à sa vie. »

Virgile : le travail des champs et l'élevage sert à nourrir la population, le paysan est heureux de voir ses efforts récompensés par une bonne récolte. Il s'investit dans un labeur qui a bien du sens pour lui et sa communauté.

Simone Weil : le travail devrait justement permettre une satisfaction de l'ouvrier fier de l'ouvrage accompli mais c'est peu le cas dans les usines visitées par la philosophe.

Michel Vinaver : le travail doit amener à des résultats concrets et utiles mais c'est ce qui manque dans la pièce de Vinaver car le seul qui voit le produit fini, c'est Lubin.

C) *Le travailleur s'accomplit par le travail et se transforme*

Marx montre l'impact du travail sur l'exécutant : « il modifie sa propre nature »

Virgile : grâce au travail des champs, l'homme devient héroïque et il est comparé à un guerrier. Les abeilles qui servent de modèle à Virgile accomplissent leur finalité, leur instinct en s'adonnant à leurs tâches.

Simone Weil : le travail transforme l'ouvrier mais le dégrade en fantôme ou en machine.

Michel Vinaver : le travail permet à certains de révéler leurs dons. Ainsi Lubin dit qu'il est fait pour rencontrer la clientèle car il aime le contact avec les gens, comme le montrent ses discussions avec Mme Lépine.

C'est par le travail que certains montent dans la société, comme Dutôt, Grangier et même Cohen. D'autres ratent leur mue, comme Passemar.

Pour le philosophe, le labeur permet de révéler et améliorer l'homme car il « développe les facultés qui y sommeillent. »

Virgile : le travailleur devient un grand personnage. C'est Mécène qui pousse Virgile à l'excellence en lui demandant d'écrire sur des sujets difficiles comme l'apiculture.

Michel Vinaver : le travail doit pousser à l'excellence et à sortir de sa routine, comme le dit Benoît à Passemar en lui confiant un poste plus élevé mais aussi plus « challengeant » comme on dit en bon franglais… De plus, Mme Bachevski se réalise en partie en jardinant pendant sa retraite…

II. Le travail comme éloignement de la nature et dégradation de soi

A) *Le travail n'a parfois plus rien à voir avec la transformation de la nature mais lui tourne totalement le dos*

Simone Weil : le travail industriel moderne ne permet plus le contact direct avec la nature comme à l'époque de Virgile. En effet, l'ouvrier ne voit pas le monde, il est enfermé dans son usine comme un esclave. Il répète toujours les mêmes gestes, suivant le modèle tayloriste, et il ne peut donc pas s'épanouir et voir le produit fini comme le ferait un artisan.

Michel Vinaver : le travail en entreprise n'a plus rien à voir avec la nature car il s'agit de créer le désir, via le marketing, et de faire travailler toujours plus les gens en tirant le maximum d'eux (c'est l'efficience) sans les augmenter, en les flattant ou en les menaçant. C'est à la naissance du management que nous assistons dans la pièce.

B) *Le travail transforme certes le travailleur mais il risque de l'abrutir ou de l'aliéner*

Virgile : le travailleur peut être épuisé par la tâche mais rien n'est irrémédiable pour le poète car le paysan n'obéit qu'à la nature et non à un maître extérieur.

Simone Weil : le travail en usine est soumis à des cadences toujours plus fortes et inhumaines, ce qui fait que l'ouvrier est transformé peu à peu en esclave voire en machine qui ne pense plus car ce serait perte de temps.

Michel Vinaver : Lubin critique vivement la réorganisation menée par les hommes de main de Benoît qui liquident les vieux employés et les mettent à la retraite (comme Mme Bachevski). Alex rentre dans l'entreprise la mort dans l'âme à la fin de la pièce.

C) *Le travail n'est pas toujours utile pour l'exécutant qui ne voit pas les fruits de son labeur*

Virgile : pour le poète, les fruits du travail ne sont pas toujours pour l'exploitant mais le travail n'est jamais présenté comme absurde.

Simone Weil : le travailleur ne voit jamais l'objet fini, il a donc l'impression d'agir mécaniquement, absurdement, ce qui le mène au désespoir.

Michel Vinaver : le travail mené par les managers américains est assez ridicule et on peut rire des scènes de brainstorming ainsi que de l'idée du papier toilette tricolore et patriotique ou des textes imprimés sur papier hygiénique. Vinaver se moque de ce travail purement publicitaire et coupé du monde, où tout n'est que merchandising, sponsoring, marketing et autres -ing…

III. Un autre monde du travail pourrait être possible

A) *Le travail peut permettre de retrouver un contact avec le monde, même si on n'œuvre plus forcément dans la nature*

Simone Weil : le travail devrait amener dans l'idéal à développer notre humanité et à chercher la beauté dans le monde si on suit le dernier texte du recueil. Elle en appelle à la recherche d'une nouvelle poésie et propose une forme de contemplation mystique :

> « Puisque le peuple est contraint de porter tout son désir sur ce qu'il possède déjà, la beauté est faite pour lui et il est fait pour la beauté. La poésie est un luxe pour les autres conditions sociales. Le peuple a besoin de poésie comme de pain. Non pas la poésie enfermée dans les mots ; celle-là, par elle-même, ne peut lui être d'aucun usage. Il a besoin que la substance quotidienne de sa vie soit elle-même poésie. » p. 424

> « Une telle poésie ne peut avoir qu'une source. Cette source est Dieu. Cette poésie ne peut être que religion. […] La condition des travailleurs est celle où la faim de finalité qui constitue l'être même de tout homme ne peut pas être rassasiée, sinon par Dieu. » p. 424

Virgile : d'une certaine manière, le paysan soigne la nature, la protège et n'est pas seulement un exploitant. La fable finale d'Aristée et ses abeilles montre bien que l'homme n'a pas pour seul but d'exploiter la terre mais de l'habiter le plus harmonieusement possible…

B) *Le travail peut amener l'individu à s'épanouir dans la société*

Virgile : le paysan est un bon citoyen qui respecte l'autorité d'Auguste, a une belle place dans la société, respecte les dieux et est béni par eux de leurs bienfaits… et Auguste veille avec grande sagesse sur tout ce monde, à la grande satisfaction du doux Virgile…

Simone Weil : en écrivant à Victor Bernard et Auguste Detoeuf, la philosophe essaie de pousser en faveur d'une réforme du monde du travail : elle veut diminuer les cadences, donner moins de poids aux contremaitres et favoriser plus d'échanges dans l'entreprise. Pour elle, un ouvrier heureux et qui pourrait participer à la vie de l'entreprise, donner son avis, ou faire visiter l'usine à sa famille, pourrait être plus à l'aise et donc plus productif… La penseuse chrétienne veut amener les ouvriers à ressentir de la joie, comme pendant les grèves spontanées de 1936.

Michel Vinaver : le dramaturge montre que la vie en entreprise est faite d'affrontements (Mmes Bachevski et Alvarez), de mesquineries (Dutôt répondant à Mme Alvarez), de coups bas (Benoît détrônant Olivier avec l'appui du banquier Ausange) et d'hypocrisie (discours de Jack et Jenny, discours final de Young). Mais d'autres relations sont possibles : Lubin a du plaisir à discuter avec Mme Lépine qui regrette de ne plus le voir à la fin de la pièce, Cohen dit la vérité à Benoît.

C) *Le travail pourrait laisser la place aussi à un plus grand temps de loisir pour développer ses qualités dans le domaine privé*

Virgile : même les très laborieuses abeilles qui servent de modèle à Virgile ont des périodes de repos et d'amour… Il ne suffit que cela arrive au bon moment et que cela ne perturbe pas le travail.

Simone Weil : la philosophe milite pour que les ouvriers et les ouvrières prennent conscience de leur exploitation et veut les amener à se syndiquer, à se réunir pour peser, ainsi qu'à lui envoyer leurs témoignages pour qu'elle puisse ensuite les porter devant un vaste public. Elle a parfois aussi (bien que rarement) fait l'expérience d'une vraie solidarité, comme on le raconte à son amie Albertine.

Michel Vinaver : c'est en dehors de ses heures de travail que Passemar écrit ses pièces de théâtre, ce qui lui permet de relâcher la pression.

Des relations amoureuses se nouent entre collègues mais en dehors des heures de bureau (tout de même !) : Jenny a une liaison avec Benoît.

Fiche 21

Citations importantes issues des œuvres au programme

Cette partie rassemble un grand nombre de passages importants des trois œuvres. Elle est ici pour vous permettre de rebalayer rapidement les œuvres pour vos révisions mais ne vous dispense pas (cela va sans dire) de lire le programme.

1. Virgile, *Les Géorgiques* (traduction de Maurice Rat, éd. Garnier-Flammarion)

1. Livre I

- « Quel art fait les grasses moissons ; sous quel astre, Mécène, il convient de retourner la terre et de marier aux ormeaux les vignes ; quels soins il faut donner aux bœufs, quelle sollicitude apporter à l'élevage du troupeau ; quelle expérience à celle des abeilles économes, voilà ce que maintenant je vais chanter. » p. 97
- « Et toi enfin, qui dois un jour prendre place dans les conseils des dieux à un titre qu'on ignore, veux-tu, César, visiter les villes ou prendre soin des terres et voir le vaste univers t'accueillir comme l'auteur des moissons et le maître des saisons, en te ceignant les tempes du myrte maternel ? » p. 98
- « Au printemps nouveau, quand fond la glace sur les monts chenus et que la glèbe amollie s'effrite au doux Zéphyr, je veux dès lors voir le taureau commencer de gémir sous le poids de la charrue, et le soc

resplendir dans le sillon qu'il creuse. La récolte ne comblera les vœux de l'avide laboureur que si elle a senti deux fois le soleil et deux fois les frimas : alors d'immenses moissons feront crouler ses greniers. » p. 98

- « Mais avant de fendre avec le fer une campagne inconnue, qu'on ait soin d'étudier au préalable les vents, la nature variable du climat, les traditions de culture et les caractères des lieux, et ce que donne ou refuse chaque contrée. Ici les moissons viennent mieux ; là, les raisins ; ailleurs les fruits des arbres et les herbages verdoient d'eux-mêmes. » p. 98
- « Telles sont les lois et les conditions éternelles que la nature a, dès le début, imposées à des lieux déterminés [...] Courage donc ! si le sol est de terre glaise, que dès les premiers mois de l'année de forts taureaux le retournent et que l'été poudreux cuise les mottes exposées aux rayons du soleil ; mais si le sol est peu fécond, il suffira d'y tracer, juste au retour de l'Arcture, un mince sillon » p. 99
- « Tes blés une fois coupés, tu laisseras la campagne se reposer pendant un an et, oisive, se durcir à l'abandon [...] Pourtant, grâce à l'alternance, le travail fourni par la terre est facile » p. 99
- « la terre qui n'est point labourée ne laisse pas d'être généreuse. » p. 99
- « Priez pour avoir des solstices humides et des hivers sereins, ô laboureurs » p 100
- « Que dirai-je de celui, qui, dès les semailles faites, engage la lutte avec le guéret, brise les mottes qui hérissent le sol, puis fait passer sur ses semailles une eau courante et de dociles canaux ? Et, quand le champ brûlé voit les plantes mourir de chaleur, voici que du sommet sourcilleux d'une traverse déclive il fait jaillir l'onde ; celle-ci, en tombant sur un lit de cailloux lisses, fait entendre un murmure rauque, et rafraîchit de ses cascades les guérets altérés. » p 100
- « Le Père des dieux lui-même a voulu rendre la culture des champs difficile, et c'est lui qui le premier a fait un art de remuer la terre, en aiguisant par les soucis les cœurs des mortels et en ne souffrant pas que son empire s'engourdît dans une triste indolence. » p. 100-101
- « Avant Jupiter, point de colon qui domptât les guérets ; il n'était même pas permis de borner ou de partager les champs par une bordure : les récoltes étaient mises en commun, et la terre produisait tout d'elle-même, librement, sans contrainte. » p. 101
- « Alors on connaît le durcissement du fer et la lame de la scie aiguë (car les premiers hommes fendaient le bois avec des coins) ; alors

vinrent les différents arts. Tous les obstacles furent vaincus par un travail acharné et par le besoin pressant en de dures circonstances. » p. 101

- « La première, Cérès apprit aux mortels à retourner la terre avec le fer, lorsque déjà manquaient les glands et les arbouses de la forêt sacrée et que Dodone refusait toute nourriture. » p. 101
- « Si avec le hoyau tu ne fais pas une guerre assidue aux mauvaises herbes, si tu n'épouvantes à grand bruit les oiseaux, si la serpe en main tu n'élagues l'ombrage qui recouvre ton champ, si tu n'appelles la pluie par tes vœux, hélas ! tu en seras réduit à contempler le gros tas d'autrui et à secouer, pour soulager ta peine, le chêne dans les forêts. » p. 101-102
- « Il nous faut dire maintenant quelles sont les armes propres aux rudes campagnards et sans lesquelles les moissons n'auraient pu être semées ni lever : c'est d'abord le soc et le bois pesant de l'areau recourbé ; les chariots à la marche lente de la mère d'Éleusis ; les rouleaux, les traîneaux, les herses au poids énorme, puis le vil attirail d'osier inventé par Célée, les claies d'arbousier et le van mystique d'Iacchus. Tels sont les instruments que tu auras soin de te procurer longtemps d'avance, si tu veux mériter la gloire d'une campagne divine. » p. 102
- « J'ai vu des semences, choisies à loisir et examinées avec beaucoup de soin, dégénérer pourtant, si chaque année on n'en triait à la main les plus belles : c'est une loi du destin que tout périclite et aille rétrogradant. Tout de même que celui qui, à force de rames, pousse sa barque contre le courant, si par hasard ses bras se relâchent, l'esquif saisi par le courant l'entraîne à la dérive. » p. 103
- « exercez vos taureaux, laboureurs, semez l'orge dans les campagnes jusqu'à l'époque des pluies de l'intraitable solstice. » p. 103
- « Mais si tu travailles le sol pour récolter le froment ou le robuste épeautre, si tu ne vises que les épis seuls, attends la disparition des Atlantides Aurorales, attends que l'étoile de Gnosse à l'ardente Couronne se retire, pour jeter aux sillons les semences qu'ils réclament et confier hâtivement à une terre rebelle l'espérance de l'année. Beaucoup ont commencé avant le coucher de Maia, mais la récolte a trompé leur attente en ne leur donnant que des épis vides. » p. 103-104
- « Ce n'est pas en vain non plus que nous observons le coucher et le lever des astres et les diverses saisons qui se partagent également l'année. » p. 105

- « Oui, même aux jours de fête, il est des travaux auxquels les lois divines et humaines permettent de se livrer. » p. 105
- « La Lune elle-même a mis dans son cours les jours favorables à tels ou tels travaux. » p. 105
- « Beaucoup de travaux nous sont rendus plus faciles par la fraîcheur de la nuit ou lorsque l'Étoile du matin, au lever du soleil, humecte les terres de rosée. La nuit, les chaumes légers sont plus faciles à faucher, les prairies desséchées se fauchent mieux ; la nuit, l'humidité qui assouplit les plantes ne fait jamais défaut. » p. 105-106
- « Mais c'est en pleine chaleur qu'on coupe la rubiconde Cérès et c'est en pleine chaleur que l'aire broie les moissons mûries. Mets-toi nu pour labourer, mets-toi nu pour semer : l'hiver, le cultivateur se repose. » p. 106
- « Avant tout, honore les dieux, et offre à la grande Cérès un sacrifice annuel en accomplissant les rites sur de gras herbages, quand le déclin de l'extrême hiver fait déjà place au printemps serein. » p. 107
- « À des signes non moins certains, tu pourras, pendant la pluie, prévoir et reconnaître le retour du soleil et des beaux jours. » p. 109
- « Si tu observes le soleil dévorant et les phases successives de la lune, jamais le temps du lendemain ne te trompera, ni jamais tu ne te laisseras prendre aux pièges d'une nuit sereine. » p. 110
- « Dieux de nos pères, dieux Indigètes, et toi Romulus, et toi Vesta notre mère, qui veilles sur le Tibre toscan et sur le Palatin de Rome, n'empêchez pas au moins ce jeune héros de relever les ruines de ce siècle. » p. 112

2. Livre II

- « D'abord la nature a des modes variés pour produire les arbres. En effet les uns, sans y être contraints de la part des hommes, poussent d'eux-mêmes et couvrent au loin les plaines et les sinueuses vallées : tels le souple osier et les genêts flexibles, le peuplier et les saulaies blanchâtres au glauque feuillage. Mais d'autres naissent d'une semence qui s'est posée à terre, comme les hauts châtaigniers, comme le rouvre, géant des forêts, qui offre ses frondaisons à Jupiter, et comme les chênes qui, au dire des Grecs, rendent des oracles. » p. 115
- « D'autres habitants des forêts demandent qu'on courbe en arc leurs rejets et qu'on en plante les boutures dans leur propre terre. » p. 116

- « Au travail donc, cultivateurs ! apprenez les procédés de cultures propres à chaque espèce ; adoucissez, en les cultivant, les fruits sauvages ; que vos terres ne restent pas en friche. » p. 116
- « C'est que tous les arbres exigent une dépense de soins, que tous demandent à être dressés en pépinière et domptés à grands frais. » p. 117
- « Mais ni la terre des Mèdes, si riche en forêts, ni le beau Gange, ni l'Hermus dont l'or trouble les eaux ne sauraient le disputer en louanges à l'Italie ; [...] Mais les épis y sont lourds et la liqueur de Bacchus, le Massique, y abonde ; le pays est couvert d'oliviers et de grands troupeaux prospères. » p. 119
- « Ici règne un printemps continuel, et l'été en des mois qui lui sont étrangers ; deux fois les brebis y sont pleines, deux fois l'arbre y produit des fruits. » p. 120
- « C'est maintenant le lieu de parler des qualités des terrains, de dire quelle est la force, la couleur propre à chacun d'eux et quelle influence a leur nature sur les productions. » p. 120
- « Si tu as plutôt le goût d'élever du gros bétail et des veaux, ou les petits des brebis, ou des chèvres qui brûlent les cultures, gagne les défilés boisés et les lointains pâturages de la grasse Tarente, ou une plaine semblable à celle qu'a perdue l'infortunée Mantoue, dont des cygnes neigeux paissaient l'herbe fluviale : ni les limpides fontaines, ni les gazons ne manqueront à tes troupeaux ; et toute l'herbe qu'aura broutée ton gras bétail dans les longs jours, la fraîche rosée d'une courte nuit suffira pour la faire renaître. » p. 121
- « Maintenant je dirai de quelle façon tu pourras reconnaître chaque terrain. Veux-tu savoir si une terre est légère ou si elle est d'une densité peu ordinaire (parce que l'une est favorable au froment, l'autre à Bacchus, la plus dense à Cérès, la plus légère à Lyée) ? Tu choisiras d'abord des yeux un emplacement, et tu y feras creuser profondément un puits en terrain solide, où tu refouleras toute la terre en nivelant la surface sableuse avec tes pieds. » p. 122
- « Quant à la terre salée, et, comme on dit, amère, inféconde en moissons (car elle ne s'adoucit pas au labour et ne conserve ni son caractère à Bacchus, ni leur renom aux fruits), voici le moyen de la reconnaître : détache de tes toits enfumés des paniers d'osier serré et des tamis de pressoir ; que cette terre mauvaise y soit foulée jusqu'aux bords avec une eau douce de source : toute l'eau sans doute s'y frayera un passage

avec peine, et ses larges gouttes passeront à travers les mailles de l'osier ; mais sa saveur te servira d'indice infaillible et son amertume fera faire la grimace à ceux qui la goûteront. » p. 122

- « Ces observations faites, souviens-toi, longtemps avant d'enfouir un plan de vigne producteur, de cuire la terre, de couper de tranchées les grandes montagnes, et d'exposer les mottes retournées à l'Aquilon. Les terrains dont le sol est meuble sont les meilleurs : c'est l'affaire des vents, des gelées blanches, et du robuste vigneron qui remue en tous sens les arpents. Mais le cultivateur vigilant qui n'a rien négligé cherche un terrain semblable pour y préparer d'abord une pépinière et disposer ensuite son plant, de peur que les sujets, brusquement transplantés, ne puissent pas oublier leur mère » p. 123
- « Vaut-il mieux planter la vigne sur des collines ou dans une plaine ? c'est ce que tu dois d'abord examiner. Si tu établis ton champ dans une grasse campagne, plante en rangs serrés : si serrés qu'ils soient, Bacchus ne les fera pas plus lentement prospérer. Si, au contraire, tu choisis les pentes d'un terrain ondulé ou le dos des collines, sois large pour tes rangs ; mais qu'en tout cas l'alignement exact de tes ceps laisse entre eux des intervalles égaux et symétriques. » p. 123
- « Oui, le printemps est utile aux frondaisons des bocages, le printemps est utile aux forêts ; au printemps, les terres se gonflent et réclament les semences créatrices. Alors le Père tout-puissant, l'Éther, descend en pluies fécondes dans le giron de sa compagne joyeuse, et, mêlé à son grand corps, de son grand suc nourrit tous les germes. » p. 125
- « Au surplus, quels que soient les arbustes que tu plantes par les champs, couvre-les d'un bon fumier et n'oublie pas de les cacher sous une épaisse couche de terre ; ou d'y enfouir une pierre poreuse et de rugueux coquillages ; car les eaux s'infiltreront dans les intervalles, et l'air subtil y pénétrera, et les plants seront ranimés. » p. 126
- « Et, tant que ce premier âge grandit en ses nouveaux feuillages, il faut en épargner la tendreté ; et alors même qu'elle s'élance joyeuse dans les airs, lâchée à pleines guides dans l'air pur, il ne faut point encore essayer sur elle le tranchant de la faucille, mais en émonder et en éclaircir le feuillage avec l'ongle. » p. 126
- « Il faut aussi tresser des haies et tenir à l'écart tout le bétail, surtout quand le feuillage est tendre encore et ignore les épreuves qui le guettent ; car, en dehors des outrages de l'hiver et de la toute-puissance

du soleil, les buffles sauvages et les chevreuils voraces lui prodiguent les insultes, les brebis et les génisses avides s'en repaissent. » p. 126

- « Il y a encore, parmi les soins dus aux vignes, un autre travail, et qui n'est jamais épuisé : il faut en effet trois ou quatre fois l'an fendre tout le sol, et en briser éternellement les mottes avec le revers des bidents ; il faut soulager tout le vignoble de son feuillage. Le travail des laboureurs revient toujours en un cercle, et l'année en se déroulant le ramène avec elle sur ses traces. » p. 127
- « Fais l'éloge des vastes domaines, cultives-en un petit. Il faut encore couper dans la forêt les branches épineuses du houx, et sur ses rives le roseau fluvial ; et il y a les pénibles soins que demande la saulaie inculte. Maintenant les vignes sont liées ; maintenant les arbustes laissent reposer la serpe ; maintenant le vigneron, au bout de ses rangées, chante la fin de ses peines. Pourtant il lui faut encore tourmenter la terre, la réduire en poussière, et, bientôt, craindre Jupiter pour les raisins mûrs. » p. 127-128
- « Les oliviers, au contraire, ne demandent pas de culture ; ils n'attendent rien de la serpe recourbée ni des hoyaux tenaces, quand une fois ils ont pris au sol et affronté les brises. La terre, entr'ouverte au crochet, fournit d'elle-même aux plantes une humidité suffisante et, retournée par le soc, des fruits lourds. Nourris donc le gras olivier, agréable à la Paix. » p. 128
- « De même les arbres fruitiers, dès qu'ils ont senti leurs troncs vigoureux et qu'ils sont maîtres de leurs forces, s'élancent rapidement vers les astres par leur propre vertu et n'ont pas besoin de notre aide. » p. 128
- « O trop fortunés, s'ils connaissaient leurs biens, les cultivateurs ! Eux qui, loin des discordes armées, voient la très juste terre leur verser de son sol une nourriture facile. » p. 129
- « Pour moi, veuillent d'abord les Muses, dont la douceur, avant tout m'enchante et dont je porte les insignes sacrés dans le grand amour que je ressens pour elles, accueillir mon hommage et me montrer les routes du ciel et les constellations, les éclipses variées du soleil et les tourments de la lune » p. 129-130
- « Heureux qui a pu connaître les causes des choses et qui a mis sous ses pieds toutes les craintes, et l'inexorable destin, et le bruit de l'avare Achéron ! Mais fortuné aussi celui qui connaît les dieux champêtres, et Pan, et le vieux Silvain, et les Nymphes sœurs ! » p. 130

- « Le laboureur fend la terre de son areau incurvé : c'est de là que découle le labeur de l'année ; c'est par là qu'il sustente sa patrie et ses petits enfants, ses troupeaux de bœufs et ses jeunes taureaux qui l'ont bien mérité. Pour lui, point de relâche, qu'il n'ait vu l'année regorger de fruits, ou accroître son bétail, ou multiplier le chaume cher à Cérès, et son sillon se charger d'une récolte sous laquelle s'affaissent ses greniers. » p. 131
- « Telle est la vie que menèrent jadis les vieux Sabins, telle fut celle de Rémus et de son frère. Ainsi assurément grandit la vaillante Étrurie ; ainsi Rome devint la merveille du monde et seule dans son enceinte renferma sept collines. Même avant que le roi du Dicté eût pris en main le sceptre, et avant qu'une race impie se fût nourrie de la chair des taureaux égorgés, telle fut la vie que menait sur les terres Saturne d'or : on n'avait point alors entendu encore souffler dans les clairons, ni sur les dures enclumes crépiter les épées. » p. 131

3. Livre III

- « Il me faut tenter une route où je puisse moi aussi m'élancer loin de la terre et voir mon nom vainqueur voler de bouche en bouche. » p. 135
- « Cependant entrons dans les forêts des Dryades et dans les fourrés vierges ; tes ordres, Mécène, ne sont pas faciles à exécuter. Mais sans toi mon esprit n'entreprend rien de haut. » p. 136
- « Bientôt pourtant je me préparerai à dire les ardentes batailles de César et à faire vivre son nom pendant autant d'années qu'il s'en est écoulé depuis l'origine première de Tithon jusqu'à César. » p. 136
- « le principal est de choisir les mères. La meilleure vache est celle dont le regard est torve, la tête laide, l'encolure très forte, et dont les fanons pendent du menton jusqu'aux pattes » p. 136
- « Mais ce cheval même, lorsque appesanti par la maladie, ou déjà ralenti par les ans, il a des défaillances, enferme-le au logis et sois indulgent à une vieillesse qui ne le déshonore pas. » p. 138
- « Ces observations faites, on s'applique quand la saison approche, on dépense tous ses soins à gonfler d'une graisse épaisse l'animal qu'on a choisi comme chef du troupeau et désigné comme mari ; on coupe pour lui des herbes dans leur fleur, on lui sert des eaux courantes et de l'épeautre, pour qu'il ne puisse pas être inférieur à sa douce tache et qu'une postérité débile n'atteste pas que le père a jeûné. Au contraire

on fait tout pour amaigrir et amincir les femelles, et dès que la volupté qu'elles ont déjà connue les sollicite aux accouplements, on leur refuse tout feuillage et on les écarte des fontaines. » p. 139

- « Lorsque les génisses ont mis bas, tous les soins passent aux petits. On les marque sur-le-champ au fer rouge pour indiquer leur race, et distinguer ceux qu'on choisit pour perpétuer le troupeau, ceux qu'on réserve aux sacrifices des autels, et ceux qu'on destine à déchirer la terre et à retourner la plaine hérissée de mottes brisées. Tout le reste du troupeau va paître les verts herbages. » p. 140
- « Ceux que tu veux former aux soins et aux besoins de la campagne, entraîne-les quand ils sont encore de petits veaux, et engage-toi dans la voie du dressage, tandis que leur humeur est docile encore et leur jeune âge facile à plier. Et d'abord attache-leur au cou des cercles flottants d'osier mince ; puis, quand leurs libres cols se seront faits au joug, attelle-les deux par deux à de vrais colliers et force-les à marcher de front ; que déjà ils mènent sur le sol des chariots vides et laissent à peine des traces sur la poussière qui le couvre. » p. 140
- « C'est assez parler des grands troupeaux ; reste la seconde partie de ma tâche : traiter des troupeaux porte-laine et des chèvres au long poil. C'est un travail ; mais espérez-en de la gloire, courageux cultivateurs. » p. 144
- « Pour commencer, je prescris qu'on laisse les brebis brouter leur herbe dans de douces étables, jusqu'au retour de l'été et de ses frondaisons ; qu'on étende sur le sol rude une couche épaisse de paille et des bottes de fougères, pour préserver de la froidure du gel le délicat troupeau et le sauver de la gale et de la goutte déformante. » p. 144

4. Livre IV

- « Poursuivant mon œuvre, je vais chanter le miel aérien, présent céleste : tourne encore tes regards, Mécène, de ce côté. Je t'offrirai en de petits objets un spectacle admirable : je te dirai les chefs magnanimes, et tour à tour les mœurs de la nation entière, ses passions, ses peuples, ses combats. Mince est le sujet, mais non mince la gloire, si des divinités jalouses laissent le poète chanter et si Apollon exauce ses vœux. » p. 155
- « D'abord il faut chercher pour les abeilles un séjour et une habitation où les vents n'aient aucun accès (car les vents les empêchent de porter

leur butin chez elles), où ni les brebis ni les chevreaux pétulants ne bondissent sur les fleurs, où la génisse, errant dans la plaine, ne vienne point secouer la rosée et fouler les herbes naissantes. » p. 155

- « Les ruches elles-mêmes, ou formées d'écorces creuses, ou tissées d'osier souple, doivent avoir d'étroites ouvertures : car, sous l'influence du froid, l'hiver condense le miel, et la chaleur le liquéfie et le fond. Les deux inconvénients sont pareillement à redouter pour les abeilles ; et ce n'est pas sans raison qu'on les voit dans leurs demeures boucher à l'envi avec de la cire les fentes les plus menues, en enduire les bords du suc pétri des fleurs, et recueillir et conserver pour cet usage une gomme plus onctueuse que la glu et que la poix de l'Ida de Phrygie. Souvent même, s'il faut en croire la renommée, elles se creusent des retraites souterraines pour tenir au chaud leur lare, et on en a trouvé logées dans les trous des pierres ponces et dans le creux d'un arbre miné. Ne laisse pas néanmoins d'enduire d'une couche de terre grasse les fentes de leurs demeures, pour que la chaleur règne de toutes parts, et jette par-dessus quelques feuillages. » p. 156
- « D'ailleurs, quand le soleil d'or a mis l'hiver en fuite et l'a relégué sous la terre, quand le ciel s'est rouvert à l'été lumineux, aussitôt les abeilles parcourent les fourrés et les bois, butinent les fleurs vermeilles, et effleurent, légères, la surface des cours d'eau. Transportées alors de je ne sais quelle douceur de vivre, elles choyent leurs couvées et leurs nids ; elles façonnent alors avec art la cire nouvelle et composent un miel consistant. » p. 156-157
- « Répands, dans ces lieux, les senteurs que je préconise : la mélisse broyée et l'herbe commune de la cérinthe ; fais-y retentir l'airain et agite à l'entour les cymbales de la Mère. D'elles-mêmes, les abeilles se poseront aux emplacements ainsi préparés ; d'elles-mêmes, elles s'enfermeront, suivant leur habitude, dans leur nouveau berceau. » p. 157
- « Mais quand les essaims volent sans but, jouent dans le ciel, dédaignent leurs rayons et délaissent leurs ruches froides, tu interdiras à leurs esprits inconstants ce jeu si vain. Tu n'auras point grand'peine à l'interdire : enlève leurs ailes aux rois ; les rois restant tranquilles, personne n'osera prendre son essor ni arracher du camp les enseignes. » p. 158
- « Pour moi, si, bientôt à la fin de mes peines, je ne pliais mes voiles et n'avais hâte de tourner ma proue vers la terre, peut-être chanterais-je

l'art d'embellir et d'orner les fertiles jardins, et les roseraies de Pestum qui fleurissent deux fois l'an. » p. 158-159

- « Maintenant allons ! Je vais exposer les instincts merveilleux dont Jupiter lui-même a doté les abeilles [...] Seules, elles élèvent leur progéniture en commun, possèdent des demeures indivises dans leur cité, et passent leur vie sous de puissantes lois ; seules, elles connaissent une patrie et des pénates fixes ; et, prévoyant la venue de l'hiver, elles s'adonnent l'été au travail et mettent en commun les trésors amassés. Les unes, en effet, veillent à la subsistance, et, fidèles au pacte conclu, se démènent dans les champs ; les autres, restées dans les enceintes de leurs demeures, emploient la larme du narcisse et la gomme gluante de l'écorce pour jeter les premières assises des rayons, puis elles y suspendent leurs cires compactes ; d'autres font sortir les adultes, espoir de la nation ; d'autres épaississent le miel le plus pur et gonflent les alvéoles d'un limpide nectar. Il en est à qui le sort a dévolu de monter la garde aux portes de la ruche ; et, tour à tour, elles observent les eaux et les nuées du ciel, ou bien reçoivent les fardeaux des arrivantes, ou bien encore, se formant en colonne, repoussent loin de leurs brèches la paresseuse troupe des frelons. C'est un effervescent travail, et le miel embaumé exhale l'odeur du thym. » p. 159-160
- « Ainsi, quand les Cyclopes se hâtent de forger les foudres avec des blocs malléables, les uns, armés de soufflets en peau de taureaux, reçoivent et restituent les souffles de l'air ; les autres plongent dans un bassin l'airain qui siffle ; l'Etna gémit sous le poids des enclumes ; eux lèvent de toutes leurs forces et laissent retomber leurs bras en cadence, et, avec la tenaille mordante, tournent et retournent le fer ; de même, s'il est permis de comparer les petites choses aux grandes, les abeilles de Cécrops sont tourmentées d'un désir inné d'amasser, chacune dans son emploi. Les plus vieilles sont chargées du soin de la place, de construire les rayons, de façonner les logis dignes de Dédale ; les plus jeunes rentrent fatiguées, à la nuit close, les pattes pleines de thym ; elles butinent, de çà, de là, sur les arbousiers et les saules glauques et le daphné et le safran rougeâtre et le tilleul onctueux, et les sombres hyacinthes. Souvent aussi, dans leurs courses errantes, elles se brisent les ailes contre des pierres dures, et vont jusqu'à rendre l'âme sous leur fardeau, tant elles aiment les fleurs et sont glorieuses de produire leur miel. » p. 160-161

- « Toutes se reposent de leurs travaux en même temps, toutes reprennent leur travail en même temps. Le matin, elles se ruent hors des portes ; aucune ne reste en arrière ; puis quand le soir les invite à quitter enfin les plaines où elles butinent, alors elles regagnent leurs logis, alors elles réparent leurs forces. » p. 161
- « Ce qui te paraîtra surtout admirable dans les mœurs des abeilles, c'est qu'elles ne se laissent pas aller à l'accouplement, qu'elles n'énervent pas languissamment leur corps au service de Vénus, et qu'elles ne mettent pas leurs petits au monde avec effort. » p. 161
- « Si parfois tu veux ouvrir la ruche auguste et prendre le miel en réserve dans ses trésors, commence par t'asperger d'eau puisée à une source, puis purifie ta bouche, et arme ta main d'un brandon aux fumées pénétrantes. Deux fois par an elles amoncellent leur abondante production, et la récolte se fait en deux saisons : l'une, quand la Pléiade Taygète montre à la terre son beau visage et repousse dédaigneusement du pied les flots de l'Océan ; l'autre, quand le même astre, fuyant la constellation du Poisson pluvieux, descend triste du ciel dans les ondes hivernales. Car leur colère dépasse toute mesure : si on les offense, elles font des piqûres venimeuses, laissent leurs dards invisibles dans les veines auxquelles elles se sont fixées, et rendent l'âme dans la plaie qu'elles font. » p. 162
- « Mais si tu crains pour tes abeilles un rude hiver, si tu penses à l'avenir, [4,240] si tu as pitié de leur désespoir et de leur détresse, alors n'hésite pas à faire des fumigations de thym et à retrancher les cires inutiles. » p. 162
- « Plus elles verront leurs trésors épuisés, plus elles mettront d'ardeur à réparer leurs pertes, remplissant les vides et tapissant leurs greniers du suc des fleurs. » p. 162
- « Voilà ce que je chantais sur les soins à donner aux guérets et aux troupeaux, ainsi que sur les arbres, pendant que le grand César lançait ses foudres guerrières contre l'Euphrate profond, et, vainqueur, donnait des lois aux peuples soumis, et se frayait un chemin vers l'Olympe. En ce temps-là, la douce Parthénope me nourrissait, moi, Virgile, florissant aux soins d'un obscur loisir, moi qui ai dit par jeu les chansons des bergers, et qui, audacieux comme la jeunesse, t'ai chanté, ô Tityre, sous le dôme d'un vaste hêtre. » p. 172

2. Simone Weil, *La Condition ouvrière* (éd. Folio essais)

1. « L'usine, le travail, les machines » (pages 49 à 76 et 205 à 351)

Lettres de Simone Weil à ses amis (p. 49-76)

Trois lettres à Albertine Thévenon

- « les semaines de travail, chaque effort en plus de ceux qui me sont imposés me coûte. » p. 51
- « il me semble qu'il me faudrait pour traduire ce qui importe un autre langage. Cette expérience, qui correspond par bien des côtés à ce que j'attendais, en diffère quand même par un abîme : c'est la réalité, non plus l'imagination. Elle a changé pour moi non pas telle ou telle de mes idées (beaucoup ont été au contraire confirmées), mais infiniment plus, toute ma perspective sur les choses, le sentiment même que j'ai de la vie. » p. 52
- « En ce qui concerne les choses exprimables, j'ai pas mal appris sur l'organisation d'une entreprise. C'est inhumain : travail parcellaire – à la tâche – organisation purement bureaucratique des rapports entre les divers éléments de l'entreprise, les différentes opérations du travail. L'attention, privée d'objets dignes d'elle, est par contre contrainte à se concentrer seconde par seconde sur un problème mesquin, toujours le même, avec des variantes : faire 50 pièces en 5 minutes au lieu de 6, ou quoi que ce soit de cet ordre. » p. 52
- « Mais ce que je me demande, c'est comment tout cela peut devenir humain : car si le travail parcellaire n'était pas à la tâche, l'ennui qui s'en dégage annihilerait l'attention, occasionnerait une lenteur considérable et des tas de loupés. Et si le travail n'était pas parcellaire… » p. 52
- « Seulement, quand je pense que les grands chefs bolcheviks prétendaient créer une classe ouvrière libre et qu'aucun d'eux – Trotsky sûrement pas, Lénine je ne crois pas non plus – n'avait sans doute mis le pied dans une usine et par suite n'avait la plus faible idée des conditions réelles qui déterminent la servitude ou la liberté pour

les ouvriers – la politique m'apparaît comme une sinistre rigolade. » p. 52-53

- « C'est seulement le samedi après-midi et le dimanche que je respire, me retrouve moi-même, réacquiers la faculté de rouler dans mon esprit des morceaux d'idées. D'une manière générale, la tentation la plus difficile à repousser, dans une pareille vie, c'est celle de renoncer tout à fait à penser : on sent si bien que c'est l'unique moyen de ne plus souffrir ! » p. 53
- « Ainsi il ne reste pas d'autre sentiment possible à l'égard de son propre sort que la tristesse. Alors on est tenté de perdre purement et simplement conscience de tout ce qui n'est pas le train-train vulgaire et quotidien de la vie. Physiquement aussi, sombrer, en dehors des heures de travail, dans une demi-somnolence est une grande tentation. » p. 53
- « J'ai le plus grand respect pour les ouvriers qui arrivent à se donner une culture. Ils sont le plus souvent costauds, c'est vrai. Quand même, il faut qu'ils aient quelque chose dans le ventre. » p. 53
- « Je tiens le coup, quand même. Et je ne regrette pas une minute de m'être lancée dans cette expérience. Bien au contraire, je m'en félicite infiniment toutes les fois que j'y pense. Mais, chose bizarre, j'y pense rarement. J'ai une faculté d'adaptation presque illimitée, qui me permet d'oublier que je suis un « professeur agrégé » en vadrouille dans la classe ouvrière, de vivre ma vie actuelle comme si j'y étais destinée depuis toujours (et, en un sens, c'est bien vrai) et que cela devait toujours durer, comme si elle m'était imposée par une nécessité inéluctable et non par mon libre choix. » p. 54
- « Je m'aperçois que je n'ai rien dit des compagnons de travail. [...] On est gentil, très gentil. Mais de vraie fraternité, je n'en ai presque pas senti. Une exception : le magasinier du magasin des outils, ouvrier qualifié, excellent ouvrier, et que j'appelle à mon secours toutes les fois que je suis réduite au désespoir par un travail que je n'arrive pas à bien faire, parce qu'il est cent fois plus gentil et plus intelligent que les régleurs (lesquels ne sont que des manœuvres spécialisés). » p. 54
- « Il y a pas mal de jalousie parmi les ouvrières, qui se font en fait concurrence, du fait de l'organisation de l'usine. Je n'en connais que 3 ou 4 pleinement sympathiques. Quant aux ouvriers, quelques-uns semblent très chics. Mais il y en a peu là où je suis, en dehors des régleurs, qui ne sont pas des vrais copains. » p. 54

- « J'aurais voulu te parler un peu de moi, je n'en ai plus le temps. J'ai beaucoup souffert de ces mois d'esclavage, mais je ne voudrais pour rien au monde ne pas les avoir traversés. Ils m'ont permis de m'éprouver moi-même et de toucher du doigt tout ce que je n'avais pu qu'imaginer. J'en suis sortie bien différente de ce que j'étais quand j'y suis entrée – physiquement épuisée, mais moralement endurcie (tu comprendras en quel sens je dis ça). » p. 56
- « cet endroit morne où on ne fait qu'obéir, briser sous la contrainte tout ce qu'on a d'humain, se courber, se laisser abaisser au-dessous de la machine. » p. 57
- « Une fois j'ai senti pleinement, dans l'usine, ce que j'avais pressenti, comme toi, du dehors. À ma première boîte. Imagine-moi, devant un grand four, qui crache au-dehors des flammes et des souffles embrasés que je reçois en plein visage. Le feu sort de cinq ou six trous qui sont dans le bas du four. Je me mets en plein devant pour enfourner une trentaine de grosses bobines de cuivre qu'une ouvrière italienne, au visage courageux et ouvert, fabrique à côté de moi ; c'est pour les trams et les métros, ces bobines. Je dois faire bien attention qu'aucune des bobines ne tombe dans un des trous, car elle y fondrait ; et pour ça, il faut que je me mette en plein en face du four, et que jamais la douleur des souffles enflammés sur mon visage et du feu sur mes bras (j'en porte encore la marque) ne me fasse faire un faux mouvement. » p. 57-58
- « La première fois, au bout d'une heure et demie, la chaleur, la fatigue, la douleur m'ont fait perdre le contrôle de mes mouvements ; je ne pouvais plus descendre le tablier du four. Voyant ça, tout de suite un des chaudronniers (tous de chics types) s'est précipité pour le faire à ma place. J'y retournerais tout de suite, dans ce petit coin d'atelier, si je pouvais (ou du moins dès que j'aurais retrouvé des forces). Ces soirs-là, je sentais la joie de manger un pain qu'on a gagné. » p. 59
- « Mais ça a été unique dans mon expérience de la vie d'usine. Pour moi, moi personnellement, voici ce que ça a voulu dire, travailler en usine. Ça a voulu dire que toutes les raisons extérieures (je les avais crues intérieures, auparavant) sur lesquelles s'appuyaient pour moi le sentiment de ma dignité, le respect de moi-même ont été en deux ou trois semaines radicalement brisées sous le coup d'une contrainte brutale et quotidienne. Et ne crois pas qu'il en soit résulté en moi des mouvements de révolte. Non, mais au contraire la chose au monde

que j'attendais le moins de moi-même – la docilité. Une docilité de bête de somme résignée. Il me semblait que j'étais née pour attendre, pour recevoir, pour exécuter des ordres – que je n'avais jamais fait que ça – que je ne ferais jamais que ça. Je ne suis pas fière d'avouer ça. C'est le genre de souffrances dont aucun ouvrier ne parle : ça fait trop mal même d'y penser. » p. 59

- « Lentement, dans la souffrance, j'ai reconquis à travers l'esclavage le sentiment de ma dignité d'être humain, un sentiment qui ne s'appuyait sur rien d'extérieur cette fois, et toujours accompagné de la conscience que je n'avais aucun droit à rien, que chaque instant libre de souffrances et d'humiliations devait être reçu comme une grâce, comme le simple effet de hasards favorables. » p. 59
- « Il y a deux facteurs, dans cet esclavage : la vitesse et les ordres. La vitesse : pour « y arriver » il faut répéter mouvement après mouvement à une cadence qui, étant plus rapide que la pensée, interdit de laisser cours non seulement à la réflexion, mais même à la rêverie. Il faut, en se mettant devant sa machine, tuer son âme pour 8 heures par jour, sa pensée, ses sentiments, tout. Est-on irrité, triste ou dégoûté, il faut ravaler, refouler tout au fond de soi, irritation, tristesse ou dégoût : ils ralentiraient la cadence. Et la joie de même. » p. 60
- « Les ordres : depuis qu'on pointe en entrant jusqu'à ce qu'on pointe en sortant, on peut à chaque moment recevoir n'importe quel ordre. Et toujours il faut se taire et obéir. L'ordre peut être pénible ou dangereux à exécuter, ou même inexécutable ; ou bien deux chefs donner des ordres contradictoires ; ça ne fait rien : se taire et plier. Adresser la parole à un chef – même pour une chose indispensable – c'est toujours, même si c'est un brave type (même les braves types ont des moments d'humeur) s'exposer à se faire rabrouer ; et quand ça arrive, il faut encore se taire. Quant à ses propres accès d'énervement et de mauvaise humeur, il faut les ravaler ; ils ne peuvent se traduire ni en paroles ni en gestes, car les gestes sont à chaque instant déterminés par le travail. Cette situation fait que la pensée se recroqueville, se rétracte, comme la chair se rétracte devant un bistouri. On ne *peut pas* être « conscient ». » p. 60
- « Tout ça, c'est pour le travail non qualifié, bien entendu. (Surtout celui des femmes.) » p. 60
- « Et à travers tout ça un sourire, une parole de bonté, un instant de contact humain ont plus de valeur que les amitiés les plus dévouées

parmi les privilégiés grands ou petits. Là seulement on sait ce que c'est que la fraternité humaine. Mais il y en a peu, très peu. Le plus souvent, les rapports même entre camarades reflètent la dureté qui domine tout là-dedans. » p. 60-61

Lettre à Nicolas Lazarévitch

- « Je dois avouer que je n'ai pas tenu le coup » p. 63
- « J'oubliais de vous dire, à propos de mon usine, que depuis que j'y suis-je n'ai entendu une seule fois parler de questions sociales, ni de syndicat ni de parti. » p. 64
- « Quant à l'idée de résister tant soit peu, elle ne vient à personne. » p. 64

Lettre à Simone Gibert

- « Un homme, s'il est très adroit, très intelligent et très costaud, peut à la rigueur espérer, dans l'état actuel de l'industrie française, arriver dans l'usine à un poste où il lui soit permis de travailler d'une manière intéressante et humaine ; et encore les possibilités de cet ordre diminuent de jour en jour avec les progrès de la rationalisation. Les femmes, elles, sont parquées dans un travail tout à fait machinal, où on ne demande que de la rapidité. Quand je dis machinal, ne croyez pas qu'on puisse rêver à autre chose en le faisant, encore moins réfléchir. Non, le tragique de cette situation, c'est que le travail est trop machinal pour offrir matière à la pensée, et que néanmoins il interdit toute autre pensée. Penser, c'est aller moins vite ; or il y a des normes de vitesse, établies par des bureaucrates impitoyables, et qu'il faut réaliser, à la fois pour ne pas être renvoyé et pour gagner suffisamment (le salaire étant aux pièces). » p. 67
- « Ajoutez, pour compléter le tableau, qu'on vit à l'usine dans une subordination perpétuelle et humiliante, toujours aux ordres des chefs. Bien entendu, tout cela fait plus ou moins souffrir, selon le caractère, la force physique, etc. ; il faudrait des nuances ; mais enfin, en gros, c'est ça. » p. 67-68
- « J'ai le sentiment, surtout, de m'être échappée d'un monde d'abstractions et de me trouver parmi des hommes réels – bons ou mauvais, mais d'une bonté ou d'une méchanceté véritable. La bonté surtout, dans une usine, est quelque chose de réel quand elle existe ; car le moindre acte de bienveillance, depuis un simple sourire jusqu'à un service rendu, exige qu'on triomphe de la fatigue,

de l'obsession du salaire, de tout ce qui accable et incite à se replier sur soi. » p. 68

Lettre à Boris Souvarine

- « Hier, j'ai fait le même boulot toute la journée (emboutissage à une presse). Jusqu'à 4 heures j'ai travaillé au rythme de 400 pièces à l'heure (j'étais à l'heure, remarquez, avec salaire de 3 F), avec le sentiment que je travaillais dur. À 4 heures, le contremaître est venu me dire que si je n'en faisais pas 800 il me renverrait : « Si, à partir de maintenant vous en faites 800, je consentirai peut-être à vous garder. » Vous comprenez, on nous fait une grâce en nous permettant de nous crever, et il faut dire merci. J'ai tendu toutes mes forces, et suis arrivée à 600 à l'heure. On m'a quand même laissée revenir ce matin (ils manquent d'ouvrières, parce que la boîte est trop mauvaise pour que le personnel y soit stable, et qu'il y a des commandes urgentes pour les armements). » p. 74
- « Hier soir, en sortant, j'étais dans un état que vous pouvez imaginer (heureusement les maux de tête du moins me laissaient du répit) ; au vestiaire, j'ai été étonnée de voir que les ouvrières étaient encore capables de babiller, et ne semblaient pas avoir au cœur la rage concentrée qui m'avait envahie. Quelques-unes pourtant (2 ou 3) m'ont exprimé des sentiments de cet ordre. Ce sont celles qui sont malades, et ne peuvent pas se reposer. Vous savez que le pédalage exigé par les presses est quelque chose de très mauvais pour les femmes ; une ouvrière m'a dit qu'ayant eu une salpingite, elle n'a pas pu obtenir d'être mise ailleurs que sur les presses. Maintenant, elle est enfin ailleurs qu'aux machines, mais la santé définitivement démolie. » p. 74-75
- « En revanche, une ouvrière qui est à la chaîne, et avec qui je suis rentrée en tram, m'a dit qu'au bout de quelques années, ou même d'un an, on arrive à ne plus souffrir, bien qu'on continue à se sentir abrutie. C'est à ce qu'il me semble le dernier degré de l'avilissement. Elle m'a expliqué comment elle et ses camarades étaient arrivées à se laisser réduire à cet esclavage (je le savais bien, d'ailleurs). Il y a 5 ou 6 ans, m'a-t-elle dit, on se faisait 70 F par jour, et « pour 70 F on aurait accepté n'importe quoi, on se serait crevé » p. 75
- « Il est certain que les ouvriers ont mérité leur sort : seulement la responsabilité est collective, et la souffrance est individuelle. Un être qui a le cœur bien placé doit pleurer des larmes de sang s'il se trouve pris dans cet engrenage. » p. 75

- « Car ces souffrances, je ne les ressens pas comme miennes, je les ressens en tant que souffrances des ouvriers, et que moi, personnellement, je les subisse ou non, cela m'apparaît comme un détail presque indifférent. Ainsi le désir de connaître et de comprendre n'a pas de peine à l'emporter. » p. 75-76
- « Cependant, je n'aurais peut-être pas tenu le coup si on m'avait laissé dans cet atelier infernal. Dans le coin où je suis maintenant, je suis avec des ouvriers qui ne s'en font pas. Je n'aurais jamais cru que d'un coin à l'autre d'une même boîte il puisse y avoir de pareilles différences. » p. 76

Documents de 1936 et 1937 (p. 205 à 351)

Un appel aux ouvriers de Rosières

- « On ne demande qu'une chose, c'est de ne plus penser à l'usine jusqu'au lendemain matin. C'est un état d'esprit tout à fait naturel, auquel il est bon de se laisser aller. Quand on est dans cet état d'esprit, on n'a rien de mieux à faire qu'à se détendre : causer avec des copains, lire des choses distrayantes, prendre l'apéro, faire une partie de cartes, jouer avec ses gosses. » p. 206
- « Mais est-ce qu'il n'y a pas aussi certains jours où cela vous pèse de ne jamais pouvoir vous exprimer, de toujours devoir garder pour vous ce que vous avez sur le cœur ? C'est à ceux qui connaissent cette souffrance-là que je m'adresse. Peut-être que quelques-uns d'entre vous ne l'ont jamais éprouvée. Mais quand on l'éprouve, c'est une vraie souffrance. » p. 206
- « Cette situation pèse parfois sur le cœur, n'est-il pas vrai ? Elle donne parfois le sentiment d'être une simple machine à produire. Ce sont là les conditions du travail industriel. Ce n'est la faute de personne. Peut-être bien que quelques-uns, parmi vous, s'en accommodent sans peine. C'est une question de tempérament. Mais il y a des caractères qui sont sensibles à ces choses-là. Pour les hommes de ce caractère, cet état de choses est quand même trop dur. » p. 206-207
- « Voici ce que je vous demande. Si un soir, ou bien un dimanche, ça vous fait tout d'un coup mal de devoir toujours renfermer en vous-mêmes ce que vous avez sur le cœur, prenez du papier et une plume. Ne cherchez pas des phrases bien tournées. Employez les premiers

mots qui vous viendront à l'esprit. Et dites ce que c'est pour vous que votre travail. » p. 207

- « Dites si le travail vous fait souffrir. Racontez ces souffrances, aussi bien les souffrances morales que les souffrances physiques. Dites s'il y a des moments où vous n'en pouvez plus ; si parfois la monotonie du travail vous écœure ; si vous souffrez d'être toujours préoccupés par la nécessité d'aller vite ; si vous souffrez d'être toujours sous les ordres des chefs. » p. 207
- « Dites aussi si vous éprouvez parfois la joie du travail, la fierté de l'effort accompli. S'il vous arrive de vous intéresser à votre tâche. Si certains jours vous avez plaisir à sentir que ça va vite, et que par suite vous gagnez bien. » p. 207
- « Dites enfin si, à l'usine, vous vous sentez soutenus par le sentiment réconfortant de vous trouver au milieu de copains, ou si au contraire vous vous sentez seuls.
- Surtout dites tout ce qui vous viendra à l'esprit, tout ce qui vous pèse sur le cœur. » p 208
- « Exprimez-vous bien sincèrement. N'atténuez rien, n'exagérez rien, ni en bien ni en mal. Je pense que cela vous soulagera un peu de dire la vérité sans réserves. » p. 209
- « Vos camarades vous liront. S'ils sentent comme vous, ils seront bien contents de voir imprimées des choses qui peut-être remuaient au fond de leur cœur sans pouvoir se traduire par des mots ; ou peut-être des choses qu'ils auraient su exprimer, mais taisaient par force. » p. 209
- « Vos chefs aussi vous liront. Ce qu'ils liront ne leur fera peut-être pas toujours plaisir. Ça n'a pas d'importance, Ça ne leur fera pas de mal d'entendre des vérités désagréables.
- Ils vous comprendront bien mieux après vous avoir lus. Bien souvent des chefs qui au fond sont des hommes bons se montrent durs, simplement parce qu'ils ne comprennent pas. » p. 209
- « La grande industrie est ce qu'elle est. Le moins qu'on puisse en dire, c'est qu'elle impose de dures conditions d'existence. Mais il ne dépend ni de vous ni des patrons de la transformer dans un avenir prochain. Dans une pareille situation, voici, il me semble, quel serait l'idéal. Il faudrait que les chefs comprennent quel est au juste le sort des hommes qu'ils utilisent comme main-d'œuvre. Et il faudrait que leur préoccupation dominante soit non d'augmenter toujours le

rendement au maximum, mais d'organiser les conditions de travail les plus humaines compatibles avec le rendement indispensable à l'existence de l'usine. Il faudrait d'autre part que les ouvriers connaissent et comprennent les nécessités auxquelles la vie de l'usine est soumise. Ils pourraient ainsi contrôler et apprécier la bonne volonté des chefs. Ils perdraient le sentiment d'être soumis à des ordres arbitraires, et les souffrances inévitables deviendraient peut-être moins amères à supporter. Bien sûr, cet idéal n'est pas réalisable. Les préoccupations quotidiennes pèsent beaucoup trop sur les uns et sur les autres. D'ailleurs la relation de chef à subordonné n'est pas de celles qui facilitent la compréhension mutuelle. On ne comprend jamais tout à fait ceux à qui on donne des ordres. On ne comprend jamais tout à fait non plus ceux de qui on reçoit des ordres. » p. 212.

Lettres à Victor Bernard

- « mon expérience de l'an passé me permet peut-être d'écrire de manière à alléger un peu le poids des humiliations que la vie impose jour par jour aux ouvriers de R., comme à tous les ouvriers des usines modernes. » p. 213
- « Rien ne paralyse plus la pensée que le sentiment d'infériorité nécessairement imposé par les atteintes quotidiennes de la pauvreté, de la subordination, de la dépendance. La première chose à faire pour eux, c'est de les aider à retrouver ou à conserver, selon le cas, le sentiment de leur dignité. » p. 213-214
- « Vous jugez la manière dont je me représente les conditions morales de vie des ouvriers trop poussée au noir. Que vous répondre, sinon vous répéter – si pénible que soit un pareil aveu – que j'ai eu, moi, tout le mal du monde à conserver le sentiment de ma dignité ? À parler plus franc, je l'ai à peu près perdu sous le premier choc d'un si brutal changement de vie, et il m'a fallu péniblement le retrouver. Un jour je me suis rendu compte que quelques semaines de cette existence avaient presque suffi à me transformer en bête de somme docile, et que le dimanche seulement je reprenais un peu conscience de moi-même. » p. 216
- « J'étais, il est vrai, très inférieure en résistance physique à la plupart de mes camarades – heureusement pour eux. Et la vie d'usine est tout autrement opprimante quand elle pèse sur le corps vingt-quatre heures sur vingt-quatre, ce qui était assez souvent mon cas, que quand

elle pèse seulement huit heures, ce qui est le cas des plus costauds. Mais d'autres circonstances compensaient dans une large mesure cette inégalité. » p. 217

- « On est très mal placé en haut pour se rendre compte et en bas pour agir. Je pense que c'est là, d'une manière générale, une des causes essentielles des malheurs humains. C'est pourquoi j'ai tenu à aller moi-même tout en bas, et y retournerai peut-être. C'est pourquoi aussi je voudrais tant pouvoir, dans quelque entreprise, collaborer d'en bas avec celui qui la dirige. Mais c'est sans doute une chimère. » p. 219
- « Les chefs arrivés en avance passaient par là ; les ouvrières – moi-même plus d'une fois parmi elles – attendaient bien patiemment dehors, devant cette porte ouverte, même sous une pluie battante. *Etcetera…* » p. 221
- « Dans l'Université, j'ai des droits, une dignité et une responsabilité à défendre. Qu'ai-je à défendre comme ouvrière d'usine, alors que je dois chaque jour renoncer à toute espèce de droits à l'instant même où je pointe à la pendule ? Je n'ai à y défendre que ma vie. S'il fallait à la fois subir la subordination de l'esclave et courir les dangers de l'homme libre, ce serait trop. » p. 222
- « . Je ne conçois les rapports humains que sur le plan de l'égalité ; dès lors que quelqu'un s'est mis à me traiter en inférieure, il n'y a plus à mes yeux de rapports humains possibles entre lui et moi, et je le traite à mon tour en supérieur, c'est-à-dire que je subis son pouvoir comme je subirais le froid ou la pluie. » p. 223
- « J'ai tiré en somme deux leçons de mon expérience. La première, la plus amère et la plus imprévue, c'est que l'oppression, à partir d'un certain degré d'intensité, engendre non une tendance à la révolte, mais une tendance presque irrésistible à la plus complète soumission. Je l'ai constaté sur moi-même, moi qui pourtant, vous l'avez deviné, n'ai pas un caractère docile ; c'est d'autant plus concluant. La seconde, c'est que l'humanité se divise en deux catégories, les gens qui comptent pour quelque chose et les gens qui comptent pour rien. Quand on est dans la seconde, on en arrive à trouver naturel de compter pour rien – ce qui ne veut certes pas dire qu'on ne souffre pas. » p. 223
- « Il faut toucher pour intéresser. À quel sentiment faire appel pour toucher des hommes dont la sensibilité est quotidiennement heurtée et comprimée par l'asservissement social ? Il faut, je crois, passer par le sentiment même qu'ils ont de cet asservissement. Je peux me tromper,

à vrai dire. Mais ce qui me confirme dans cette opinion, c'est qu'on ne trouve en général que deux espèces d'ouvriers qui s'instruisent tout seuls : ou des hommes désireux de monter en grade, ou des révoltés. J'espère que cette remarque ne vous fera pas peur. » p. 225

- « Vous semblez craindre de modifier le rapport de forces qui soumet les ouvriers à votre domination. Mais cela me paraît impossible. Deux choses seulement peuvent le modifier : ou le retour d'une prospérité économique assez grande pour que la main-d'œuvre manque, ou un mouvement révolutionnaire. Les deux sont tout à fait improbables dans un avenir prochain. » p. 226
- « Il est vrai que, quand on est pauvre et dépendant, on a toujours comme ressource, si l'on a l'âme forte, le courage et l'indifférence aux souffrances et aux privations. C'était la ressource des esclaves stoïciens. Mais cette ressource est interdite aux esclaves de l'industrie moderne. Car ils vivent d'un travail pour lequel, étant donné la succession machinale des mouvements et la rapidité de la cadence, il ne peut y avoir d'autre stimulant que la peur et l'appât des sous. Supprimer en soi ces deux sentiments à force de stoïcisme, c'est se mettre hors d'état de travailler à la cadence exigée. Le plus simple alors, pour souffrir le moins possible, est de rabaisser toute son âme au niveau de ces deux sentiments ; mais c'est se dégrader. » p. 228
- « Si l'on veut conserver sa dignité à ses propres yeux, on doit se condamner à des luttes quotidiennes avec soi-même, à un déchirement perpétuel, à un perpétuel sentiment d'humiliation, à des souffrances morales épuisantes ; car sans cesse on doit s'abaisser pour satisfaire aux exigences de la production industrielle, se relever pour ne pas perdre sa propre estime, et ainsi de suite. Voilà ce qu'il y a d'horrible dans la forme moderne de l'oppression sociale ; et la bonté ou la brutalité d'un chef ne peut pas y changer grand-chose. » p. 228
- « Je souhaite de tout mon cœur une transformation aussi radicale que possible du régime actuel dans le sens d'une plus grande égalité dans le rapport des forces. Je ne crois pas du tout que ce qu'on nomme de nos jours révolution puisse y mener. Après comme avant une révolution soi-disant ouvrière, les ouvriers de R. continueront à obéir passivement, aussi longtemps que la production sera fondée sur l'obéissance passive. Que le directeur de R. soit sous les ordres d'un administrateur délégué représentant quelques capitalistes, ou sous les ordres d'un « trust d'État » soi-disant socialiste, la seule différence sera que dans

le premier cas l'usine d'une part, la police, l'armée, les prisons, etc., de l'autre sont entre des mains différentes, et dans le second cas entre les mêmes mains. L'inégalité dans le rapport des forces n'est donc pas diminuée, mais accentuée. » p. 230-231

- « Mais je ne désire pourtant absolument pas susciter l'esprit de révolte, et cela moins dans l'intérêt de l'ordre que dans l'intérêt moral des opprimés. Je sais trop bien que lorsqu'on est sous les chaînes d'une nécessité trop dure, si on se révolte un moment, on tombe sur les genoux le moment d'après. L'acceptation des souffrances physiques et morales inévitables, dans la mesure précise où elles sont inévitables, c'est le seul moyen de conserver sa dignité. Mais acceptation et soumission sont deux choses bien différentes. » p. 232
- « L'esprit que je désire susciter, c'est précisément cet esprit de collaboration que vous m'opposiez. Mais un esprit de collaboration suppose une collaboration effective. » p. 232
- « Si vous passez à Paris, ne manquez pas de voir le nouveau film de Charlot. *[Il s'agit des Temps modernes, film qui représente des ouvriers à la chaîne dans les années 30 comme des robots reproduisant les mêmes gestes mécaniquement]* Voilà enfin quelqu'un qui a exprimé une partie de ce que j'ai ressenti. » p. 236
- « Il m'est apparemment impossible de me faire comprendre. Peut-être le film de Charlot y réussirait-il mieux que ce que je puis vous dire. » p. 236
- « À mon avis le travail doit tendre, dans toute la mesure des possibilités matérielles, à constituer une éducation. Et que penser d'une classe où l'on établirait des exercices de nature radicalement différente pour les mauvais élèves et pour les bons ? » p. 237
- « Il y a des inégalités naturelles. À mon avis, l'organisation sociale – en se plaçant du point de vue moral – est bonne pour autant qu'elle tend à les atténuer (en élevant, non en abaissant, bien entendu), mauvaise pour autant qu'elle tend à les aggraver, odieuse quand elle crée des cloisons étanches. » p. 237
- « Voyez-vous, ce n'est pas la subordination en elle-même qui me choque, mais certaines formes de subordination comportant des conséquences moralement intolérables. Par exemple, quand les circonstances sont telles que la subordination implique non seulement la nécessité d'obéir, mais aussi le souci constant de ne pas déplaire, cela me paraît dur à supporter. » p. 240

- « Au contraire quand les ordres confèrent une responsabilité à celui qui les exécute, exigent de sa part les vertus de courage, de volonté, de conscience et d'intelligence qui définissent la valeur humaine, impliquent une certaine confiance mutuelle entre le chef et le subordonné, et ne comportent que dans une faible mesure un pouvoir arbitraire entre les mains du chef, la subordination est une chose belle et honorable. » p. 240
- « Soit dit en passant, j'aurais été reconnaissante à un chef qui aurait bien voulu m'assigner un jour quelque tâche, même pénible, malpropre, dangereuse et mal rétribuée, mais qui aurait impliqué de sa part une certaine confiance en moi ; et j'aurais obéi, ce jour-là, de tout mon cœur. Et je suis sûre que beaucoup d'ouvriers sont comme moi. Il y a là une ressource morale qu'on n'utilise pas. » p. 241
- « Croyez-moi – et surtout, n'imaginez pas que je parle ironiquement – si ce mouvement gréviste a provoqué en moi une joie pure (joie assez vite remplacée, d'ailleurs, par l'angoisse qui ne me quitte pas depuis l'époque déjà lointaine où j'ai compris vers quelles catastrophes nous allons), c'est non seulement dans l'intérêt des ouvriers, mais aussi dans l'intérêt des patrons. Je ne pense pas en ce moment à l'intérêt matériel – peut-être les conséquences de cette grève seront-elles en fin de compte néfastes pour l'intérêt matériel des uns et des autres, on ne sait pas – mais à l'intérêt moral, au salut de l'âme. Je pense qu'il est bon pour les opprimés d'avoir pu pendant quelques jours affirmer leur existence, relever la tête, imposer leur volonté, obtenir des avantages dus à autre chose qu'à une générosité condescendante. Et je pense qu'il est également bon pour les chefs – pour le salut de leur âme –d'avoir dû à leur tour, une fois dans leur vie, plier devant la force et subir une humiliation. J'en suis heureuse pour eux. » p. 249

Lettres à Boris Souvarine à propos de Jacques Lafitte

- « Je pense que quand on a été ouvrière, il faut au moins devenir paysanne, pour que l'expérience ait un sens ; il n'y a pas que les villes au monde. Mais je ne sais pas quand je serai de nouveau en état de travailler dur. » p. 255

Deux lettres à Jacques Lafitte

- « Au lieu d'opposer stérilement le machinisme et l'artisanat, il faut chercher une forme supérieure de travail mécanique où le pouvoir créateur du travailleur ait un champ plus vaste que dans le travail artisanal. » p. 257

- « L'organisation du travail doit réaliser la combinaison de l'ordre et de la liberté. Les machines doivent, au lieu de séparer l'homme de la nature, lui fournir un moyen d'entrer en contact avec elle et d'accéder quotidiennement au sentiment du beau dans toute sa plénitude. » p. 257
- « J'imagine une économie décentralisée où nos bagnes industriels seraient remplacés par des ateliers disséminés un peu partout. Dans ces ateliers se trouveraient des machines automatiques extrêmement souples, qui permettraient de satisfaire dans une large mesure les besoins industriels de la région. Les ouvriers, tous très hautement qualifiés, passeraient le meilleur de leur temps au réglage. » p. 259

La vie et la grève des ouvrières métallos

- « Enfin, on respire ! C'est la grève chez les métallos. » p. 265
- « Me voici sur une machine. Compter cinquante pièces… les placer une à une sur la machine, d'un côté, pas de l'autre… manier à chaque fois un levier… ôter la pièce… en mettre une autre…encore une autre… compter encore… je ne vais pas assez vite. La fatigue se fait déjà sentir. Il faut forcer, empêcher qu'un instant d'arrêt sépare un mouvement du mouvement suivant. Plus vite, encore plus vite ! Allons bon ! Voilà une pièce que j'ai mise du mauvais côté. Qui sait si c'est la première ? Il faut faire attention. Cette pièce est bien placée. Celle-là aussi, Combien est-ce que j'en ai fait les dernières dix minutes ? Je ne vais pas assez vite. Je force encore, peu à peu, la monotonie de la tâche m'entraîne à rêver. Pendant quelques instants, je pense à bien des choses. Réveil brusque : combien est-ce que j'en fais ? Ça ne doit pas être assez. Ne pas rêver. Forcer encore. Si seulement je savais combien il faut en faire ! Je regarde autour de moi ! Personne ne lève la tête, jamais. Personne ne sourit. Personne ne dit un mot. Comme on est seul ! » p. 265
- « Il faut aller manger. J'ai encore un peu d'argent, heureusement. Mais il faut faire attention. Qui sait si on va me garder ici ? Si je ne chômerai pas encore des jours et des jours ? Il faut aller dans un de ces restaurants sordides qui entourent les usines. Ils sont chers, d'ailleurs. Certains plats semblent assez tentants, mais ce sont d'autres qu'il faut choisir, les meilleur marché. Manger coûte un effort encore. Ce repas n est pas une détente. Quelle heure est-il ? Il reste quelques moments

pour flâner. Mais sans s'écarter trop : pointer une minute en retard, c'est travailler une heure sans salaire. L'heure avance. Il faut rentrer. Voici ma machine. » p. 266

- « La sonnerie. Pointer, s'habiller, sortir de l'usine, le corps vidé de toute énergie vitale, l'esprit vide de pensée, le cœur submergé de dégoût, de rage muette, et par-dessus tout cela d'un sentiment d'impuissance et de soumission. Car le seul espoir pour le lendemain, c'est qu'on veuille bien me laisser passer encore une pareille journée. Quant aux jours qui suivront, c'est trop loin. L'imagination se refuse à parcourir un si grand nombre de minutes mornes. » p. 267
- « Un portillon est ouvert, mais officiellement « ce n'est pas ouvert ». Il pleut à torrents. Les femmes sont dehors sous la pluie, devant cette porte ouverte. Quoi de plus naturel que de s'abriter quand il pleut et que la porte d'une maison est ouverte ? Mais ce mouvement si naturel, en ne pense même pas à le faire devant cette usine, parce que c est défendu. Aucune maison étrangère n'est si étrangère que cette usine où on dépense quotidiennement ses forces pendant huit heures. » p. 268
- « Une scène de renvoi. On me renvoie d'une usine où j'ai travaillé un mois, sans qu'on m'ait jamais fait aucune observation. Et pourtant on embauche tous les jours. Qu'est-ce qu'on a contre moi ? On n'a pas daigné me le dire. Je reviens à l'heure de la sortie. Voilà le chef d'atelier. Je lui demande bien poliment une explication. Je reçois comme réponse : « Je n'ai pas de comptes à vous rendre », et aussitôt il s'en va. » p. 269
- « Des conversations, à l'usine. Un jour, une ouvrière amène au vestiaire un gosse de neuf ans. Les plaisanteries fusent. « Tu l'amènes travailler ? » Elle répond : « Je voudrais bien qu'il puisse travailler. » Elle a deux gosses et un mari malade à sa charge. Elle gagne bien de 3 à 4 francs de l'heure. Elle aspire au moment où enfin ce gosse pourra être enfermé à longueur de journée dans une usine pour rapporter quelques sous. Une autre, bonne camarade et affectueuse, qu'on interroge sur sa famille. « Vous avez des gosses ? » – Non, heureusement. C'est-à-dire, j'en avais un, mais il est mort. » Elle parle d'un mari malade qu'elle a eu huit ans à sa charge. « Il est mort, heureusement… » C'est beau, les sentiments, mais la vie est trop dure… » p. 269

- « Des scènes de paie. On défile comme un troupeau, devant le guichet, sous l'œil des contremaîtres. On ne sait pas ce qu'on touchera : il y aurait toujours à faire des calculs tellement compliqués que personne ne s'en sort, et il y a souvent de l'arbitraire. Impossible de se défendre du sentiment que ce peu d'argent qu'on vous passe à travers le guichet est une aumône. » p. 269
- « La faim. Quand on gagne 3 francs de l'heure, ou même 4 francs, ou même un peu plus, il suffit d'un coup dur, une interruption de travail, une blessure, pour devoir pendant une semaine ou plus travailler en subissant la faim. Pas la sous-alimentation, qui peut, elle, se produire en permanence, même sans coup dur – la faim. La faim jointe à un dur travail physique, c'est une sensation poignante. Il faut travailler aussi vite que d'habitude, sans quoi on ne mangera pas encore assez la semaine suivante. Et par-dessus le marché, on risque de se faire engueuler pour production insuffisante. » p. 269-270
- « Tous ces efforts, ils auront leur contrepartie : les quelques billets, les quelques pièces qu'on recevra au travers d'un guichet. Que demander d'autre ? On n'a droit à rien d'autre. On est là pour obéir et se taire. On est au monde pour obéir et se taire. » p. 270
- « Compter sous par sous. Pendant huit heures de travail, on compte sous par sous. Combien de sous rapporteront ces pièces ? Qu'est-ce que j'ai gagné cette heure-ci ? Et l'heure suivante ? En sortant de l'usine, on compte encore sous par sous. On a un tel besoin de détente que toutes les boutiques attirent. Est-ce que je peux prendre un café ? Mais ça coûte dix sous. » p. 270
- « Il ne faut pas se faire prendre par ce cercle. Il mène à l'épuisement, à la maladie, à la mort. Car quand on ne peut plus produire assez vite, on n'a plus droit à vivre. Ne voit-on pas les hommes de 40 ans refusés partout, à tous les bureaux d'embauche, quels que soient leurs certificats. ? À 40 ans, on est compté comme un incapable. Malheur aux incapables. » p. 271
- « La peur. Rares sont les moments de la journée où le cœur n'est pas un peu comprimé par une angoisse quelconque. Le matin, l'angoisse de la journée à traverser. Dans les rames de métro qui mènent à Billancourt, vers 6 h 1/2 du matin, on voit la plupart des visages contractés par cette angoisse. Si on n'est pas en avance, la peur de la pendule de pointage. Au travail, la peur de ne pas aller assez vite, pour tous ceux qui ont du mal à y arriver. La peur de louper des pièces en

forçant sur la cadence, parce que la vitesse produit une espèce d'ivresse qui annule l'attention. » p. 271-272

- « La contrainte. Ne jamais rien faire, même dans le détail, qui constitue une initiative. Chaque geste est simplement l'exécution d'un ordre. » p. 272
- « . On est à tout instant dans le cas de recevoir un ordre. On est une chose livrée à la volonté d'autrui. Comme ce n'est pas naturel à un homme de devenir une chose, et comme il n'y a pas de contrainte tangible, pas de fouet, pas de chaînes, il faut se plier soi-même à cette passivité. Comme on aimerait pouvoir laisser son âme dans la case où on met le carton de pointage, et la reprendre à la sortie ! Mais on ne peut pas. Son âme, on l'emporte à l'atelier. Il faut tout le temps la faire taire. » p. 273
- « Dès qu'on a senti la pression s'affaiblir, immédiatement les souffrances, les humiliations, les rancœurs, les amertumes silencieusement amassées pendant des années ont constitué une force suffisante pour desserrer l'étreinte. C'est toute l'histoire de la grève. Il n'y a rien d'autre. » p. 274
- « Le facteur décisif, il faut le dire, c'est le gouvernement du Front populaire. D'abord, on peut enfin – enfin ! – faire une grève sans police, sans gardes mobiles. Mais ça, ça joue pour toutes les corporations. Ce qui compte surtout, c'est que les usines de mécanique travaillent presque toutes pour l'État, et dépendent de lui pour boucler le budget. Cela, chaque ouvrier le sait. Chaque ouvrier, en voyant arriver au pouvoir le parti socialiste, a eu le sentiment que, devant le patron, il n'était plus le plus faible. La réaction a été immédiate. » p. 275
- « Mais ce n'est pas, je crois, cet état d'esprit qui a déterminé la grève. Non. En premier lieu on n'a pas eu la force d'attendre. Tous ceux qui ont souffert savent que lorsqu'on croit qu'on va être délivré d'une souffrance trop longue et trop dure, les derniers jours d'attente sont intolérable. » p. 275
- « Il s'agit, après avoir toujours plié, tout subi, tout encaissé en silence pendant des mois et des années, d'oser enfin se redresser. Se tenir debout. Prendre la parole à son tour. Se sentir des hommes, pendant quelques jours. Indépendamment des revendications, cette grève est en elle-même une joie. Une joie pure. Une joie sans mélange. Oui, une joie. J'ai été voir les copains dans une usine où j'ai travaillé il y

a quelques mois. J'ai passé quelques heures avec eux. Joie de pénétrer dans l'usine avec l'autorisation souriante d'un ouvrier qui garde la porte. Joie de trouver tant de sourires, tant de paroles d'accueil fraternel. Comme on se sent entre camarades dans ces ateliers où, quand j'y travaillais, chacun se sentait tellement seul sur sa machine ! » p. 275-276

- « On se détend complètement. On n'a pas cette énergie farouchement tendue, cette résolution mêlée d'angoisse si souvent observée dans les grèves. On est résolu, bien sûr, mais sans angoisse. On est heureux. On chante, mais pas l'Internationale, pas la Jeune Garde ; on chante des chansons, tout simplement, et c'est très bien. Quelques-uns font des plaisanteries, dont on rit pour le plaisir de s'entendre rire. On n'est pas méchant. Bien sûr, on est heureux de faire sentir aux chefs qu'ils ne sont pas les plus forts. C'est bien leur tour. Ça leur fait du bien. Mais on n'est pas cruel. On est bien trop content. On est sûr que les patrons céderont. On croit qu'il y aura un nouveau coup dur au bout de quelques mois, mais on est prêt. » p. 277
- « Et les revendications, que faut-il en penser ? Il faut noter d'abord un fait bien compréhensible, mais très grave. Les ouvriers font la grève, mais laissent aux militants le soin d'étudier le détail des revendications. Le pli de la passivité contracté quotidiennement pendant des années et des années ne se perd pas en quelques jours, même quelques jours si beaux. » p. 278
- « Je pense, pour moi, que le moment serait favorable, si on savait l'utiliser, pour constituer le premier embryon d'un contrôle ouvrier. Les patrons ne peuvent pas accorder des satisfactions illimitées c'est entendu ; que du moins ils ne soient plus seuls juges de ce qu'ils peuvent ou disent pouvoir. Que partout où les patrons invoquent comme motif de résistance la nécessité de boucler le budget, les ouvriers établissent une commission de contrôle des comptes constituée par quelques-uns d'entre eux, un représentant du syndicat, un technicien membre d'une organisation ouvrière. Pourquoi, là où l'écart entre leurs revendications et les offres du patronat est grand, n'accepteraient-ils pas de réduire considérablement leurs prétentions jusqu'à ce que la situation de l'entreprise s'améliore, et sous la condition d'un contrôle syndical permanent ? Pourquoi même ne pas prévoir dans le contrat collectif, pour les entreprises qui seraient au bord de la faillite, une dérogation possible aux clauses qui concernent les salaires, sous

la même condition ? Il y aurait alors enfin et pour la première fois, à la suite d'un mouvement ouvrier, une transformation durable dans le rapport des forces. » p. 279

- « Tout d'abord, l'inégalité entre les catégories sera-t-elle intégralement maintenue ou diminuée ? Il serait déplorable de la maintenir. L'effacer serait un soulagement, un progrès prodigieux quant à l'amélioration des rapports entre ouvriers. Si on se sent seul dans une usine, et on s'y sent très seul, c'est en grande partie à cause de l'obstacle qu'apportent aux rapports de camaraderie de petites inégalités, grandes par rapport à ces maigres salaires. Celui qui gagne un peu moins jalouse celui qui gagne un peu plus. Celui qui gagne un peu plus méprise celui qui gagne un peu moins. C'est ainsi. » p. 280
- « Dès lors, il est à craindre qu'à l'amélioration des salaires corresponde une nouvelle aggravation des conditions morales du travail, une terreur accrue dans la vie quotidienne de l'atelier, une aggravation de cette cadence du travail qui déjà brise le corps, le cœur et la pensée. Une loi impitoyable, depuis une vingtaine d'années, semble faire tout servir à l'aggravation de la cadence. » p. 281
- « Nul ne sait comment les choses tourneront. Plusieurs catastrophes sont à craindre. Mais aucune crainte n'efface la joie de voir ceux qui toujours, par définition, courbent la tête, la redresser. Ils n'ont pas, quoi qu'on suppose du dehors, des espérances illimitées. » p. 281
- « Mais ce qui est illimité, c'est le bonheur présent. Ils se sont enfin affirmés. Ils ont enfin fait sentir à leurs maîtres qu'ils existent. Se soumettre par force, c'est dur ; laisser croire qu'on veut bien se soumettre, c'est trop. Aujourd'hui, nul ne peut ignorer que ceux à qui on a assigné pour seul rôle sur cette terre de plier, de se soumettre et de se taire plient, se soumettent et se taisent seulement dans la mesure précise où ils ne peuvent pas faire autrement. Y aura-t-il autre chose ? Allons-nous enfin assister à une amélioration effective et durable des conditions du travail industriel ? L'avenir le dira ; mais cet avenir, il ne faut pas l'attendre, il faut le faire. » p. 281

Lettres à Auguste Detoeuf

- « le premier choc de cette vie d'ouvrière a fait de moi pendant un certain temps une espèce de bête de somme, que j'ai retrouvé peu à peu le sentiment de ma dignité seulement au prix d'efforts quotidiens et de souffrances morales épuisantes » p. 283

- « si je me taisais – ce que j'aimerais bien mieux – à quoi servirait que j'aie fait cette expérience ? » p. 283
- « J'ai toujours eu au contraire un vif penchant pour le travail manuel (quoique je ne sois pas douée à cet égard, c'est vrai) et notamment pour les tâches les plus pénibles. Longtemps avant de travailler en usine, j'avais appris à connaître le travail des champs : foins – moisson – battage – arrachage des pommes de terre (de 7 heures du matin à 10 heures du soir…), et malgré des fatigues accablantes j'y avais trouvé des joies pures et profondes. Croyez bien aussi que je suis capable de me soumettre avec joie et avec le maximum de bonne volonté à toute discipline nécessaire à l'efficacité du travail, pourvu que ce soit une discipline humaine. » p. 283
- « J'appelle humaine toute discipline qui fait appel dans une large mesure à la bonne volonté, à l'énergie et à l'intelligence de celui qui obéit. Je suis entrée à l'usine avec une bonne volonté ridicule, et je me suis aperçue assez vite que rien n'était plus déplacé. On ne faisait appel en moi qu'a ce qu'on pouvait obtenir par la contrainte la plus brutale. » p. 284
- « Au contraire, bien des choses en apparence insignifiantes – le pointage, la nécessité de présenter une carte d'identité à l'entrée de l'usine (chez Renault), la manière dont s'effectue la paie, de légères réprimandes – humilient profondément, parce qu'elles rappellent et rendent sensible la situation où on se trouve. De même pour les privations et pour la faim. » p. 285
- « La seule ressource pour ne pas souffrir, c'est de sombrer dans l'inconscience. C'est une tentation à laquelle beaucoup succombent, sous une forme quelconque, et à laquelle j'ai souvent succombé. Conserver la lucidité, la conscience, la dignité qui conviennent à un être humain, c'est possible, mais c'est se condamner à devoir surmonter quotidiennement le désespoir. Du moins c'est ce que j'ai éprouvé. » p. 285
- « Le mouvement actuel est à base de désespoir. C'est pourquoi il ne peut être raisonnable. » p. 285
- « Cependant je crois que si les choses tournent bien, c'est-à-dire si les ouvriers reprennent le travail dans un délai assez court, et avec le sentiment d'avoir remporté une victoire, la situation sera favorable dans quelque temps pour tenter des réformes dans vos usines. Il faudra d'abord leur laisser le temps de perdre le sentiment de leur force passagère, de perdre l'idée qu'on peut les craindre, de reprendre l'habitude

de la soumission et du silence. Après quoi vous pourrez peut-être établir directement entre eux et vous les rapports de confiance indispensables à toute action, en leur faisant sentir que vous les comprenez – si toutefois j'arrive à vous les faire comprendre, ce qui suppose évidemment d'abord que je ne me trompe pas en croyant les avoir compris moi-même. » p. 286

- « En tout cas les patrons, s'ils étaient sages, devraient tout faire pour que les satisfactions qu'ils accorderont donnent aux ouvriers l'impression d'une victoire. Dans leur état d'esprit actuel, ils ne supporteraient pas le sentiment de la défaite. » p. 286
- « Vous avez vu les *Temps modernes* [1], je suppose ? La machine à manger, voilà le plus beau et le plus vrai symbole de la situation des ouvriers dans l'usine. » p. 286
- « J'en reste toujours à mon idée, peut-être utopique, mais la seule issue, il me semble, autre que l'État totalitaire. Si la classe ouvrière impose aussi brutalement sa force, il faut qu'elle assume des responsabilités correspondantes. Il est inadmissible et en dernière analyse impossible qu'une catégorie sociale irresponsable impose ses désirs par la force et que les chefs, seuls responsables, soient contraints de céder. Il faut ou un certain partage des responsabilités, ou un rétablissement brutal de la hiérarchie, lequel n'irait sans doute pas, de quelque manière qu'il se fasse, sans effusion de sang. » p. 289
- « À cet effet, nous favoriserons l'organisation de cercles d'études techniques, économiques et sociales dans l'usine. Nous donnerons des locaux à ces cercles, nous les autoriserons à faire appel, pour des conférences, d'une part aux techniciens de l'usine, d'autre part à des techniciens et économistes membres des organisations syndicales ; nous organiserons pour eux des visites de l'usine avec explications techniques, nous favoriserons la création de bulletins de vulgarisation ; tout cela pour permettre aux ouvriers, et plus particulièrement aux délégués ouvriers, de comprendre ce qu'est l'organisation et la gestion d'une entreprise industrielle. » p. 290
- « Je conçois ainsi la question de l'autorité, sur le plan de la pure théorie : d'une part les chefs doivent commander, bien sûr, et les subordonnés obéir ; d'autre part les subordonnés ne doivent pas se sentir livrés corps et âme à une domination arbitraire, et à cet effet ils

1. Film de Charlie Chaplin.

doivent non certes collaborer à l'élaboration des ordres, mais pouvoir se rendre compte dans quelle mesure les ordres correspondent à une nécessité. » p. 190

- « Voilà qu'on reparle du contrôle de l'embauche et de la débauche. Dans les mines, on met des commissions paritaires, oui, avec les représentants ouvriers à côté du patron. Vous vous rendez compte ? On ne va plus pouvoir prendre et renvoyer qui on veut ? – Oh ! c'est incontestablement une violation de la liberté. –C'est la fin de tout ! » p. 292
- « ...Le patron est l'être le plus détesté. Détesté de tout le monde. Et c'est lui pourtant qui fait vivre tout le monde. Comme c'est étrange, cette injustice. Oui, détesté de tous, – Autrefois, au moins, il y avait des égards. » p. 293
- « Voici ce que la situation présente a de plus paradoxal. Les patrons, parce qu'ils croient qu'ils n'ont plus rien à perdre, prennent le vocabulaire et l'attitude révolutionnaire. Les ouvriers, parce qu'ils croient qu'ils ont quelque chose d'assez important à perdre, prennent le vocabulaire et l'attitude conservatrice. » p. 295
- « Mettez-vous un peu à la place de vos deux patrons. Ces hommes ont cru être tout-puissants dans leur entreprise ; ils y ont risqué ce qu'ils avaient d'argent ; ils ont probablement peiné longtemps et durement, avec de graves soucis ; ils se sont débattus pendant des années contre tout le monde : leurs concurrents, leurs fournisseurs, leurs clients, leur personnel. Ils ont été formés à regarder le monde comme composé d'ennemis, à ne pouvoir compter sur personne, que sur quelques employés exceptionnels, dont, la plupart du temps, ils trouvaient le dévouement naturel. Ils ont l'impression de n'avoir jamais rien demandé à personne, de n'avoir jamais désiré qu'une chose, c'est qu'on leur fiche la paix ; qu'on les laisse se débrouiller. » p. 296-297
- « Lorsqu'ils parlent de « crever », lorsqu'ils disent « qu'ils n'ont plus rien à perdre », pour une part, ils exagèrent ; ils cherchent à la fois, à trouver chez le confrère cet appui qui leur a toujours manqué, et à le convaincre qu'ils ont plus d'énergie et d'esprit collectif qu'ils n'en ont réellement. Mais ils le croient vraiment. Et ici, il faut bien que vous fassiez un effort d'imagination pour vous rendre compte que ces hommes n'ont pas tant d'imagination que vous leur en prêtez. N'avoir plus rien à perdre, pour eux, c'est abandonner leur entreprise, leur raison d'être, leur milieu social, tout ce qui est, pour eux, l'existence. » p. 298

- « Il faut accepter qu'il y ait des hommes bedonnants et qui ne raisonnent pas toujours très juste, pour qu'au lieu de quelques chômeurs à peu près secourus, il n'y ait pas un peuple entier crevant de faim et exposé à toutes les aventures. » p. 301

La rationalisation

- « Le mot de « rationalisation » est assez vague. Il désigne certaines méthodes d'organisation industrielle, plus ou moins rationnelles d'ailleurs, qui règnent actuellement dans les usines, sous diverges formes. Il y a, en effet, plusieurs méthodes de rationalisation, et chaque chef d'entreprise les applique à sa manière. Mais elles ont toutes des points communs et se réclament toutes de la science, en ce sens que les méthodes de rationalisation sont présentées comme des méthodes d'organisation scientifique du travail. » p. 303
- « Enfin, à notre époque, vers la fin du siècle dernier, on a songé à appliquer la science, non plus seulement à l'utilisation des forces de la nature, mais à l'utilisation de la force humaine de travail. » p. 303
- « on peut dire qu'il y a eu une deuxième révolution industrielle. La première se définit par l'utilisation scientifique de la matière inerte et des forces de la nature. La deuxième se définit par l'utilisation scientifique de la matière vivante, c'est-à-dire des hommes. » p. 303
- « le mouvement syndical s'intéresse encore plus au producteur qu'à la production, contrairement à la société bourgeoise qui s'intéresse surtout à la production plutôt qu'au producteur. » p. 304
- « Le problème du régime le plus désirable dans les entreprises industrielles est un des plus importants, peut-être même le plus important, pour le mouvement ouvrier. Il est d'autant plus étonnant qu'il n'ait jamais été posé. À ma connaissance, il n'a pas été étudié par égard. Les théoriciens étaient peut-être mal placés pour traiter ce sujet, faute d'avoir été eux-mêmes au nombre des rouages d'une usine. » p. 304
- « La société bourgeoise est atteinte d'une monomanie : la monomanie de la comptabilité. Pour elle, rien n'a de valeur que ce qui peut se chiffrer en francs et en centimes. Elle n'hésite jamais à sacrifier des vies humaines à des chiffres qui font bien sur le papier, chiffres de budget national ou de bilans industriels. » p. 305
- « L'ouvrier ne souffre pas seulement de l'insuffisance de la paie. Il souffre parce qu'il est relégué par la société actuelle à un rang inférieur, parce qu'il est réduit à une espèce de servitude. L'insuffisance des

salaires n'est qu'une conséquence de cette infériorité et de cette servitude. La classe ouvrière souffre d'être soumise à la volonté arbitraire des cadres dirigeants de la société, qui lui imposent, hors de l'usine, son niveau d'existence, et, dans l'usine, ses conditions de travail. » p. 306

- « Il y a donc deux questions à distinguer : l'exploitation de la classe ouvrière qui se définit par le profit capitaliste, et l'oppression de la classe ouvrière sur le lieu du travail qui se traduit par des souffrances prolongées, selon le cas, 48 heures ou 40 heures par semaine, mais qui peuvent se prolonger encore au-delà de l'usine sur les 24 heures de la journée. » p. 306
- « Si demain on chasse les patrons, si on collectivise les usines, cela ne changera en rien ce problème fondamental qui fait que ce qui est nécessaire pour sortir le plus grand nombre de produits possible, ce n'est pas nécessairement ce qui peut satisfaire les hommes qui travaillent dans l'usine. » p. 307
- « . La solution idéale, ce serait une organisation du travail telle qu'il sorte chaque soir des usines à la fois le plus grand nombre possible de produits bien faits et des travailleurs heureux. Si, par un hasard providentiel, on pouvait trouver une telle méthode de travail, assez parfaite pour rendre le travail joyeux, la question ne se poserait plus. Mais cette méthode n'existe pas, et c'est même tout le contraire qui se passe. » p. 307
- « C'est là le véritable problème, le problème le plus grave qui se pose à la classe ouvrière : trouver une méthode d'organisation du travail qui soit acceptable à la fois pour la production, pour le travail et pour la consommation. » p. 308
- « Je n'ai pas moi-même de solution à vous présenter. Ce n'est pas là quelque chose qu'on puisse improviser de toutes pièces sur le papier. C'est dans les usines seulement qu'on peut arriver peu à peu à imaginer un système de ce genre et à le mettre à l'épreuve, exactement comme les patrons et les chefs d'entreprises, les techniciens, sont arrivés peu à peu à concevoir et à mettre au point le système actuel. » p. 308
- « Pour caractériser le régime actuel de l'industrie et les changements introduits dans l'organisation du travail, on parle à peu près indifféremment de rationalisation ou de taylorisation. Le mot de rationalisation a plus de prestige auprès du public parce qu'il semble indiquer que l'organisation actuelle du travail est celle qui satisfait

toutes les exigences de la raison, une organisation rationnelle du travail devant nécessairement répondre à l'intérêt de l'ouvrier, du patron et du consommateur. Il semble vraiment que personne ne puisse s'élever là contre. Le pouvoir des mots est très grand, et on s'est beaucoup servi de celui-là ; de même que de l'expression « organisation scientifique du travail » parce que le mot « scientifique » a encore plus de prestige que le mot « rationnel ». » p. 309

- « Quoique Taylor ait baptisé son système « Organisation scientifique du travail », ce n'était pas un savant. Sa culture correspondait peut-être au baccalauréat, et encore ce n'est pas sûr. Il n'avait jamais fait d'études d'ingénieur. Ce n'était pas non plus un ouvrier à proprement parler, quoiqu'il ait travaillé en usine. Comment donc le définir ? C'était un contremaître, mais non pas de l'espèce de ceux qui sont venus de la classe ouvrière et qui en ont gardé le souvenir. » p. 310
- « Une singulière fantaisie le poussa alors à entrer dans une usine où il fit un apprentissage d'ouvrier mécanicien. Mais le contact quotidien avec la classe ouvrière ne lui donna à aucun degré l'esprit ouvrier. Au contraire, il semble qu'il y ait pris conscience d'une manière plus aiguë de l'opposition de classe qui existait entre ses compagnons de travail et lui-même, jeune bourgeois, qui ne travaillait pas pour vivre, qui ne vivait pas de son salaire, et qui, connu de la direction, était traité en conséquence. » p. 311
- « Une fois directeur, il a continué à être obsédé par cette unique préoccupation de pousser toujours davantage la cadence des ouvriers. Évidemment, ceux-ci se défendaient, et il en résultait que ses conflits avec les ouvriers allaient en s'aggravant. » p. 312
- « Elles étaient toutes inspirées par son désir d'augmenter la cadence des ouvriers et par sa mauvaise humeur devant leur résistance. Son grand souci était d'éviter toute perte de temps dans le travail. » p. 313
- « Il a cherché simplement les procédés les plus scientifiques pour utiliser au mieux les machines qui existaient déjà ; et non seulement les machines mais aussi les hommes. C'était son obsession. Il a fait son laboratoire pour pouvoir dire aux ouvriers : Vous avez eu tort de faire tel travail en une heure, il fallait le faire en une demi-heure. Son but était d'ôter aux travailleurs la possibilité de déterminer eux-mêmes les procédés et le rythme de leur travail, et de remettre entre les mains de la direction le choix des mouvements à exécuter au cours de la production. » p. 313

- « Avant Taylor, un contremaître faisait tout ; il s'occupait de tout. Actuellement, dans les usines, il y a plusieurs chefs pour un même atelier : il y a le contrôleur, il y a le contremaître, etc. » p. 314
- « ceux qui produiront nettement moins que ce maximum toucheront moins que le salaire vital. Autrement dit, il s'agit d'un procédé pour éliminer tous ceux qui ne sont pas des ouvriers de premier ordre capables d'atteindre ce maximum de production. » p. 315
- « Il y a eu d'abord le travail à la chaîne, inventé par Ford, qui a supprimé dans une certaine mesure le travail aux pièces et à la prime, même dans ses usines. La chaîne, originellement, c'est simplement un procédé de manutention mécanique. Pratiquement, c'est devenu une méthode perfectionnée pour extraire des travailleurs le maximum de travail dans un temps déterminé. Le système des montages à la chaîne a permis de remplacer des ouvriers qualifiés par des manœuvres spécialisés dans les travaux en série, où, au lieu d'accomplir un travail qualifié, il n'y a plus qu'à exécuter un certain nombre de gestes mécaniques qui se répètent constamment. » p. 316
- « Mais la rationalisation de Ford consiste non pas à travailler mieux, mais à faire travailler plus. En somme, le patronat a fait cette découverte qu'il y a une meilleure manière d'exploiter la force ouvrière que d'allonger la journée de travail. » p. 317
- « Au mois de juin, les paysans ont pensé que les ouvriers étaient des paresseux parce qu'ils ne voulaient travailler que quarante heures par semaine ; parce qu'on a l'habitude de mesurer le travail par la quantité d'heures et que cela se chiffre, tandis que le reste ne se chiffre pas.
- Mais l'intensité du travail peut varier. » p. 318
- « Il n'y a donc aucune limite à l'augmentation de la production en intensité. Taylor raconte avec orgueil qu'il est arrivé à doubler et même tripler la production dans certaines usines simplement par le système des primes, la surveillance des ouvriers et le renvoi impitoyable de ceux qui ne voulaient pas ou ne pouvaient pas suivre la cadence. » p. 319
- « Ce système a aussi réduit les ouvriers à l'état de molécules, pour ainsi dire, en en faisant une espèce de structure atomique dans les usines. Il a amené l'isolement des travailleurs. » p. 321
- « Ford dit ingénument qu'il est excellent d'avoir des ouvriers qui s'entendent bien, mais qu'il ne faut pas qu'ils s'entendent trop bien, parce

que cela diminue l'esprit de concurrence et d'émulation indispensable à la production. La division de la classe ouvrière est donc à la base de cette méthode. Le développement de la concurrence entre les ouvriers en fait partie intégrante ; comme l'appel aux sentiments les plus bas. Le salaire en est l'unique mobile. » p. 321-322

- « Par les moyens les plus grossiers, en employant comme stimulant à la fois la contrainte et l'appât du gain, en somme par une méthode de dressage qui ne fait appel à rien de ce qui est proprement humain, on dresse l'ouvrier comme on dresse un chien, en combinant le fouet et les morceaux de sucre. Heureusement qu'on n'en arrive pas là tout à fait, parce que la rationalisation n'est jamais parfaite et que, grâce au ciel, le chef d'atelier ne connaît jamais tout. Il reste des moyens de se débrouiller, même pour un ouvrier non qualifié. Mais si le système était strictement appliqué, ce serait exactement cela. » p. 323-324

Expérience de la vie d'usine

- « Le malheur de l'ouvrier à l'usine est encore plus mystérieux. Les ouvriers eux-mêmes peuvent très difficilement écrire, parler ou même réfléchir à ce sujet, car le premier effet du malheur est que la pensée veut s'évader ; elle ne veut pas considérer le malheur qui la blesse. » p. 328
- « L'usine pourrait combler l'âme par le puissant sentiment de vie collective – on pourrait dire unanime – que donne la participation au travail d'une grande usine. » p. 329
- « On est perdu dans cette grande rumeur, mais en même temps on la domine, parce que sur cette basse soutenue, permanente et toujours changeante, ce qui ressort, tout en s'y fondant, c'est le bruit de la machine qu'on manie soi-même. On ne se sent pas petit comme dans une foule, on se sent indispensable. » p. 329
- « C'est, dans une journée d'ouvrier, la première atteinte d'une règle dont la brutalité domine toute la partie de la vie passée parmi les machines ; le hasard n'a pas droit de cité à l'usine. Il y existe, bien entendu, comme partout ailleurs, mais il n'y est pas reconnu. » p. 330
- « Les fictions sont très puissantes à l'usine. Il y a des règles qui ne sont jamais observées, mais qui sont perpétuellement en vigueur. Les ordres contradictoires ne le sont pas selon la logique de l'usine. À travers tout cela il faut que le travail se fasse. À l'ouvrier de se débrouiller, sous peine de renvoi. Et il se débrouille. » p. 330

- « Non pas les souffrances liées aux nécessités du travail ; celles-là, on peut être fier de les supporter ; mais celles qui sont inutiles. Elles blessent l'âme parce que généralement on ne songe pas à aller s'en plaindre ; et on sait qu'on n'y songe pas. On est certain d'avance qu'on serait rabroué et qu'on encaisserait sans mot dire. Parler serait chercher une humiliation. Souvent, s'il y a quelque chose qu'un ouvrier ne puisse pas supporter, il aimera mieux se taire et demander son compte. » p. 331
- « Comme si quelqu'un répétait à l'oreille de minute en minute, sans qu'on puisse rien répondre : « Tu n'es rien ici. Tu ne comptes pas. Tu es là pour plier, tout subir et te taire. » Une telle répétition est presque irrésistible. On en arrive à admettre, au plus profond de soi, qu'on compte pour rien. » p. 331
- « Ce qui les y contraint surtout, c'est la manière dont ils subissent les ordres. On nie souvent que les ouvriers souffrent de la monotonie du travail, parce qu'on a remarqué que souvent un changement de fabrication est pour eux une contrariété. Pourtant le dégoût envahit l'âme, au cours d'une longue période de travail monotone. » p. 332
- « Le travail nouveau est imposé tout d'un coup, sans préparation, sous la forme d'un ordre auquel il faut obéir immédiatement et sans réplique. Celui qui obéit ainsi ressent alors brutalement que son temps est sans cesse à la disposition d'autrui. Le petit artisan qui possède un atelier de mécanique, et qui sait qu'il devra fournir dans une quinzaine tant de vilebrequins, tant de robinets, tant de bielles, ne dispose pas non plus arbitrairement de son temps ; mais du moins, la commande une fois admise, c'est lui qui détermine d'avance l'emploi de ses heures et de ses journées. » p. 332
- « Ce sont les sentiments attachés aux circonstances d'une vie qui rendent heureux ou malheureux, mais ces sentiments ne sont pas arbitraires, ils ne sont pas imposés ou effacés par suggestion, ils ne peuvent être changés que par une transformation radicale des circonstances elles-mêmes. Pour les changer, il faut d'abord les connaître. Rien n'est plus difficile à connaître que le malheur ; il est toujours un mystère. Il est muet, comme disait un proverbe grec. » p. 341
- « Même si on est préparé, le malheur même empêche cette activité de la pensée, et l'humiliation a toujours pour effet de créer des zones interdites où la pensée ne s'aventure pas et qui sont couvertes soit de silence soit de mensonge. Quand les malheureux se plaignent,

ils se plaignent presque toujours à faux, sans évoquer leur véritable malheur ; et d'ailleurs, dans le cas du malheur profond et permanent, une très forte pudeur arrête les plaintes. Ainsi chaque condition malheureuse parmi les hommes crée une zone de silence où les êtres humains se trouvent enfermés comme dans une île. Qui sort de l'île ne tourne pas la tête. » p. 341-342

- « L'usine devrait être un lieu de joie, un lieu où, même s'il est inévitable que le corps et l'âme souffrent, l'âme puisse aussi pourtant goûter des joies, se nourrir de joies. Il faudrait pour cela y changer, en un sens peu de choses, en un sens beaucoup. » p. 343-344
- « Certains annoncent une diminution, d'ailleurs ridiculement exagérée, de la durée du travail ; mais faire du peuple une masse d'oisifs qui seraient esclaves deux heures par jour n'est ni souhaitable, quand ce serait possible, ni moralement possible, quand ce serait possible matériellement. Nul n'accepterait d'être esclave deux heures ; l'esclavage, pour être accepté, doit durer assez chaque jour pour briser quelque chose dans l'homme. » p. 344
- « S'il y a un remède possible, il est d'un autre ordre et plus difficile à concevoir. Il exige un effort d'invention. Il faut changer la nature des stimulants du travail, diminuer ou abolir les causes de dégoût, transformer le rapport de chaque ouvrier avec le fonctionnement de l'ensemble de l'usine, le rapport de l'ouvrier avec la machine, et la manière dont le temps s'écoule dans le travail. » p. 344
- « . Il n'est pas question, bien entendu, de faire une conférence à chaque ouvrier avant chaque travail. Ce qui est possible, c'est de faire parcourir de temps à autre l'usine par chaque équipe d'ouvriers à tour de rôle, pendant quelques heures qui seraient payées au tarif ordinaire, et en accompagnant la visite d'explications techniques. Permettre aux ouvriers d'amener leurs familles pour ces visites serait mieux encore ; est-il naturel qu'une femme ne puisse jamais voir l'endroit où son mari dépense le meilleur de lui-même tous les jours et pendant toute la journée ? Tout ouvrier serait heureux et fier de montrer l'endroit où il travaille à sa femme et à ses enfants. Il serait bon aussi que chaque ouvrier voie de temps à autre, achevée, la chose à la fabrication de laquelle il a eu une part, si minime soit-elle, et qu'on lui fasse saisir quelle part exactement il y a prise. » p. 345
- « Il est vrai qu'ils ne fabriquent pas véritablement des objets tant qu'ils se bornent à répéter longtemps une combinaison de cinq ou

six gestes simples toujours identique à elle-même. Cela ne doit plus être. » p. 346

- « . On emploie de préférence un homme parce que l'homme est une machine qui obéit à la voix et qu'il suffit à un homme de recevoir un ordre pour substituer en un moment telle combinaison de mouvements à telle autre. Mais il existe des machines automatiques à usages multiples qu'on peut également faire passer d'une fabrication à une autre en remplaçant une came par une autre. Cette espèce de machines est encore récente et peu développée ; nul ne peut prévoir jusqu'à quel point on pourra la développer si l'on s'en donne la peine. » p. 347
- « Le temps et le rythme sont le facteur le plus important du problème ouvrier. Certes le travail n'est pas le jeu ; il est à la fois inévitable et convenable qu'il y ait dans le travail de la monotonie et de l'ennui, et d'ailleurs il n'est rien de grand sur cette terre, dans aucun domaine, sans une part de monotonie et d'ennui. » p. 347-348
- « Le travail du paysan obéit par nécessité à ce rythme du monde ; le travail de l'ouvrier, par sa nature même, en est dans une large mesure indépendant, mais il pourrait l'imiter. C'est le contraire qui se produit dans les usines. » p. 348
- « La transformation des machines peut seule empêcher le temps des ouvriers de ressembler à celui des horloges ; mais cela ne suffit pas ; il faut que l'avenir s'ouvre devant l'ouvrier par une certaine possibilité de prévision, afin qu'il ait le sentiment d'avancer dans le temps, d'aller à chaque effort vers un certain achèvement. » p. 349
- « De telles réformes sont difficiles, et certaines des circonstances de la période présente en augmentent la difficulté. En revanche le malheur était indispensable pour faire sentir qu'on doit changer quelque chose. Les principaux obstacles sont dans les âmes. » p. 350
- « Au reste l'effort à accomplir n'incombe pas seulement aux patrons et aux ouvriers, mais à toute la société ; notamment l'école devrait être conçue d'une manière toute nouvelle, afin de former des hommes capables de comprendre l'ensemble du travail auquel ils ont part. Non que le niveau des études théoriques doive être abaissé ; c'est plutôt le contraire ; on devrait faire bien plus pour provoquer l'éveil de l'intelligence ; mais en même temps l'enseignement devrait devenir beaucoup plus concret. » p. 351

- « Il est venu beaucoup de mal des usines, et il faut corriger ce mal dans les usines. C'est difficile, ce n'est peut-être pas impossible. Il faudrait d'abord que les spécialistes, ingénieurs et autres, aient suffisamment à cœur non seulement de construire des objets, mais de ne pas détruire des hommes. Non pas de les rendre dociles, ni même de les rendre heureux, mais simplement de ne contraindre aucun d'eux à s'avilir. » p. 351

2. « La condition ouvrière » (pages 389 à 397)

- « Les études précédemment parues concernant la condition ouvrière dans divers pays indiquent assez, quand on les compare, quelle distance sépare des hommes qui portent tous le même nom d'ouvriers. » p. 389
- « Tous les ouvriers travaillent soumis à des ordres, assujettis à un salaire ; pourtant y a-t-il plus que le nom de commun entre un ouvrier japonais ou indochinois et un ouvrier suédois ou un ouvrier français d'après juin 1936 ? Je dis d'après juin 1936, car au cours des sombres années qui ont précédé, la condition matérielle et morale des ouvriers français tendait cruellement à se rapprocher des pires formes du salariat. » p. 389
- « Il est vrai pourtant qu'il y a, dans les formes les plus élevées de la condition ouvrière, quelque chose de singulièrement instable ; elles comportent peu de sécurité. Autour d'elles les flots de la misère générale agissent comme une mer qui ronge des îlots. Les pays où les travailleurs sont misérables exercent par leur seule existence une pression perpétuelle sur les pays de progrès social pour y atténuer les progrès » p. 390
- « Au reste quand le progrès social a pris la forme d'un bouleversement révolutionnaire, il en est encore exactement de même ; ou plutôt le peuple d'un État révolutionnaire semble être à l'égard de ce phénomène encore plus vulnérable et plus désarmé que tout autre. » p. 391
- « On parle sans cesse, actuellement, de la production. Pour consommer, il faut d'abord produire, et pour produire il faut travailler. [...] C'est là, en effet, un obstacle au développement général du bien-être et des loisirs et qui tient à la nature des choses. Mais par lui-même il n'est

pas aussi grand qu'on l'imagine d'ordinaire. Car seul est nécessaire à produire ce qu'il est nécessaire de consommer ; ajoutons-y encore l'utile et l'agréable, à condition qu'il s'agisse de véritable utilité et de plaisirs purs » p. 391

- « mais que dire des travaux qui accablent une multitude de malheureux sans même procurer aux privilégiés grands et petits de vraie satisfaction ? Et combien ces travaux ne tiennent-ils pas de place dans notre production totale, si l'on osait faire le compte ? » p. 391
- « Pourtant de tels travaux sont, eux aussi, nécessaires, d'une nécessité qui tient non à la nature des choses, mais aux rapports humains ; inutiles à tous, ils sont nécessaires en chaque endroit du fait qu'on s'y livre partout ailleurs. » p. 391
- « On peut ainsi distinguer grossièrement deux classes de travaux. Si la récolte du blé diminuait en France de moitié, par suite de quelque fléau, les Français devraient mettre tout leur espoir dans une surabondance de blé au Canada ou ailleurs ; leur détresse deviendrait irrémédiable si la récolte avait en même temps diminué de moitié dans le monde entier. Au contraire, que le rendement des usines de guerre françaises diminue un beau jour de moitié, il n'en résultera pour la France aucun dommage, pourvu que pareille diminution ait lieu dans toutes les usines de guerre du monde. Le blé d'une part, la production de guerre de l'autre, constituent des exemples parfaits pour l'opposition qu'il s'agit d'illustrer. Mais la plupart des produits participent, à des degrés différents, de l'une et de l'autre catégorie. Ils servent pour une part à être consommés, et pour une part, soit à la guerre, soit à cette lutte analogue à la guerre qu'on appelle concurrence. » p. 392
- « C'est qu'une automobile ne sert pas seulement à rouler sur une route, elle est aussi une arme dans la guerre permanente que mènent entre elles la production française et celle des autres pays. » p. 393
- « À vrai dire, dans de telles conditions, beaucoup de gens seraient privés du plaisir de voir défiler les paysages à une cadence de cent kilomètres à l'heure ; en revanche, des milliers, des milliers et des milliers d'ouvriers pourraient enfin respirer, jouir du soleil, se mouvoir au rythme de la respiration, faire d'autres gestes que ceux imposés par des ordres ; tous ces hommes, qui mourront, connaîtraient de la vie, avant de mourir, autre chose que la hâte vertigineuse et monotone des heures de travail, l'accablement des repos trop brefs, la misère insondable des jours de chômage et des années de vieillesse. » p. 393

- « il n'est pas question de supprimer la concurrence dans ce pays, à plus forte raison dans le monde. Ce qui apparaît comme éminemment souhaitable, ce serait d'ajouter au jeu de la concurrence quelques règles. » p. 394
- « À première vue, on pourrait supposer que lorsqu'un pays a réalisé des progrès sociaux qui le compromettent dans la lutte économique, toutes les classes sociales de ce pays doivent, ne serait-ce que par intérêt, unir leurs efforts pour donner aux réformes accomplies la plus grande extension possible en dehors des frontières. Il n'en est pourtant pas ainsi. » p. 394
- « Pareilles choses n'auraient pas lieu si les hommes n'étaient menés que par l'intérêt ; mais à côté de l'intérêt, il y a l'orgueil. Il est doux d'avoir des inférieurs ; il est pénible de voir des inférieurs acquérir des droits, même limités, qui établissent entre eux et leurs supérieurs, à certains égards, une certaine égalité. » p. 395
- « Le souci le plus pressant de beaucoup d'hommes situés plus ou moins haut sur l'échelle sociale est de maintenir leurs inférieurs « à leur place ». Non sans raison après tout ; car s'ils quittent une fois « leur place », qui sait jusqu'où ils iront ? » p. 395
- « Sans doute, dans les grands moments, l'enthousiasme déborde les frontières ; on a pu le constater en ce mois épique de juin 1936, et on a vu l'occupation des usines non seulement s'essayer en Belgique, mais encore enjamber l'océan et trouver aux États-Unis une extension inattendue. Sans doute aussi on a vu parfois une grande lutte ouvrière partiellement alimentée par des souscriptions venues de l'étranger. Néanmoins il n'y a pas de stratégie concertée, les états-majors n'unissent pas leurs armes et ne mettent pas d'unité dans leurs revendications ; on constate souvent même une ignorance surprenante à l'égard de ce qui se passe hors du territoire national. L'internationalisme ouvrier est jusqu'ici plus verbal que pratique. » p. 395-396
- « Réciproquement, l'action ouvrière sera, par un triste paradoxe, et malgré les doctrines internationales, un obstacle à la détente des rapports internationaux aussi longtemps qu'on se laissera vivre dans la déplorable incurie actuelle.
- C'est ainsi que les ouvriers français redouteront toujours de voir pénétrer en France les travailleurs des pays surpeuplés aussi longtemps que les étrangers y seront légalement abaissés à une situation de parias, privés de toute espèce de droits, impuissants à participer à

la moindre action syndicale sans risquer la mort lente par la misère, expulsables à merci. Le progrès social dans un pays a comme conséquence paradoxale la tendance à fermer les frontières aux produits et aux hommes. » p. 396

3. « Condition première d'un travail non servile » (pages 418 à 434)

- « Il y a dans le travail des mains et en général dans le travail d'exécution, qui est le travail proprement dit, un élément irréductible de servitude que même une parfaite équité sociale n'effacerait pas. C'est le fait qu'il est gouverné par la nécessité, non par la finalité. On l'exécute à cause d'un besoin, non en vue d'un bien ; « parce qu'on a besoin de gagner sa vie », comme disent ceux qui y passent leur existence. » p. 418-419
- « L'écœurement, la lassitude, le dégoût, c'est la grande tentation de ceux qui travaillent, surtout s'ils sont dans des conditions inhumaines, et même autrement. Parfois cette tentation mord davantage les meilleurs. » p. 419
- « Exister n'est pas une fin pour l'homme, c'est seulement le support de tous les biens, vrais ou faux. Les biens s'ajoutent à l'existence. Quand ils disparaissent, quand l'existence n'est plus ornée d'aucun bien, quand elle est nue, elle n'a plus aucun rapport au bien. Elle est même un mal. » p. 419
- « En échange de la vie qu'on lui laissait, il [l'esclave dans l'Antiquité] devait dans l'esclavage épuiser son énergie en efforts, tout le long du jour, tous les jours, sans rien pouvoir espérer, sinon de n'être pas tué ou fouetté. Il ne pouvait plus poursuivre aucun bien sinon d'exister. Les anciens disaient que le jour qui l'avait fait esclave lui avait enlevé la moitié de son âme. » p. 420
- « Mais toute condition où l'on se trouve nécessairement dans la même situation au dernier jour d'une période d'un mois, d'un an, de vingt ans d'efforts qu'au premier jour a une ressemblance avec l'esclavage. La ressemblance est l'impossibilité de désirer une chose autre que celle qu'on possède, d'orienter l'effort vers l'acquisition d'un bien. On fait effort seulement pour vivre. » p. 420
- « L'unité de temps est alors la journée. Dans cet espace on tourne en rond. On y oscille entre le travail et le repos comme une balle qui serait renvoyée d'un mur à l'autre. On travaille seulement parce

qu'on a besoin de manger. Mais on mange pour pouvoir continuer à travailler. Et de nouveau on travaille pour manger. » p. 420

- « Tout est intermédiaire dans cette existence, tout est moyen, la finalité ne s'y accroche nulle part. La chose fabriquée est un moyen ; elle sera vendue. » p. 420
- « Il ne faut pas chercher de causes à la démoralisation du peuple. La cause est là ; elle est permanente ; elle est essentielle à la condition du travail. » p. 420
- « Le dimanche est le jour où l'on veut oublier qu'il existe une nécessité du travail. Pour cela il faut dépenser. Il faut être habillé comme si on ne travaillait pas. Il faut des satisfactions de vanité et des illusions de puissance que la licence procure très facilement. La débauche a exactement la fonction d'un stupéfiant, et l'usage des stupéfiants est toujours une tentation pour ceux qui souffrent. » p. 421
- « Enfin la révolution est encore une compensation de même nature ; c'est l'ambition transportée dans le collectif, la folle ambition d'une ascension de tous les travailleurs hors de la condition de travailleurs. » p. 421
- « Le sentiment révolutionnaire est d'abord chez la plupart une révolte contre l'injustice, mais il devient rapidement chez beaucoup, comme il est devenu historiquement, un impérialisme ouvrier tout à fait analogue à l'impérialisme national. Il a pour objet la domination tout à fait illimitée d'une certaine collectivité sur l'humanité tout entière et sur tous les aspects de la vie humaine. » p. 421
- « En tant que révolte contre l'injustice sociale l'idée révolutionnaire est bonne et saine. En tant que révolte contre le malheur essentiel à la condition même des travailleurs, elle est un mensonge. Car aucune révolution n'abolira ce malheur. Mais ce mensonge est ce qui a la plus grande emprise, car ce malheur essentiel est ressenti plus vivement, plus profondément, plus douloureusement que l'injustice elle-même. » p. 421
- « Le nom d'opium du peuple que Marx appliquait à la religion a pu lui convenir quand elle se trahissait elle-même, mais il convient essentiellement à la révolution. L'espoir de la révolution est toujours un stupéfiant. » p. 421
- « Mais un ouvrier qui devient très riche cesse d'être un ouvrier, et il en est presque toujours de même d'un paysan. Un ouvrier ne peut pas être mordu par le désir de l'argent sans désirer sortir, seul ou avec tous ses camarades, de la condition ouvrière. » p. 422

- « L'univers où vivent les travailleurs refuse la finalité. Il est impossible qu'il y pénètre des fins, sinon pour de très brèves périodes qui correspondent à des situations exceptionnelles. » p. 422
- « Ce vide pesant fait beaucoup souffrir. Il est sensible même à beaucoup de ceux dont la culture est nulle et l'intelligence faible. Ceux qui, par leur condition, ne savent pas ce que c'est ne peuvent pas juger équitablement les actions de ceux qui le supportent toute leur vie. Il ne fait pas mourir, mais il est peut-être aussi douloureux que la faim. Peut-être davantage. » p. 423
- « Il n'y a pas le choix des remèdes. Il n'y en a qu'un seul. Une seule chose rend supportable la monotonie, c'est une lumière d'éternité ; c'est la beauté. » p. 423
- « On regarde avec désir le ciel étoilé d'une nuit claire, et ce qu'on désire, c'est uniquement le spectacle qu'on possède. » p. 423
- « Puisque le peuple est contraint de porter tout son désir sur ce qu'il possède déjà, la beauté est faite pour lui et il est fait pour la beauté. La poésie est un luxe pour les autres conditions sociales. Le peuple a besoin de poésie comme de pain. Non pas la poésie enfermée dans les mots ; celle-là, par elle-même, ne peut lui être d'aucun usage. Il a besoin que la substance quotidienne de sa vie soit elle-même poésie. » p. 424
- « Une telle poésie ne peut avoir qu'une source. Cette source est Dieu. Cette poésie ne peut être que religion. [...] La condition des travailleurs est celle où la faim de finalité qui constitue l'être même de tout homme ne peut pas être rassasiée, sinon par Dieu. » p. 424
- « Pour les travailleurs il n'y a pas d'écran. Rien ne les sépare de Dieu. Ils n'ont qu'à lever la tête. Le difficile pour eux est de lever la tête. » p. 424
- « quiconque travaille, soulève des fardeaux, manie des leviers doit aussi de son faible corps faire contrepoids à l'univers. Cela est trop lourd, et souvent l'univers fait plier le corps et l'âme sous la lassitude. Mais celui qui s'accroche au ciel fera facilement contrepoids. Celui qui a une fois aperçu cette pensée ne peut pas en être distrait par la fatigue, l'ennui et le dégoût. Il ne peut qu'y être ramené. » p. 427
- « Le soleil et la sève végétale parlent continuellement, dans les champs, de ce qu'il y a de plus grand au monde. Nous ne vivons pas d'autre chose que d'énergie solaire ; nous, la mangeons, et c'est elle qui nous maintient debout, qui fait mouvoir nos muscles, qui corporellement opère en nous tous nos actes. » p. 427

- « Parfois il suffirait au travailleur d'étendre à toutes les choses sans exception son attitude à l'égard du travail pour posséder la plénitude de la vertu. Il y a aussi des symboles à trouver pour ceux qui ont des besognes d'exécution autres que le travail physique. On peut en trouver pour les comptables dans les opérations élémentaires de l'arithmétique, pour les caissiers dans l'institution de la monnaie, et ainsi de suite. Le réservoir est inépuisable. » p. 429
- « Transmettre aux adolescents ces grandes images, liées à des notions de science élémentaire et de culture générale, dans des cercles d'études. Les proposer comme thèmes pour leurs fêtes, pour leurs tentatives théâtrales. Instituer autour d'elles des fêtes nouvelles, par exemple la veille du grand jour où un petit paysan de quatorze ans laboure seul pour la première fois. » p. 429
- « On leur éviterait ainsi le sentiment d'infériorité intellectuelle si fréquent et parfois si douloureux, et aussi l'assurance orgueilleuse qui s'y substitue quelquefois après un léger contact avec les choses de l'esprit. Les intellectuels, de leur côté, pourraient ainsi éviter à la fois le dédain injuste et l'espèce de déférence non moins injuste que la démagogie avait mise à la mode, il y a quelques années, dans certains milieux. Les uns et les autres se rejoindraient, sans aucune inégalité, au point le plus haut, celui de la plénitude de l'attention, qui est la plénitude de la prière. » p. 429
- « De même qu'une symbolique permettrait de bêcher et de faucher en pensant à Dieu, de même une méthode transformant les exercices scolaires en préparation pour cette espèce supérieure d'attention permettrait seule à un adolescent de penser à Dieu pendant qu'il s'applique à un problème de géométrie ou à une version latine. Faute de quoi le travail intellectuel, sous un masque de liberté, est lui aussi un travail servile. » p. 430
- « Dans notre société la différence d'instruction produit, plus que la différence de richesse, l'illusion de l'inégalité sociale. » p. 431
- « Le point d'unité du travail intellectuel et du travail manuel, c'est la contemplation, qui n'est pas un travail. Dans aucune société celui qui manie une machine ne peut exercer la même espèce d'attention que celui qui résout un problème. Mais l'un et l'autre peuvent, également s'ils le désirent et s'ils ont une méthode, en exerçant chacun l'espèce d'attention qui constitue son lot propre dans la société, favoriser l'apparition et le développement d'une autre attention située au-dessus de

toute obligation sociale, et qui constitue un lien direct avec Dieu. » p. 431

- « Une certaine subordination et une certaine uniformité sont des souffrances inscrites dans l'essence même du travail et inséparables de la vocation surnaturelle qui y correspond. Elles ne dégradent pas. Tout ce qui s'y ajoute est injuste et dégrade. Tout ce qui empêche pas de retrouver la source perdue d'une telle poésie, il faut encore que les circonstances mêmes du travail lui permettent d'exister. Si elles sont mauvaises, elles la tuent. » p. 432
- « Les privations seraient mieux à leur place dans toute autre condition sociale que dans celle-là. La nourriture, le logement, le repos et le loisir doivent être tels qu'une journée de travail prise en elle-même soit normalement vide de souffrance physique. D'autre part le superflu non plus n'est pas à sa place dans cette vie ; car le désir du superflu est par lui-même illimité et implique celui d'un changement de condition. Toute la publicité, toute la propagande, si variée dans ses formes, qui cherche à exciter le désir du superflu dans les campagnes et parmi les ouvriers doit être regardée comme un crime. » p. 432
- « Un individu peut toujours sortir de la condition ouvrière ou paysanne, soit par manque radical d'aptitude professionnelle, soit par la possession d'aptitudes différentes ; mais pour ceux qui y sont, il ne devrait y avoir de changement possible que d'un bien-être étroitement borné à un bien-être large ; il ne devrait y avoir aucune occasion pour eux de craindre tomber à moins ou d'espérer parvenir à plus. La sécurité devrait être plus grande dans cette condition sociale que dans toute autre. Il ne faut donc pas que les hasards de l'offre et de la demande en soient maîtres. » p. 432-433
- « L'autorité ne doit y être présente que là où il est tout à fait impossible qu'elle soit absente. Ainsi la petite propriété paysanne vaut mieux que la grande. Dès lors, partout où la petite est possible, la grande est un mal. De même la fabrication de pièces usinées dans un petit atelier d'artisan vaut mieux que celle qui se fait sous les ordres d'un contremaître. » p. 433
- « Mais le pire attentat, celui qui mériterait peut-être d'être assimilé au crime contre l'Esprit, qui est sans pardon, s'il n'était probablement commis par des inconscients, c'est l'attentat contre l'attention des travailleurs. Il tue dans l'âme la faculté qui y constitue la racine même de toute vocation surnaturelle. La basse espèce d'attention

exigée par le travail taylorisé n'est compatible avec aucune autre, parce qu'elle vide l'âme de tout ce qui n'est pas le souci de la vitesse. Ce genre de travail ne peut pas être transfiguré, il faut le supprimer. » p. 433

- « toute la société doit être constituée d'abord de telle manière que le travail ne tire pas vers en bas ceux qui l'exécutent. » p. 434
- « Il ne suffit pas de vouloir leur [les travailleurs manuels] éviter des souffrances, il faut vouloir leur joie. Non pas des plaisirs qui se paient, mais des joies gratuites qui ne portent pas atteinte à l'esprit de pauvreté. » p. 434
- « Tout devrait être disposé pour que rien d'essentiel ne leur [les travailleurs manuels] manque. » p. 434
- « Si la vocation de l'homme est d'atteindre la joie pure à travers la souffrance, ils [les travailleurs manuels] sont placés mieux que tous les autres pour l'accomplir de la manière la plus réelle. » p. 434

3. Michel Vinaver, *Par-dessus bord*

Ce relevé de citations s'appuie sur l'édition de la version « hyper-brève » de la pièce publiée chez Actes Sud dans le deuxième volume du théâtre complet de Michel Vinaver.

1. Premier mouvement : cartes sur table

- « LUBIN : Quelque chose aujourd'hui à vous présenter de sensationnel
  MADAME LEPINE : Tout est toujours sensationnel
  LUBIN : Un événement sans précédent
  MADAME LEPINE : Aujourd'hui c'est en ordre je n'ai besoin de rien
  LUBIN : Une offre incroyable que ma société a étudiée spécialement pour vous parce que vous savez les temps sont difficiles » p. 247
- « LUBIN : C'est pour vous faire gagner de l'argent
  MADAME LEPINE : Pour gagner il faut vendre
  LUBIN : C'est pour vous faire vendre que nous avons mis au point une offre avantageuse pour vous et pour vos détaillants un million huit cent mille femmes en France vont se jeter dessus
  MADAME LEPINE : Je ne suis pas acheteuse aujourd'hui » p. 248

- « PASSEMAR : Je suis l'auteur de cette pièce dès le plus jeune âge se manifestait mon don d'écrire à neuf ans j'avais composé une pièce en un acte qui s'appelle *La révolte des légumes* mais il fallait vivre alors ç'a été cette petite annonce jeune licencié ès lettres présentant bien et ils m'ont embauché chez Ravoire et Dehaze pour succéder à un chef de section au service facturation qui s'était suicidé sans raison apparente » p. 251
- « chez Ravoire et Dehaze ils ne connaissaient pas mon activité littéraire pour eux j'étais un cadre qui faisait à peu près correctement son boulot je dépendais je dépends toujours de madame Alvarez [...] l'an prochain elle prend sa retraite et mon Dieu si les événements ne prennent pas une autre tournure du fait de l'entrée en scène des Américains j'ai l'impression que je ne suis pas mal placé pour la succession » p. 251
- « MADAME ALVAREZ : Passemar ça n'est pas admissible j'apprends que nous sommes de nouveau en rupture de Super-Douceur
  PASSEMAR : Depuis trois jours
  MADAME ALVAREZ : Et vous n'avez pas réagi ?
  PASSEMAR : L'usine ne suit pas » p. 251-252
- « MADAME ALVAREZ : Un bon papier c'est comme un bon service des ventes ça résiste et ça fait son travail
- DUTOT : Un bon service administratif est un service qui suit le mouvement madame Alvarez et qui se laisse oublier
  Il s'efface.
  MADAME ALVAREZ : Je me demande Passemar ce qui lui donne d'un seul coup tant d'assurance à cette tapette » p. 252
- DEHAZE : Mes ventes baissent avec régularité de quatre pour cent par mois depuis octobre je travaille à perte j'ai le choix réduire mes dépenses ou au contraire les augmenter investir en promotion en publicité
  AUSANGE : Oui
  DEHAZE : Nous n'avons jamais emprunté aux banques
  AUSANGE : Les banques sont faites pour prêter
  DEHAZE : Une vieille répugnance à s'endetter mon père est mort la tête haute disant qu'il ne devait rien à personne
  AUSANGE : Les Américains empruntent quand les affaires vont bien afin qu'elles aillent encore mieux

DEHAZE : Les Américains cherchent la bagarre eh bien ils l'auront » p. 257

- « DEHAZE : Je reprends l'initiative emballage bleu-blanc-rouge ça peut paraître sommaire mais je fais jouer la carte nationaliste et je mets l'accent sur les cordons de la bourse moins cher et bien de chez nous et pour pouvoir suivre mon cher ami il me faut cinq cent mille francs alors je me jette à l'eau je cherche à négocier un crédit auprès d'une banque » p. 258
- « DEHAZE : Merci Olivier mesdemoiselles messieurs merci d'être venu si nombreux comme à l'accoutumée à notre petite et sympathique réunion que je me permettrai d'appeler une réunion de famille tant il est vrai que ceux qui travaillent quarante heures par semaine ensemble forment une authentique communauté j'en veux pour preuve votre présence qui n'était pas obligatoire et votre bonne humeur qui l'était encore moins rassurez-vous je en parlerai pas longtemps [...] ce n'est pas sans émotion que je préside aux ultimes préparatifs de lancement de notre premier nouveau produit depuis plus de douze ans et nous l'appellerons Bleu-Blanc-Rouge lui qui deviendra très vite le compagnon de millions de foyers français » p. 262
- « PASSEMAR : Trois cent cinquante employés vingt millions de chiffre d'affaires une entreprise ancrée dans de solides traditions et qui n'a pas su à temps prendre le tournant » p. 263
- « PASSEMAR : En vérité je suis tenté par le théâtre total où toutes les formes d'art concourent au spectacle le ballet le cirque le cinéma l'opéra c'est assez exaltant d'imaginer un théâtre sans plus aucune limite au niveau des moyens d'expression évidemment ce sera un spectacle coûteux à monter est-ce que je ne diminue pas d'autant mes chances d'être représenté ? » p. 265

2. Deuxième mouvement : bleu-blanc-rouge

- « LUBIN : Quelque chose de sensationnel aujourd'hui pour vous Madame Lépine
  MADAME LEPINE : Comme chaque fois
  LUBIN : Vous allez voir
  MADAME LEPINE : Je ne vais rien voir du tout

LUBIN : Vous allez tomber à la renverse
[…] MADAME LEPINE : Je n'en veux pas, je n'en veux pas
LUBIN *(continuant à dérouler le papier)* : A partir d'aujourd'hui madame Lépine les gens pourront mettre dans leurs doubles vécés un papier bien de chez nous
MADAME LEPINE : Je suis servie
LUBIN : Finis les noms étrangers les Milky Way les White Blossom et autres Softies Bleu-Blanc-Rouge vous admettrez que c'est un nom qui sonne haut et clair à nos oreilles françaises » p. 266-267

- « DEHAZE : Ca va être la plus grosse facturation mensuelle depuis la fondation de la société Olivier
  OLIVIER : Un raz-de-marée
  DEHAZE : Tu as l'air soucieux
  OLIVIER : Les prévisions sont pulvérisées ce matin on avait à peine deux jours et demi de marchandises en magasin
  DEHAZE : Prends toutes dispositions utiles mon garçon mais je ne tolèrerai pas la rupture de stock » p. 267
- « MADAME LEPINE : Vous m'en mettrez douze grosses pas une de plus
  LUBIN : Douze grosses madame Lépine je ne peux absolument pas en raison du succès foudroyant nous sommes limités mais six grosses parce que c'est vous » p. 271
- DUTOT : Comme nos stocks sont assez bas je voulais vous demander s'il faut vous en réserver quelques cartons parce que vous savez ca marche fort oui c'est un très grand succès (*silence*) tiens vous m'étonnez (*silence*) mais est-ce que vos représentants en ont suffisamment parlé (*silence*) non pas du tout dans l'ensemble ça marche bien enfin assez bien nous misons beaucoup sur ce produit vous savez ça va être notre cheval de bataille (*silence*) mais non vous allez voir et si vous permettez je vous rappellerai dans une semaine ou deux
  BENOIT : Dutôt vient d'appeler nos trois principaux grossistes
  OLIVIER : Vacheron ?
  DUTOT : Il lui reste en magasin les trois quarts de sa commande initiale » p. 271-272
- OLIVIER : C'est simple vos hommes n'ont pas fait leur travail Dutôt
  DUTOT : Il aurait fallu qu'ils aient un produit
  OLIVIER : Bleu-Blanc-Rouge n'est pas un produit ?
  DUTOT : Je ne suis pas sûr que c'en soit un

BENOIT : Le produit n'est pas seulement le produit
DUTOT : C'est à quoi il fait rêver
BENOIT : Son nom pour commencer
OLIVIER : Le nom ne te plaît pas ?
BENOIT : Un produit ça ne se bricole pas
DUTOT : Ca se crée
OLIVIER : Vous cherchez des excuses au lieu de vous occuper de votre boulot qui est d'insuffler l'enthousiasme à vos hommes
DUTOT : Que malheureusement je n'ai pas choisis » p. 274-275

- « OLIVIER : Le propre du chef est de savoir faire évoluer ses hommes
DUTOT : Quand il y a du potentiel au départ
OLIVIER : Avant de s'inquiéter du potentiel des gens qui dépendent de soi il n'est pas inutile de s'interroger sur le sien propre » p. 276
- « BENOIT : Il faut regarder les choses en face Olivier
OLIVIER : Bien sûr on a fait quelques erreurs
BENOIT : Ce ne sont pas simplement des erreurs c'est toute une philosophie c'est l'attitude du patron de l'affaire à l'égard des problèmes
OLIVIER : On devrait peut-être en parler à papa
BENOIT : Ca ne servirait à rien
OLIVIER : Mais alors
BENOIT : Il faut qu'il cède la place » p. 277
- « DEHAZE : Ce petit Dutôt que Benoît a choisi comme chef des ventes il ne vaut pas un clou Cohen il nous a bousillé ce lancement après Super-Douceur-Bleu-Blanc-Rouge » p. 278
- « MADAME ALVAREZ : Les Américains nous attendaient au tournant
PASSEMAR : Dès que Bleu-Blanc-Rouge est sorti ils ont attaqué en force
MADAME ALVAREZ : Avec des remises exorbitantes à tous les stades de la distribution » p. 279-280
- « DEHAZE : Vous lui téléphonerez pour annuler votre accord
DUTOT : Je ne ferai pas cela monsieur le président
DEHAZE : Vous refusez ?
DUTOT : Assez de bêtises ont été faites pour qu'on n'y ajoute pas celle de perdre notre plus gros client
DEHAZE : Dutôt les bêtises dont vous parlez c'est vous qui les avez signées

DUTOT : Je crois monsieur le président que les bêtises viennent de plus haut
DEHAZE : A partir de ce soir vous ne faites plus partie de la maison je demanderai à monsieur Cohen de préparer votre compte » p. 280-281

- « GRANGIER : Monsieur Olivier je vous donne ma démission [...] Une atmosphère systématique d'incompréhension le service des ventes accepte des reprises en pagaille sans que mes services en soient même avertis » p. 281
- « GRANGIER : C'est la boîte entière qui fout le camp il n'y a plus de boite monsieur Olivier il n'y a plus que les gens et les gens c'est jamais très joli quand il n'y a plus de boîte pour leur donner le sentiment qu'ils font quelque chose en commun » p. 282
- « AUSANGE (*au téléphone, à son bureau*) : il y a un problème de fond comment dirais-je un problème de management ce qui vous expose à certaines secousses bref il conclut que de consentir ce crédit aujourd'hui représenterait pour la banque un risque qui n'est pas négligeable » p. 283
- « OLIVIER : Papa vous avez les traits tirés vous devriez décrocher quelques jours prendre un long week-end à la campagne
  DEHAZE : Olivier j'envisage de décrocher pour de bon
  OLIVIER : Que voulez-vous dire ?
  DEHAZE : Je songe à te laisser le champ libre
  OLIVIER : C'est une décision difficile courageuse
  DEHAZE : Benoît avait dit vrai
  OLIVIER : Benoît vous a parlé ?
  DEHAZE : Laisse-moi
  OLIVIER : Papa
  DEHAZE Je ne veux plus te voir pour l'instant » p. 284
- « MARGERIE : Aussitôt quittée l'université ils devenaient des petits managers puants qui en pensent plus à autre chose que manage their business alors je suis partie
  BENOIT : Pour Paris
  MARGERIE : Qui commence à devenir pire que l'Amérique [...] j'ai senti que tout était pas encore foutu mais toi tu deviens tous les jours un petit plus manager un peu plus con » p. 287

3. Troisième mouvement

- « OLIVIER : Papa a été terrassé quelques heures après que Benoît est allé froidement lui conter ces énormités comment ne pas penser qu'il y a eu je répugne à employer les grands mots vous m'excuserez une sorte d'assassinat aujourd'hui je me sens dans l'obligation de prendre la présidence pour assurer la continuité dans un esprit de fidélité à tout ce que papa a entrepris » p. 291
- « MADAME BACHEVSKI : Ils ne livreront pas le solde de la commande alors vous allez laisser s'arrêter l'usine ? » p. 294
- « MONSIEUR ONDE : Quelle ironie je me retourne en arrière la seule constante c'est ce sentiment de cheminement dans le noir avec peut-être une lueur falote intermittente mais qui ne s'est jamais laissé entièrement souffler » p. 296
- « BENOIT : Si vous le débranchez ?
  DOCTEUR TEMPLE : C'est la fin instantanée
  BENOIT : Et le jour où nous ne pourrons plus allonger ces deux cents billets par jour ? » p. 298
- « BENOIT : Olivier veut faire de Ravoire et Dehaze un monument consacré à la mémoire de son père et de son grand-père avec pour résultat probable qu'il n'y aura plus de Ravoire et Dehaze dans quelques mois sinon dans le souvenir attendri de quelques bons vieux employés d'ailleurs au chômage le redressement est encore possible mais il exige une attitude absolument nouvelle partir de zéro vivre une aventure avec tout ce que cela comporte de rigueur de don de soi parce que le potentiel de ce marché est immense parce qu'il y a plus de place qu'il n'en faut et pour nous et pour les Américains parce que nous avons des atouts qui doivent nous permettre de battre les Américains à leur propre jeu » p. 302
- « la seconde condition c'est que j'aie les coudées franches autrement dit tous les pouvoirs de décision » p. 302
- « MADAME BACHEVSKI : N'oubliez pas que j'ai occupé vos pantoufles il y a quelques années je connais la clientele
  MADAME ALVAREZ : Si monsieur Fernand vous a déplacée pour me mettre à votre place il avait de bonnes raisons ah mais lâchez-moi » p. 304
- « MADAME BACHEVSKI : On peut se demander qui est le patron oui

COHEN : Monsieur Olivier est le patron
MADAME BACHEVSKI : Mais c'est monsieur Benoît qui est sur la brèche
MADAME ALVAREZ : De quoi s'occupe-t-il sur sa brèche ? D'attiser les intrigues d'aggraver les divisions » p. 305

- « AUSANGE : Et puis nous ne sommes pas sûrs que vous êtes personnellement Olivier le manager qui convient dans une situation comme celle-ci j'ai pour vous la plus vive estime personnelle mais vous êtes mon cher un patron pour temps paisibles donc une condition que nous mettons à la souscription de ce prêt c'est la remise des pouvoirs à Benoît qui nous paraît être plus méchant que vous or il nous faut un méchant bonhomme qui aime mordre avec lui la banque croit pouvoir prendre le risque à condition toutefois que nous puissions un peu contrôler les événements aussi nous pensons raisonnable que la banque se voit offrir quatre sièges à votre conseil » p. 311
- « MADAME ALVAREZ : Comment ? Vous de retour ?
  DUTOT : Tiens et vous encore là ? Je vous croyais à la retraite
  Dutôt s'efface.
  MADAME ALVAREZ : Benoît ne perd pas son temps
  COHEN : Notre temps à nous est fini » p. 311
- « BENOIT : Je lui ai dit hier que nous ne pouvions plus continuer à allonger tous ces radis
  OLIVIER : Tu l'assassines une deuxième fois » p. 312

4. Quatrième mouvement

- « MADAME LEPINE : Le représentant de la United Paper sort d'ici vous vous êtes fait coiffer au poteau leur marchandise elle entre et elle sort c'est beau ça
  LUBIN : Leur concours n'est rien à côté du nôtre madame Lépine nous offrons
  MADAME LEPINE : Monts et merveilles peut-être mais moi je vais vous dire que leur concours à eux ça va rendre parce que les détaillants sont enthousiasmés parce qu'un rouleau de Softies ça leur fait gagner une fois et demie de plus » p. 314-315
- « JACK : On va laisser les monsieur et les mademoiselle au vestiaire vous voulez bien Ben ? Elle c'est Jenny et moi c'est Jack alors voilà on a établi notre petit diagnostic on a reniflé le marché on a bavardé avec

vos gens c'est un problème vraiment excitant parce qu'il faut partir de zéro complètement laissez-moi vous demander Ben qu'est-ce que vous vendez ?
BENOIT : Qu'est-ce que je vends ?
[…] JENNY : Vous vendez un produit distant abstrait
JACK : Sans aucune vibration affective » p. 315- 317

- « JENNY : Mais aujourd'hui que l'économie du superflu vient se substituer à l'économie de nécessité
JACK : L'output aussi peut devenir un marché colossal
BENOIT : Bon mais pratiquement que me proposez-vous comme action ?
JACK : L'action Ben ça se déroule comme une pelote de laine à partir du moment où il y a une vision
JENNY : Nous pouvons vous forcer à ouvrir les yeux alors vous vous émerveillerez
JACK : Mais avant de réussir à voir il faut déblayer il faudra remuer des tonnes d'idées reçues d'inhibitions toute cette caillasse stérile
JENNY : Vous pouvez utiliser Donohue and Frankfurter comme un bulldozer qui vous garantit l'enlèvement de ces obstacles
JACK : Nous pourrons alors
JENNY : Mais alors seulement
JACK : Vous aider à définir vos objectifs établir votre stratégie élaborer vos plans » p. 318-319
- « PASSEMAR : Décidément je vais supprimer ces intermèdes qui grèvent inutilement le coût de la production la vérité est que j'oscille entre deux formes de théâtre le théâtre sauvage où tout est permis […] et le théâtre qui se situe dans la grande tradition ce qui n'exclut pas l'audace et l'innovation mais dans la crise actuelle il faut bien admettre que le seul théâtre qui fasse des recettes est un théâtre qui répond à la demande d'un public qui est le public de la société de consommation alors il faut lui offrir le produit qu'il désire c'est-à-dire le marketing mix qui fait tilt chez Ravoire et Dehaze c'est le mot qui est dans toutes les bouches depuis quelques semaines moi je veux bien c'est même assez passionnant d'assister à cette transformation mais je crains que cela ne se fasse en dehors et au détriment des cadres de l'ancienne génération dont on suppose à priori qu'ils ne sont pas à même de suivre le mouvement il faut que je demande un entretien à monsieur Benoît » p. 321

- « OLIVIER (*lisant*) : Donohue and Franfurter cosneillers en marketing (*silence*) impossible ils se sont trompés d'un zéro » p. 322
- « BENOIT : N'oublie pas que tu m'as épousé pour l'argent
MARGERIE : Et aussi je t'aimais » p. 325
- « BENOIT : Ce sera le plus rentable de nos investissements
COHEN : Nos frais généraux ont augmenté de cent quinze pour cent dans les deux derniers mois tandis que notre chiffre d'affaires
SAILLANT : continuera à baisser de trois à quatre pour cent par mois pendant sept à huit mois et pendant cette période nos dépenses vont encore doubler sinon davantage » p. 327
- « COHEN : Monsieur Benoît depuis que je suis chef de la comptabilité j'ai toujours dépendu du président
BENOIT : Oui et à présent vous dépendrez du controller mais vous me parliez je crois des frais généraux
COHEN : Vous courez à la catastrophe et ne comptez pas sur moi pour y participer
BENOIT : Gardez votre sérénité et voyons un peu cette catastrophe » p. 327-328
- « COHEN : Monsieur Benoît rassemble les cadres supérieurs
MADAME BACHEVSKI : Que se passe-t-il ?
MADAME ALVAREZ : C'est pour nous faire avaler quelques couleuvres il m'en a déjà donné la primeur Madame Bachevski » p. 329
- « BENOIT : Vous dire où nous en sommes où nous allons ? En ce moment nous raclons le fond et nous allons le racler encore un peu plus durement pendant quelques temps et puis nous allons bondir oui nous allons cesser de rester assis pour adopter une attitude bondissante la seule possible devant le défi qui nous est fait la seule qui me plaise aussi et ceux d'entre vous qui n'adopteront pas la cadence eh bien ils resteront sur le quai ce n'est pas une menace c'est une constatation l'aventure à laquelle je destine l'entreprise voulez-vous la vivre avec moi ? Avec le nouveau produit dont le lancement est prévu pour le début de l'année non seulement nous devons reprendre et au-delà tout le terrain cédé à l'adversaire mais nous pouvons faire éclater les limites mêmes du marché vous avez constaté que j'ai engagé certaines nouvelles dépenses par contre il y a des dépenses qui peuvent vous paraître indispensables et que je supprimerai la hache s'abattra dans tous les secteurs il y a une chose qui est terminée je ne vous le demande pas je vous le dis ce sont

les chamailleries entre certains d'entre vous tout ce grenouillage de couloirs ça n'a plus de place dans la maison pour la bonne raison que nous n'avons pas trop de temps et d'énergie pour l'œuvre à accomplir et pour finir je procède à un apport de sang neuf dans la maison [...] c'est pourquoi la gestion du personnel est désormais confiée à mon frère Olivier il pourra l'assumer avec d'autant plus de soin qu'il se trouve libéré de la responsabilité de l'usine il me reste à vous remercier » p. 330

- « JACK : ben qu'est-ce que c'est le cul ?
  [...] JENNY : Vous entendez ? Des diamants qui dit mieux ?
  PASSEMAR : De l'or noir
  JACK : Une mine qui est votre mine depuis plus de soixante-dix ans vous êtes assis sur un trésor il aurait suffi qu'une fois vous vous leviez et regardiez entre vos jambes » p. 334-335
- « JENNY : C'est ça mon intuition les enfants
  JACK : Que chier est un plaisir
  JENNY : Et pour beaucoup de raisons un plaisir interdit
  JACK : Est-ce qu'on ne peut pas en partant de là construire un produit et le lâcher avec une forme véritablement explosive ?
  JENNY : Un immense réservoir érotique existe au fond de chacun il suffit d'ouvrir la vanne
  PASSEMAR : Si j'ai assisté et même modestement participé à cette séance de travail c'est la suite tout à fait inattendue pour moi de l'entretien que j'ai sollicité auprès de monsieur Benoît il m'a reçu avec une véritable cordialité il ne me déplaît pas ce garçon » p. 341
- « PASSEMAR : D'abord vous dire monsieur que depuis que vous avez pris la présidence
  BENOIT : Est-ce à votre goût ?
  PASSEMAR : Vous avez ouvert la fenêtre on respire
  BENOIT : Ce n'est qu'un commencement
  PASSEMAR : Comme partout où il y a un grand changement les uns et les autres s'interrogent et moi-même avec les modifications de structure
  [...] BENOIT : Vous êtes chef du service administratif des ventes depuis une dizaine d'années vous remplissez vos tâches avec efficacité
  PASSEMAR : Il est agréable de se l'entendre dire
  BENOIT : Si rien n'avait changé vous vous seriez laissé glisser le moment venu dans le fauteuil de madame Alvarez mais êtes-vous vraiment ambitieux ?

PASSEMAR : Monsieur la frénésie d'arriver au sommet à tout prix j'avoue qu'elle n'est pas dans mon tempérament par contre à l'âge où j'arrive et avec les responsabilités familiales qui sont les miennes
BENOIT : Ca sent un peu son fonctionnaire ça Passemar dans une entreprise dynamique quand on s'arrête de grimper on dégringole
PASSEMAR : Grimper mais où monsieur ?
[...] BENOIT : Je fais de vous un assistant chef de produit ceci aura le caractère d'un stage autrement dit vous vous jetez à l'eau et au bout du compte si vous avez cassé la baraque une nouvelle possibilité de carrière vous est ouverte si l'expérience est négative
PASSEMAR : Vous me mettez à la porte
BENOIT : Non vous êtes un élément valable et tout le monde n'a pas la bosse du marketing en cas d'échec je vous remets à votre poste de toute façon ca ne pourra vous faire que du bien
PASSEMAR : Je ferai de mon mieux je vous remercie (*Benoît s'efface*) j'ai regretté cette dernière phrase qui rend un son vieux jeu et justement pas du tout marketing je ferai de mon mieux et je vous remercie un homme du marketing aurait dit ok je vais vous la casser votre baraque et pour commencer vous feriez mieux de vous ranger » p. 343-344

- « LUBIN : Sur le plan du travail je pète le feu la faute n'est pas la mienne si les ventes baissent vous le savez » p. 351
- « JACK : L'homme a besoin d'objets dans lesquels il projette ses désirs et ses peurs dans le temps il allait les trouver dans la nature la lune le serpent un rocher [...] Aujourd'hui la dynamique du développement économique vient apporter la relève » p. 353
- « OLIVIER : Toi Margerie tu es allée t'offrir à Ausange pour que la banque impose le choix de Benoît comme successeur de papa
MARGERIE : Je suis allée au lit avec Ausange de la Banque de Paris et des Pays-Bas ?
OLIVIER : On le dit
MARGERIE : Qu'est-ce qu'on dit encore ?
OLIVIER : Que ma mise à l'écart par Benoît c'est entièrement ton travail » p. 362-363
« JACK : il faut entrouvrir la porte à un défoulement notre axe pourrait être à peu près ceci mais oui il est agréable de chier et Ravoire et Dehaze peut rendre ça encore plus agréable » p. 369

5. Cinquième mouvement : le triomphe

- « COHEN : J'ai remarqué madame Bachevski que depuis quelques jours madame Alvarez vous salue
  MADAME BACHEVSKI : Disons que moi je la salue et qu'elle répond effectivement à mon salut
  COHEN : C'est quand même un progrès
  [...] MADAME ALVAREZ : En décidant systématiquement de lui dire bonjour je l'oblige à la réciproque » p. 370-371
- « COHEN : Je vous dirai que je suis plus heureux maintenant le travail est plus intéressant » p. 371
- « MADAME ALVAREZ : La honte quand je vois cette femme âgée lécher les bottes de tous ces petits chefaillons » p. 371
- « JALOUX : Nous nous sommes dit voilà le consommateur doit avoir un problème nous lui apportons la solution [...] L'approche créative consiste à créer le problème en affirmant à notre consommateur qu'il est malheureux et en lui expliquant pourquoi » p. 372-373
- « MARGERIE : Rien n'empêchera Benoît de liquider les tabatières de daddy sauf une chose Olivier
  OLIVIER : Qui est ?
  MARGERIE : Un échange tu lui achètes sa moitié de la collection contre cinquante pour cent de tes actions de Ravoire et Dehaze c'est ce qu'elle vaut Toppfer me l'a assuré toi et moi nous nous embarquons avec dans notre valise la collection et les autres cinquante pour cent de tes actions que nous revendons
  OLIVIER : Pour ?
  MARGERIE : Investir tu as oublié Olivier chéri ? Dans la bonne ville de San Francisco » p. 376
- « BENOIT : Je veux que nous jetions un torrent d'idées sur le tapis projetions-nous à dix ans à vingt ans oui Grangier
  GRANGIER : Développons un papier ouate indéchirable donnons naissance à la génération du papier armé
  BENOIT : Parce que le long terme c'est demain oui Jean-Baptiste
  PEYRE : Ces dizaines de millions de mètres carrés de papier qui passent entre les mains des consommateurs tout cet espace inutilisé
  BENOIT : Oui on pourrait
  BATTISTINI : Y imprimer de petits textes instructifs
  [...]

DUTOT : Chaque feuillet numéroté chaque semaine une loterie télévisée
GRANGIER : Des images
BATTISTINI : Récurrentes certaines reviennent d'un rouleau à l'autre un cadeau de fidélisation à qui trouve et nous renvoie deux images identiques » p. 380-381

- « LUBIN : Madame Lépine je vous souhaite le bonjour
MADAME LEPINE : Ah vous voilà enfin
LUBIN : Vous m'attendiez ?
MADAME LEPINE : Prenez mon téléphone dites-leur chez vous qu'on me fasse tout de suite une livraison d'au moins douze grosses il me faut absolument un dépannage tout de suite vous m'entendez » p. 381-382
- « BATTISTINI : Le consommateur moyen va à la selle zéro virgule quatre-vingt-trois par jour
PEYRE : Le Français dans l'ensemble est constipé
DUTOT : Il irait deux fois par jour
BATTISTINI : Et notre marché double » p. 382
- « MADAME BACHEVSKI : Vous m'avez fait demander monsieur Benoît ?
BENOIT : Asseyez-vous je pensais que nous pourrions parler de votre avenir vous avez combien d'années dans la maison ? Trente-neuf ans ? c'est magnifique nous en avons discuté avec Grangier et nous avons décidé de vous offrir le loisir et le repos que vous avez bien gagnés sans qu'il vous soit nécessaire d'attendre encore quatre ans
MADAME BACHEVSKI : Mais monsieur Benoît je me sens en plein boum
BENOIT : On dit ça et puis tout d'un coup on craque
GRANGIER : Surtout les tempéraments bouillants et dynamiques comme vous qui vous dépensez sans compter
MADAME BACHEVSKI : Alors je ne donne plus satisfaction ?
GRANGIER : Vous travaillez splendidement
BENOIT : Mais vous êtes attachée à certaines méthodes et attitudes anciennes
SAILLANT : Et vient un âge où il est difficile
GRANGIER : Sinon impossible
SAILLANT : De se recycler ce qui n'est pas du tout un reproche
BENOIT : Vous avez été un serviteur dévoué et ardent de la maison

SAILLANT : Parce que nous avons tenu à le reconnaître nous avons étudié un dispositif
BENOIT : Qui vous assurera une transition graduelle à peine sensible entre votre revenu actuel et le revenu de vos vieux jours
MADAME BACHEVSKI : Quand dois-je partir ?
GRANGIER : Nous sommes vendredi
BENOIT : Ce soir madame Bachevski » p. 383-384-385

- « PASSEMAR : Ce qui l'a le plus abasourdie c'est d'avoir été liquidée elle alors que son adversaire de toujours madame Alvarez de trois années plus âgée et qui ne perd aucune occasion pour narguer monsieur Benoît [...] On dit que le taux de mortalité des gens à partir du moment où on les met à la retraite grimpe d'une façon vertigineuse » p. 385
- « BENOIT : Vous avez à peu près bouclé vos six mois de stage dans le marketing Passemar [...] C'est le moment de faire le point
PASSEMAR : A mon avis ça n'a pas été tout à fait concluant
BENOIT : Dans quel sens ?
PASSEMAR : Je me suis passionné je crois avoir rendu des services apporté quelques idées
BENOIT : Sûrement
PASSEMAR : Mais je ne me suis pas comment dirais-je ? Vraiment jeté à l'eau
BENOIT : Comment cela ? Vos capacités d'analyse et de synthèse ont été très appréciées vous avez une tête remarquable
PASSEMAR : C'est le corps qui est un peu empêtré
BENOIT : Vous retournez donc à vos anciennes activités dès lundi matin
PASSEMAR : Je ne sais pas ce qui m'a pris de prononcer un pareil réquisitoire contre moi-même peut-être étaient-ils même prêts à me laisser continuer ? » p. 387
- « PASSEMAR : Un échec ne s'efface pas quoi qu'on dise ça marque je me vois mal durer encore combien ? Vingt-trois ans ? [...] Dans le même trou vingt-trois ans mais je ne voulais pas les entendre dire ce que je craignais qu'ils me diraient » p. 387
- « MADAME LEPINE : Je compte sur vous hein ?
LUBIN : Est-ce que je vous ai jamais laissée tomber ?
MADAME LEPINE : Livraison demain soir c'est juré ? [...] Il n'y a rien à faire votre produit il plaît » p. 387-388

- « YOUNG : Vous avez fait un travail vraiment professionnel vous devez réussir j'ai pensé que nous pourrions vous et moi parler un peu de l'avenir
  […] BENOIT : Ma société n'est pas à vendre
  YOUNG : Je sais bien mais je pensais que ça pouvait être utile pour vous de savoir in the back of your mind que nous disposons de moyens considérables pour aider une société française à se développer surtout si elle voit loin
  […] BENOIT : Pour l'instant nous cherchons très simplement à vous faire mal
  YOUNG : Sacré Ben vous y réussissez vous savez ? » p. 389-390
- « BENOIT (*au lit avec Jenny*) : Pourquoi ne veux-tu pas m'épouser ?
  […] JENNY : Parce que je n'ai pas le temps
  […] BENOIT : Tu m'épouses je me débrouille pour acheter à Olivier sa moitié de l'affaire quand celle-ci vaut cinq ou six fois ce qu'elle vaut aujourd'hui je la vends et nous nous lançons toi et moi dans une nouvelle opportunité marketing véritablement fantastique
  JENNY : Qu'est-ce que tu fais de ta femme ?
  BENOIT : Nous divorçons » p. 390-391
- « MADAME LEPINE : Allez à la prochaine fois monsieur je ne peux jamais me souvenir de votre nom
  LUBIN : Lubin c'est normal vous en voyez tant passer
  MADAME LEPINE : Ca oui alors à la prochaine fois
  LUBIN : Il n'y aura pas de prochaine fois je quitte la maison
  MADAME LEPINE : C'est pas Dieu possible
  LUBIN : Oh vous savez ma ça vous porte quand même un coup mais c'est normal qu'est-ce que vous voulez si monsieur Dehaze était encore là pour voir comment on mène à l'abattoir ses anciens représentants parce que le bâtard s'est entouré d'une bande de fumiers qui tueraient leur propre mère si ça pouvait servir leur carrière mais quand ils ont entendu ma réponse
  MADAME LEPINE : Qu'est-ce qu'ils vous ont proposé ?
  LUBIN : Un poste à l'usine comme magasinier
  MADAME LEPINE : Vous n'avez pas accepté ?
  LUBIN : On ne prend pas toujours le temps de réfléchir madame Lépine je suis né vendeur il me faut le contact avec la clientèle le goût de la victoire chaque fois que j'enlève une commande je leur ai dit Ravoire et Dehaze c'est toute ma vie » p. 392-393

- « YOUNG : Mais si un jour il devait être en question je voudrais ajouter que beaucoup dépend du sentiment que nous avons du growth potential de l'affaire
  BENOIT : Notre potentiel de croissance ? Il est quasiment illimité
  YOUNG : Et nous attachons une importance primordiale à la qualité des hommes
  BENOIT : Vous conserveriez l'équipe ?
  YOUNG : Ce serait une folie de faire autrement
  [...] BENOIT : Vous liquideriez votre filiale française ?
  YOUNG : Probablement pas
  BENOIT : Vous fusionneriez ?
  YOUNG : Pourquoi ? Nous aimons nous faire concurrence à nous-mêmes
  BENOIT : Ravoire et Dehaze sur le plan opérationnel continuerait de façon autonome ?
  YOUNG : Comme aujourd'hui avec la différence que nous y injecterions les capitaux qui vous manquent » p. 395-396
- « AUSANGE : Je vous félicite excellente votre interview dans *L'expansion* vous voici en passe de devenir un héros de l'industrie française mon cher
  BENOIT : Tout ça ne compte pas ce qui compte c'est que grâce à vous nous avons pu montrer que l'action et la réussite dans ce pays sont possibles » p. 397
- « BENOIT : Pour continuer sur cette lancée il faut augmenter de deux fois et demie les fonds dont nous disposons
  AUSANGE : Ils augmenteront et assez rapidement par autofinancement
  BENOIT : Ca n'est pas assez vite
  AUSANGE : Ne soyez pas si pressé
  BENOIT : Si nous freinons les Américains reprennent souffle et » p. 398
- « BENOIT : Alex est un type formidable il a lancé cette boite à partir de rien il a toujours l'air de s'en foutre mais au fond ça doit être un excellent homme de marketing [...] En tout cas vous avez senti le vent mon vieux nous c'est ça qu'on cherche n'est-ce pas ? Des types avec du flair vous savez il n'y en a pas beaucoup ? » p. 400

6. Sixième mouvement : Le festin de mariage

- « BENOIT : Lubin a décidé de nous quitter pour amorcer une nouvelle vie eh bien je tiens à dire bien haut que Lubin ça a été et ça restera dans notre souvenir à tous une grande figure de la vente et un grand monsieur de la société alors nous vous disons bonne chance Lubin » p. 404
- « MADAME LEPINE : Tenez au nom de tous les clients de monsieur Lubin moi je voudrais dire que ça a été un honnête homme qui faisait son métier on s'était habitués à lui
  BENOIT : Il a porté haut le drapeau de la société » p. 405
- « BENOIT : Lubin demeura dans nos pensées Lubin ne disparaît pas entièrement puisque son gendre crée chez nous le service merchandising où il aura à déployer tout son talent et je vois dans le fait qu'il a célébré ce matin même son mariage avec cette jeune personne délicieusement fraîche » p. 406
- « ALEX : Mon père est mort en tombant en arrière dans une fosse à merde poussé par un SS maintenant moi [...] J'entre dedans je m'avance je tombe en avant » p. 406
- « ALEX : Pas en chute libre ce serait monotone je rebondis de paroi en paroi j'entre dans la vie normale la vie normale qui m'était interdite je n'ai pas résisté à la tentation ah paysage hallucinant » p. 407
- « BENOIT : Et tous nos vœux de bonheur ainsi qu'à mon frère s'il est décidé à nous quitter
  Olivier monte sur l'estrade
  C'est n'est-ce pas Olivier pour pouvoir consacrer toute son énergie
  OLIVIER : Oui tous mes efforts
  BENOIT : A une nouvelle entreprise qu'il projette de créer par-delà les mers » p. 407
- « MARGERIE : avec mon Olivier on va monter dans le cœur de San Francisco sous le signe de la Pompadour un institut de beauté comme un défi français à toutes ces usines sans âme où la beauté est débitée à la chaîne » p. 408
- « BENOIT : Trois hommes qui dans le feu de l'action ont prouvé leur dimension voient reconnaitre leur mérite ce jour dans une promotion

[…] DUTOT : Un général ne peut rien faire sans ses troupes alors merci à tous » p. 409

- « MADAME BACHEVSKI : Je ne sais plus où donner de la tête mon jardinet où poussent de beaux haricots ma tapisserie qu'on vous ouvre le ventre qu'on vous ôte les entrailles on vous recoud mais il y a un vide là-dedans j'ai jamais rien caché jamais rien refusé toujours donné alors je me suis donnée alors je me suis invitée merci merci pour tout ce que vous avez fait merci à vous tous merci pour tout
- Madame Alvarez monte sur l'estrade, saisit le micro.
- MADAME ALVAREZ : C'est vrai tout ce qu'elle a dit on a pour ainsi dire gravi les échelons ensemble dans la société alors ça m'a fait quelque chose une partie de ma vie qui s'en va »
- « BENOIT : Un rapprochement s'est produit notre adversaire d'hier […] Est notre associé d'aujourd'hui […] Nous allons nous allier […] A la plus puissante entreprise du monde dans notre domaine » p. 414
- « YOUNG : Vous entrez dans une grande famille United Paper Company est implantée dans soixante et un pays et partout le même esprit de famille the Youpico spirit comme nous disons l'esprit Youpico on reconnaît un homme Youpico n'importe où […] à vous de jouer bien sûr nous serons around on vous conseillera vous bénéficierez de notre know-how dans les domaines du research and development et du financial planning et du marketing on prendra les grandes décisions ensemble mais you're on your own la société que nous achetons ça n'est pas les machines ni les bâtiments ni les produits it's the people ce sont les gens c'est vous tous que nous voulions c'est vous que nous avons c'est vous vous Youpico youpico ra ra Youpico youpico ra ra » p. 415
- « PASSEMAR : cadre expérimenté dans les techniques modernes de gestion consciencieux dynamique
  Le festin continue, seul le son est coupé.
- Avec goût de l'initiative envisageant changement de situation examinerait c'est plutôt mieux que la première qui disait jeune licencié ès lettres présentant bien recherche et qui m'a valu d'être embauché dans les quarante-huit heures mais il y a l'âge recherchons cadre vingt-cinq à trente-cinq ans ça me fait une dizaine d'années de plus qu'il n'est bon d'en avoir aujourd'hui mais il se trouvera bien une maison qui verra l'intérêt de tout ce que je peux apporter sinon j'en arrive à la fin de ma pièce et peu à peu je crois enfin il me

semble qu'elle est un peu trop foisonnante je ne m'opposerai pas à certaines coupures […] là où je suis sceptique c'est quand j'entends le président de la United dire qu'avec la fusion rien ne va changer on dit ça mais on sait que tôt ou tard tout va changer pour le meilleur ou pour le pire ? » p. 417

83754 - (I) - OSB 80° - BPE - BTT
Imprimerie CHIRAT - 42540 Saint-Just-la-Pendue

Dépôt légal : juin 2022

Imprimé en France